Comptabilisez vos succès

Le guide à la rédaction de courts cas

La compétence est liée au respect de l'enseignement,

dans l'éthique professionnelle.

A B + Publications

Comptabilisez vos succès

Le guide à la rédaction de courts cas

par

Sylvie Deslauriers, PhD, MSc

FCPA, FCA, FCMA, CPA (FL), CMA (US)

professeure en sciences comptables

Université du Québec à Trois-Rivières

A B + Publications

Comptabilisez vos succès
Le guide à la rédaction de courts cas
par Sylvie Deslauriers, PhD

© 2014   AB + Publications

Infographie : Sabina Kopica

B. P. 38
St-Alban, Québec
Canada
G0A 3B0
info@ABplusPublications.com
www.ABplusPublications.com

ISBN 978-0-991885-39-8

Dépôt légal : 2015
Bibliothèque et Archives Canada
Bibliothèque et Archives nationales du Québec

Autres volumes écrits par Sylvie Deslauriers :

Comptabilisez vos succès Longs cas – Rôle en Certification, 2015.

Comptabilisez vos succès Longs cas – Rôle en Gestion de la performance, 2015.

$UCCÈS FACILE, 2013.

Trucs payants pour enseigner les cas, 2012.

CGA = COMPETENCY (English), 2013.

PRÉFACE

Mon volume s'adresse aux étudiants et candidats qui doivent résoudre des cas intégrés multi-sujets (multidisciplinaires) au cours de leurs études en comptabilité.

Les idées présentées sont le fruit de plus de trente ans d'expérience dans la résolution de cas; expérience issue de l'enseignement universitaire, de la consultation offerte à des bureaux d'experts-comptables et de la correction d'examens professionnels. Au fil des années, j'ai d'ailleurs participé à plus de 75 centres de correction nationaux.

La résolution d'un cas multi-sujets, dans un contexte particulier, constitue l'un des plus grands défis des études en comptabilité. Mon objectif est de faciliter votre apprentissage par le développement d'une démarche pratique et structurée. À cette fin, mes propos sont abondamment illustrés par des exemples qui proviennent, entre autres de l'analyse détaillée d'un court cas présentée en annexe.

La résolution et l'analyse de cas vous permettent d'appliquer vos connaissances et d'exercer votre jugement en diverses circonstances, dans la bonification indéniable de toute formation en comptabilité. Dans cette optique, je vous souhaite tout simplement d'apprécier la rédaction de vos cas.

Je suis heureuse de partager avec vous la somme de mon travail, dans l'accomplissement de votre propre réussite.

Dr. Sylvie Deslauriers

TABLE DES MATIÈRES

TABLE DES MATIÈRES (suite)

Partie 1
Lire et annoter un cas

Identifier les paramètres d'un cas
Faire ressortir l'information utile
Annoter un cas avec efficience

*« Dès que vous relevez une particularité, une répétition, un synchronisme,
un ordonnancement quelconque ou une relation, prenez le temps de le noter. »*

© Deslauriers Sylvie, *$uccès Facile*, AB + Publications, 2013, page 17.

Partie 1
Lire et annoter un cas

La lecture active et organisée d'un cas est une étape cruciale dans tout processus de simulation ou d'examen. Une compréhension adéquate des informations et indices fournis vous aidera à planifier, puis résoudre les problèmes ou enjeux avec succès. En général, la lecture exige au moins le quart, et parfois même jusqu'au tiers, du temps alloué à un cas. Par exemple, la lecture devrait prendre de 17 à 23 minutes pour un cas de 70 minutes.[1]

Identifier les paramètres du cas

Un cas, c'est une mise en situation ou un scénario qui demande la résolution de problèmes ou enjeux, dans un environnement donné. Chaque cas se compose d'éléments qui, lorsque réunis ensemble, le rendent unique. Un sujet à analyser ou un calcul à faire peut se trouver dans plus d'un cas, mais l'approche et le contenu seront différents de l'un à l'autre.

Il m'apparaît indispensable d'identifier dès que possible, de comprendre, puis de tenir compte des particularités d'un cas afin de diriger ses efforts dans la bonne direction. Ces particularités **servent de guide et de cadre de référence tout au long de votre lecture**. Je considère que le contexte, le rôle et la demande forment les paramètres d'un cas.

> **LE CONTEXTE.** Quelles sont les informations de base qu'il faut mettre en relief pour mieux comprendre l'environnement de l'entité à l'étude?
>
> Ex.: L'entité ne dispose d'aucune information de gestion pour la prise de décisions.
>
> A6: La durée de vie estimée d'un produit est en général de trois ans ou moins.

> **LE RÔLE.** Quel est l'angle avec lequel les problèmes ou enjeux doivent être abordés? Quelle est la personnalité que le cas vous demande d'adopter?
>
> A3: Vous travaillez pour Hi & Lo, cabinet comptable nouvellement nommé auditeur de DFT. Cela signifie, entre autres qu'il faut analyser les problèmes ou enjeux d'un point de vue externe. Anne, par exemple, n'aborderait pas les questions de la même manière étant donné sa position à l'interne de chef des finances.

> **LA DEMANDE.** Quel est le travail à faire? Quels sont les problèmes ou enjeux?
>
> Il faut tout d'abord identifier quelles sont les grandes sections demandées pour ensuite déterminer quels sont les différents sujets à discuter ou analyser.
>
> ENJEU : Questions de comptabilité importantes (A3)
>
> Sujets : Constatation des produits (A5), Recherche et développement (A6), etc.

---

[1] Le présent volume contient un grand nombre d'exemples illustrant les idées avancées. Lorsque ces exemples proviennent du cas Technologies DFT ltée (DFT), présenté à l'Annexe A, la référence est inscrite entre parenthèses (A...).
Les informations du cas sont surlignées en jaune alors que ce qui concerne la demande est surligné en vert. Les concepts théoriques sont surlignés en orange.
Je vous suggère de commencer par lire le cas DFT (A3 à A8). N'hésitez pas à vous y référer tout au long de votre lecture.

> **La compréhension de la demande,
> dans le cadre du rôle à jouer,
> facilite la détermination des sujets à analyser.**

Faire ressortir l'information utile

La résolution d'un cas doit se faire dans un temps limité – voire serré –, ce qui est particulièrement vrai pour les courts cas. Il est indispensable de développer sa capacité de comprendre **rapidement** et **correctement** l'information présentée. À cette fin, je vous suggère d'effectuer la lecture d'un cas en deux phases : 1- Survol de l'information fournie et 2- Lecture détaillée du cas.

1- *Survol de l'information fournie*

Cette première étape n'est pas très longue, tout au plus 2 ou 3 minutes pour un cas de 70 minutes. L'objectif est de prendre connaissance de l'ensemble de l'information fournie en faisant ressortir dès que possible ce qui compose l'un ou l'autre des paramètres du cas. Bien déterminer quelles sont vos tâches et responsabilités est indispensable à la rédaction d'une réponse pertinente.

Pour y arriver, je vous suggère de chercher le(s) paragraphe(s) qui décrive(nt) ce qui est demandé en regardant tout d'abord à la fin de la partie « texte » du cas, juste avant les annexes. Lisez deux fois plutôt qu'une **ces phrases et paragraphes qui décrivent et précisent ce qu'il faut faire.** Assurez-vous, dès que possible, de bien saisir quel est le rôle à jouer, car il influence la façon de lire et d'interpréter les informations du cas. Lorsque le cas contient une section « Travail à faire », commencez par lire celle-ci.

CAS DFT

Le dernier paragraphe de la partie texte du cas DFT révèle clairement ce qui est attendu du candidat. Il est grandement utile de le lire dès le départ et de prendre le temps d'assimiler la signification du travail à faire. Dans ce genre de paragraphe, CHAQUE MOT EST IMPORTANT.

Prenons, par exemple, la phrase suivante : (A3)

« Il s'intéresse surtout aux questions affectant le résultat, car la direction prévoit un exercice plus rentable que les précédents. »

Une lecture attentive permet, d'une part, de réaliser que **l'impact sur le résultat** devra être mentionné à la suite de l'analyse de chacune des questions de comptabilité. Il serait inutile, par exemple de s'attarder sur l'impact à l'état de la situation financière (bilan), tout simplement parce que ce n'est pas le point de mire. D'autre part, cette phrase établit les attentes **de la direction** à l'égard du **résultat.** Dans ce rôle d'auditeur externe, étant donné le parti pris possible de la direction, il vous faudra faire preuve de diligence.

Il faut par la suite survoler chacun des paragraphes du cas afin d'y découvrir une demande, une question ou un sujet à traiter. Toute information qui précise ce que vous devez faire doit être relevée. À cette fin, je vous suggère de porter une attention particulière :

– aux phrases qui se terminent par un point d'interrogation, car il faudra vraisemblablement répondre à la question posée;	Ex.: « Me suggérez-vous d'entreprendre des démarches pour faire inscrire ces titres en bourse? Si oui, quels documents dois-je préparer? »
– aux phrases entre guillemets, car il peut s'agir d'une opinion à commenter ou d'une demande explicite de la part de l'employeur ou du client;	Ex.: Lors de votre rencontre avec Josyane, elle vous a avoué « n'avoir aucune idée du prix qu'elle doit offrir à ses sœurs pour le rachat de leur part ».
– aux phrases faisant allusion à votre rôle. N.B. Les lettres « CPA », par exemple, doivent attirer votre attention.	Ex.: « Vous occupez depuis peu le poste de directeur des services comptables et vous devez… » A3: On peut chercher le nom « Kin » dans le texte, puisqu'il est votre supérieur immédiat.

POINT DE VUE

Il est important d'identifier les paramètres ou les repères clés d'un cas parce qu'ils teintent la lecture et l'interprétation de toute information lue par la suite.

Réussir à saisir les particularités du cas dans les premières minutes est un atout indéniable.

En sachant, par exemple que « La direction participe à un nouveau programme de primes fondé sur le bénéfice avant intérêts, impôts et amortissement (BAIIA). » (A3), vous porterez une plus grande attention à tout ce qui peut influer sur ce chiffre. Et ce, dès la première ligne du cas.

Je vous suggère ensuite de survoler le contenu des annexes afin de prendre connaissance du matériel mis à votre disposition pour résoudre le cas. Par exemple, une annexe portant sur une offre de financement signale le besoin de considérer cette offre dans le cadre de votre mandat. De même, la présence d'un état du « Résultat net **projeté** » (A7) est un indice en soi. Ajoutons à cela le fait qu'il y a un **nouveau** programme de primes (A3) et que l'on vous demande d'analyser les questions de **comptabilité importantes** (A3). Il faut donc, dès que possible, « CHERCHER LES ERREURS »!

Prenez également connaissance des titres et sous-titres du cas, particulièrement ceux des annexes. Relever, par exemple le titre « Problème de livraison des stocks » ou le titre « Préoccupations de la banque », fournit déjà un aperçu des problèmes ou enjeux à régler. Lorsque vous lirez, ailleurs dans le texte, que la rapidité de livraison est un facteur clé de succès dans le secteur ou qu'il y a un retard dans la production des états financiers mensuels, cela retiendra davantage votre attention.

2- *Lecture détaillée du cas*

Je désire d'emblée vous dire que la lecture d'un cas n'est pas une activité passive ou strictement linéaire. Lire les mots ou jeter un regard sur l'information financière ne suffit pas. Il faut faire ressortir ce qui caractérise l'entité à l'étude, comprendre ce qui se passe, puis classer l'information afin de pouvoir résoudre adéquatement les divers problèmes ou enjeux.

POINT DE VUE

Ce n'est pas aussi facile qu'on le croit de déterminer le temps idéal à consacrer à la lecture d'un cas. Il faut bien comprendre les informations qui sont fournies tout en se gardant suffisamment de temps pour résoudre les problèmes ou enjeux. Certains candidats lisent trop vite ou commencent à écrire leur réponse avant même d'avoir tout lu. On remarque alors des « erreurs de lecture » qui invalident une partie de leur réponse. Un problème à régler n'aura peut-être pas été remarqué, ou encore, la façon de faire de l'entité n'aura pas été bien comprise. Puisque l'accord avec Indo-Tech a été signé (A5), par exemple, il serait inutile de suggérer, en guise de procédure d'audit, de vérifier si un contrat existe. D'un autre côté, certains candidats passent tellement de temps à lire le cas qu'ils n'arrivent pas à le résoudre adéquatement.

**Il faut, dès les premiers cas simulés,
apprendre à répartir le temps entre la lecture et la résolution d'un cas.**

J'inscris personnellement sous le titre « CONTEXTE » les éléments particuliers du cas. Qu'est-ce qui est différent ou inhabituel? Qu'est-ce qui est susceptible d'influencer la réponse? Qu'est-ce qui n'est pas là dans tous les cas? Bien que l'on puisse amasser cette information tout au long de la lecture, on remarque qu'elle est généralement placée au début du cas, dans la présentation de l'entité à l'étude. On peut relever, entre autres la taille de l'entité (ex.: entreprise familiale), le secteur d'activité (technologies (A3)), les dates importantes (ex.: fin d'exercice), les facteurs clés de succès (ex.: qualité du produit), les forces, faiblesses, possibilités et menaces (ex.: coûts fixes maintenus à un bas niveau), les objectifs, besoins, parti pris et comportements des parties prenantes (ex.: aversion marquée au risque), les pratiques et politiques de l'entité (ex.: exiger un rendement minimal de 9 % de tout nouveau projet), ainsi que les contraintes (ex.: sources de financement limitées).

CAS DFT

Les éléments particuliers au cas DFT sont listés à la page A8. Le fait, par exemple que DFT soit dans le secteur des technologies (A3), implique la désuétude rapide des produits, dans un environnement possiblement concurrentiel. De même, prendre note que DFT vise une marge de 40 % pour les composants et de 60 % pour les services (A4) sera utile advenant la nécessité d'effectuer un calcul de profit brut.

Ces propos soulèvent un point important, soit que les particularités du contexte ainsi relevées sont « parfois » utiles, mais pas toujours. Il faudra les utiliser à bon escient, lorsque la situation s'y prête, peut-être même à plus d'un endroit dans la réponse.

La lecture du cas doit également vous permettre d'identifier plus précisément quels sont les sujets à analyser, compte tenu du rôle à jouer et de ce qui est demandé. Il faut donc être attentif à toute phrase ou indice pouvant contribuer à la précision de ce qui est à faire. Lorsque l'employeur ou le client se pose des questions, exprime une demande ou émet une opinion sur telle ou telle chose, il faut le prendre en note. Votre objectif est de terminer la lecture de la dernière ligne du cas en ayant sous la main la liste de ce qui peut être analysé dans la réponse.

CAS DFT

Dans le cadre d'un rôle d'auditeur, le cas DFT demande la préparation d'un mémo portant essentiellement sur les questions de comptabilité et leur incidence sur l'audit (planification et procédures). Vous détenez cette information dès la première minute de la simulation. Il faut donc chercher, tout au long de la lecture du cas, quels sont les sujets – et sous-sujets – à résoudre à l'intérieur de chacun de ces enjeux. Lorsque, par exemple, le cas explique les modalités du contrat d'ingénierie ponctuel (A5), il faut en premier lieu s'assurer de comprendre la nature de cette entente inhabituelle. Il faut ensuite se poser des questions en ne perdant pas de vue ce qui est demandé dans le cas.

Quels sont les aspects comptables à analyser?

A priori, il faut considérer qu'il peut y avoir plus d'un aspect en jeu afin de ne pas limiter sa réflexion. Ici, la comptabilisation de la remise de 225 000 $ est le sujet à relever. Il faut plus particulièrement déterminer QUAND inscrire cette baisse de prix : dans la période actuelle ou dans la période suivante.

Quelle est l'incidence sur l'audit?

On pourra considérer l'incidence de ce nouvel événement sur la planification de l'audit (risque), puis élaborer des procédures qui répondent aux risques spécifiques qui en découlent.

Ce sont, d'abord et avant tout les sujets nouveaux, actuels ou futurs, qui doivent être relevés. En fait, il faut être attentif à tout ce qui est différent ou inhabituel, particulièrement pour la période courante. « Qu'est-ce qui est en suspens? » Il faut répondre à cette question, dans le cadre des paramètres du cas. En lisant, il faut donc constamment se demander : « Quels sont les problèmes ou enjeux à régler? », « Quelles sont les questions non résolues? », « Qu'est-ce qui ne va pas dans l'entité? », « Quels sont les dilemmes? » et « Qu'est-ce qui est en mouvement? ».

POINT DE VUE

La lecture d'un cas est un processus qui exige rigueur et concentration, car il ne faut jamais perdre de vue l'un ou l'autre des paramètres de référence (contexte, rôle, demande).

Il se pourrait, par exemple qu'un candidat se demande pourquoi DFT a accepté de consentir une remise de 225 000 $ à un client. Certes, la question est intéressante, mais elle ne se pose tout simplement pas dans le cadre d'un rôle d'auditeur à qui l'on demande de discuter de comptabilité et d'audit.

Dans le cadre du contexte particulier d'un cas,

il faut s'en tenir au rôle à jouer, compte tenu du travail à faire.

Certains problèmes ou enjeux sont plus faciles à relever que d'autres. Leur présentation ou leur description ne laisse aucun doute quant à la teneur de ce qu'il faut discuter; ce sont des sujets « explicites » (ou « directs »). Il n'en est pas toujours ainsi puisqu'un cas **peut** contenir des problèmes ou enjeux « moins explicites » (ou « indirects »). Voici ce qui caractérise ce genre d'enjeux :

> *Les problèmes ou enjeux « moins explicites » ou « non explicites » se situent dans le cadre des paramètres du cas.* Ils ne sont peut-être pas aussi évidents à identifier que ceux qui sont explicites, mais ils font assurément partie de ce qui est demandé. Supposons, par exemple que le travail à faire est d'évaluer le prix d'achat d'une entreprise à partir des flux de trésorerie futurs. Dans cette situation, il faut aussi estimer les résultats (bénéfices) futurs parce que l'entité a l'obligation de remettre 10 % de ceux-ci à l'inventeur d'un brevet. Bien qu'elle soit **implicite**, cette étape du calcul des résultats (bénéfices) futurs est indispensable, dans le cadre de la demande **explicite** d'estimer les flux futurs afin d'évaluer le prix d'achat. À moins que ce soit demandé quelque part, il ne serait pas approprié, par exemple de décider de donner des conseils en gestion à l'acheteur sous prétexte qu'il « n'a aucune expérience dans le domaine ». À elle seule, cette information ne justifie pas la présence d'un tel enjeu implicite.

$$\text{CONTEXTE} \quad \text{RÔLE} \quad \text{DEMANDE}$$
$$\searrow \qquad \downarrow \qquad \swarrow$$
$$\text{INDICES}$$
$$\downarrow$$
$$\text{ENJEU/ASPECT}$$

CAS DFT

Dans le cas DFT, plusieurs indices nous amène à réaliser que la direction a volontairement manipulé l'information afin de présenter un résultat net supérieur à 14 millions $ (M). Premièrement, il faut dès le départ considérer la présence d'un parti pris « potentiel » de la direction à maximiser le montant de la prime. Dans son explication du travail à faire, Kin, votre supérieur immédiat, attire particulièrement votre attention sur cette possibilité (A3). Deuxièmement, on peut voir que la plupart des ajustements faits au résultat net – particulièrement ceux près de la fin d'exercice – augmentent le BAIIA (A7).

Cette répétition du sens de l'impact doit attirer l'attention.

On peut également remarquer que le nouveau programme de primes intéresse particulièrement la direction. La question est soulevée à plus d'une reprise dans le cas : « …la direction prévoit un exercice plus rentable que les précédents » (A3) et « …Anne croit que tous ceux qui sont visés par le programme toucheront une prime. » (A6).

Il est important de réaliser que l'identification et l'interprétation de cet enjeu non explicite se fait dans le cadre des paramètres du cas. C'est à titre d'**auditeur externe** que le candidat doit se questionner sur les implications de ce qu'il remarque.

**Un problème ou enjeu implicite
s'inscrit dans l'une ou l'autre des demandes explicites du cas,
dans le cadre du rôle à jouer.**

> *Le cas offre toujours des indices permettant l'identification d'un problème ou enjeu moins explicite.* Et, la plupart du temps, compte tenu de leur nature, il y en a plus d'un, dispersés à différents endroits dans le cas. Par exemple, advenant la situation où il existe un problème potentiel de continuité d'exploitation, il y aura assurément plusieurs informations pointant dans cette direction. Ainsi, la trésorerie sera déficitaire, l'état des résultats présentera des pertes depuis deux ans ou les fournisseurs exigeront le paiement des marchandises à la livraison. En fait, à un moment donné, il faut prendre conscience de l'existence d'un trait commun entre différents indices. Lorsque cela survient, il faut habituellement revenir en arrière pour relire certaines parties du cas afin d'obtenir un portrait plus global, puis compléter l'évaluation de la situation.

Cela vous permettra d'émettre une conclusion claire et justifiée quant à l'existence d'un enjeu moins explicite.

POINT DE VUE

Ce n'est pas facile, particulièrement lorsqu'il s'agit des premiers cas simulés, d'identifier un problème ou enjeu moins explicite. Un candidat qui s'arrête seulement sur ce qui ressort à première vue risque de ne pas se rendre compte de leur existence. Il faut dire qu'il n'y a pas de problème ou enjeu non explicite dans tous les cas, puisque les possibilités sont, somme toute, assez limitées. Outre ce qui est mentionné ci-dessus, le fonctionnement à pleine capacité de production, une insuffisance de la trésorerie, la présence d'opérations « louches » ou entre parties liées ainsi qu'un manque d'indépendance de l'auditeur externe sont à considérer.

Lorsque des données financières – fort souvent des états financiers – sont fournies en annexe, je vous suggère de commencer par examiner cette annexe avant toute autre. Outre le fait de pouvoir prendre connaissance de la situation financière de l'entité, cela vous permet de faire ressortir ce qui est particulier ou problématique plus tôt dans la lecture. Il faut apprendre à faire rapidement ressortir les aspects clés. Essayez d'identifier ce qui semble différent d'une entreprise « standard » en vous arrêtant un peu plus longtemps sur les postes particuliers au secteur d'activité. L'année courante doit être la première cible de votre examen, quoique la comparaison à l'année précédente soit souvent révélatrice.

QUELS SONT LES PROFILS, RELATIONS ET TENDANCES?

En ayant déjà considéré l'information financière, la lecture des autres parties du cas sera plus complète. Par exemple, le fait de remarquer que le poste Clients a doublé depuis l'exercice précédent, alors que les ventes sont constantes, vous sensibilise à relever tout indice concernant l'existence de créances douteuses. Faites toujours votre lecture en tenant compte des paramètres du cas. Si vous savez, par exemple que l'entreprise a besoin de liquidités pour réaliser un projet d'investissement, vous porterez attention aux placements à l'actif et à la structure actuelle du financement non courant (à long terme). Finalement, pour que les observations soient diversifiées, on peut jeter un bref coup d'œil à chacune des catégories suivantes : rentabilité, trésorerie, endettement et activité.

ÉLÉMENTS DE L'INFORMATION FINANCIÈRE À RELEVER

Éléments à relever	Exemples (CAS DFT, Annexe III (A7))
Informations de base	– « Projections » (FUTUR donc non audité) – Fin d'exercice : 30 septembre
Postes les plus importants (en termes de variations ou en pourcentage)	– Les Produits ainsi que le Coût des ventes, par ricochet, sont les postes ayant fait l'objet d'ajustements importants.
Postes les plus risqués (ceux dont les avantages futurs sont plus incertains ou qui exigent un estimé de la situation)	– Un montant important de recherche et développement (R&D) est inscrit en charges. – Puisqu'il s'agit de projections, plusieurs postes comprennent des estimés à valider.
Éléments inhabituels	– La charge d'amortissement est inscrite dans différents postes : Coût des ventes, Dépenses de R&D, Frais généraux et administratifs. N.B. Cette observation trouve son importance dans la méthode de calcul de la prime à partir du BAIIA.
Incohérences, parti pris et contradictions	– La majorité des ajustements effectués amènent une augmentation du résultat net. – Le BAIIA ajusté de 15 860 000 $ excède la cible de 14 000 000 $.
Dérogations aux normes, règlements, lois, politiques, etc.	– Les subventions ont été comptabilisées aux produits, ce qui n'est pas conforme aux normes comptables.
Ratios clés (particulièrement ceux qui intéressent un créancier ou la direction)	– Puisque les primes de la direction sont fondées sur le BAIIA, il s'agit du point de mire. – Un bref regard sur les principaux ratios – sans les calculer – ne permet pas de déceler de problèmes particuliers.

POINT DE VUE

J'insiste sur le conseil suivant, soit celui de chercher à vous adapter à chacun des cas que vous rédigez. Le caractère unique de chacun d'eux exige une réaction qui lui est propre. Certains candidats vont « forcer » la note en cherchant systématiquement un problème ou enjeu implicite dans tous les cas. D'autres vont automatiquement calculer de 4 à 6 ratios dès qu'ils voient des états financiers.

Il faut s'en tenir à ce qui est utile pour le cas en cours.

Se poser des questions? OUI
Adopter systématiquement le même comportement pour tous les cas? NON

Étant donné le temps limité d'un cas, il arrive fort souvent – malgré de bonnes intentions – que la lecture s'accélère avec le passage du temps. Les premières pages sont ainsi lues avec davantage de minutie alors que les dernières sont lues un peu trop vite. Par expérience, je peux vous dire que des informations importantes se trouvent couramment dans les derniers paragraphes d'un cas. Prenons, par exemple la dernière page du cas DFT (A7). En ayant hâte de commencer à rédiger sa réponse, un candidat pourrait passer trop vite à travers cette page qui contient pourtant des informations très importantes. Ou pire, il pourrait se dire qu'il y reviendra au besoin pendant la rédaction elle-même. C'est rarement une bonne idée, puisque, en particulier dans cet exemple, il faut comprendre la nature des ajustements effectués afin de pouvoir analyser adéquatement les différents sujets. Nous y reviendrons un peu plus loin, mais sachez ceci :

Il est important de lier les divers éléments d'information entre eux

pour une analyse complète de la situation.

Je désire finalement vous suggérer de porter une certaine attention à la présentation de l'information. On vous fournit l'information par produit, par division ou par pays? Les chiffres sont exprimés par kilogramme, heure ou mètre carré? On fait plusieurs fois référence à la date ou l'année? Ce sont des indices en soi. Soyez également attentif aux répétitions, similarités, contradictions et synchronismes. Le fait, par exemple, de vouloir motiver la direction à contribuer à la rentabilité – *par une mesure du résultat de l'exercice courant* – en innovant et en développant de nouveaux produits – *qui est généralement une activité à moyen terme* – est incohérent. (A4)

COMPRÉHENSION DE LA DEMANDE

↓

PERTINENCE DE LA RÉPONSE

Annoter un cas avec efficience

Je désire maintenant vous sensibiliser à l'utilité d'annoter un cas. Bien que j'en fasse une section distincte, il faut dire que les annotations sont écrites sur le cas – ou sur une page à part – au fil de la lecture. Dans la mesure où la contrainte de temps vous empêche de lire tout le texte deux fois ou de penser en faire un résumé, annoter un cas avec efficience facilite grandement la planification et la rédaction de votre réponse. Puisque des informations pertinentes apparaissent tout au long du cas, une lecture méthodique est nécessaire pour arriver à bien saisir ce qui se passe.

En d'autres termes, les annotations servent à **classer l'information** et **permettre un repérage rapide** de celle-ci. Plus le cas est long, plus les annotations sont utiles. Et finalement, avantage non négligeable, lire, puis annoter un cas vous aide à rester concentré sur votre tâche.

Les pages A3 à A7 illustrent la façon dont j'annote un cas. Voici ce qu'il faut envisager :

➤ *Mettre en évidence les particularités du contexte.* Il faut certes les relever et les comprendre, mais il faut aussi se rappeler d'y faire référence ou de les utiliser en cours de rédaction. Il est également possible de réécrire ces informations à titre de Notes de lecture (A8) afin de pouvoir rapidement y jeter un coup d'œil. C'est un rappel efficace de leur existence. Je sais aussi que plusieurs candidats les mettent en évidence en utilisant tout simplement une couleur différente.

➤ *Faire ressortir ce qui explique ou clarifie le rôle et la demande.* Personnellement, étant donné l'importance de ces paramètres, je les signale d'une manière distincte, toujours à l'aide d'un surligneur vert (A3). D'ailleurs, puisque je relis ces informations plus d'une fois, il m'arrive aussi d'entourer les mots clés du travail à faire, ou encore, de recopier l'essentiel de ce qui est demandé sur une page à part. Cela est particulièrement utile lorsque la demande est inhabituelle, que les problèmes ou enjeux sont difficiles à cerner ou que les sujets à traiter sont complexes.

➤ *Identifier les problèmes ou enjeux à traiter.* J'utilise la marge gauche exclusivement à cette fin. J'y inscris à la fois le problème ou enjeu concerné ainsi que le sujet à discuter. J'y ajoute, s'il y a lieu, une référence telle que *a)*, *b)*, *c)*, ... ou ①, ②, ③, ... Je vais inscrire, par exemple « CTB » ainsi que le sujet concerné à côté de chacune des questions de comptabilité identifiées. J'indique aussi chacune des parties d'un sujet, comme suit : « VALEUR 1,5M » et « VALEUR 1,85M » (A5). Lorsqu'un paragraphe contient de l'information utile à plus d'un aspect de la demande, je le note afin de m'assurer de ne rien oublier (ex.: « R&D – ZEUS / CTB AUDIT » (A6)). L'abréviation « R » pour « risque » peut facilement être inscrite. Et finalement, le mot « PRIME » peut figurer aux endroits stratégiques du cas.

Il faut dire que certains cas structurent l'information d'une manière telle qu'il est aisé de s'y reconnaître. Une simple accolade peut suffire à signaler la présence des informations sur un projet d'investissement, par exemple. Dans d'autres circonstances, une annexe, voire deux dans le cas DFT (A4, A5), peut contenir de l'information sur plus d'un sujet. Il faut alors y mettre de l'ordre en prenant le temps de relever, à chacun des paragraphes, le(s) sujet(s) à analyser.

POINT DE VUE

Il m'arrive fréquemment – et je vous encourage à le faire – de pouvoir déterminer l'importance d'un sujet au fil de la lecture. J'utilise généralement les signes ou abréviations qui suivent :

SUJETS IMPORTANTS : « IMP » OU « +++ »
SUJETS DE MOINDRE IMPORTANCE : « +/– »
SUJETS PEU IMPORTANTS / NÉGLIGEABLES : « ≠ IMP »

N.B. Les cas contiennent **toujours** des sujets importants. Ils contiennent **régulièrement**, mais pas toujours, des sujets de moindre importance ou des sujets peu importants.

Selon les besoins, il m'arrive d'ajouter, dans la marge droite, un bref commentaire, une opinion, un calcul ou un mot clé. Par exemple, le terme « flux » peut faire référence aux éléments qui influencent la trésorerie. Quant au symbole « $ », il signale, par exemple les informations à considérer dans la révision du chiffre de résultat net (A5, A6). Ou encore, l'inscription des abréviations « F » pour « faiblesse », « AV » pour avantage » ou « INC » pour « inconvénient » permet d'identifier dès la lecture le contenu de certaines parties du travail à faire. En outre, un « wow », un « ? », un « ! », une flèche ou tout autre signe qui vous plaît peut être fort révélateur. Je le rappelle, l'utilité des annotations est de vous permettre de cibler rapidement l'information recherchée.

➢ *Surligner (ou souligner) les mots importants.* Je vous encourage à lire un paragraphe en entier – ou parfois de le séparer en parties – avant de procéder comme tel. Cela vous permet de prendre un peu de recul pour vous demander ce qui est réellement important parmi l'information fournie. Sinon, tout risque d'être en jaune! Les mots ou expressions à relever sont ceux qui permettent de préciser les problèmes ou enjeux ou qui fournissent des indices ou des arguments quant à leur résolution.

Par exemple, le fait que DFT ait « abandonné le développement » du produit Arès pourra servir à justifier la passation en charges des frais de développement différés. Par contre, le fait que le développement « pourra servir pour un nouveau produit » soutiendra la position actuelle qui consiste à présenter ces frais à l'actif. (A6) Il faut donc, dès la lecture du cas, essayer d'anticiper l'usage des informations ou indices relevés. Je reviendrai sur ce point dans la Partie 3.

Avec la pratique, vous reconnaîtrez de plus en plus facilement ces mots ou expressions qui doivent attirer votre attention à la lecture.

Exemples :

« **nouveau** » (A3), « **jamais** », « **tous** », « **récemment** », « **sans cesse** réinvestir… » (A4),
« **DFT croit** qu'elle le fera… » (A5), « écarts **inexpliqués** », « **trois** options de financement »,
« le système a été développé par le **préposé** », « montant **estimé** de » (A6), « information **clé** »,
etc.

```
┌─────────────────────────┐
│          LIRE           │
│           +             │
│       COMPRENDRE        │
│           ↓             │
│       ORGANISER         │
└─────────────────────────┘
```

POINT DE VUE

Il faut se rappeler une chose importante, soit que ce qui est écrit sur le cas lui-même ne fait pas partie de la réponse. Il arrive d'ailleurs fréquemment que le candidat conserve le texte du cas d'une simulation ou d'un examen. Cela signifie qu'il faut limiter les annotations à l'essentiel. Aussi, puisque ces annotations sont destinées à l'usage exclusif du candidat, elles peuvent, et doivent, être très succinctes. Il vous est donc possible, par exemple d'inscrire « C » pour « Composants » et « S » pour « Services » (A5), ou encore, de développer votre propre système de référence.

Personnalisez vos annotations afin qu'elles soient significatives **pour vous** et que **vous** puissiez facilement **vous** y retrouver.

Il arrive que des candidats prennent quelques notes sur une page à part (ex.: A8). Bien que ces Notes de lecture soient habituellement présentées à la toute fin de la réponse, elles ne sont pas toujours lues ou évaluées par le correcteur. Encore une fois, il faut aller à l'essentiel et procéder comme tel seulement si cela vous est utile. Personnellement, je prends parfois des notes à la main, sur une feuille de brouillon. J'y résume, par exemple les informations concernant une situation difficile à saisir, ou encore, j'y dessine un schéma qui se transpose difficilement à l'écran.

➤ *S'assurer de comprendre l'information.* En fait, il faut se trouver des trucs, selon les circonstances, pour réussir à saisir ce qui se passe. Par exemple,

- Faites l'écriture de journal afin de visualiser la comptabilisation d'une opération complexe.
- Tracez une ligne de temps lorsque le déroulement des événements doit être considéré (A3).
- Réconciliez les ajustements de l'état du résultat net lorsqu'ils sont nombreux (A7).
- Dessinez un diagramme illustrant la circulation de documents comptables dans l'entité.
- Placez l'information concernant les deux contrats de location dans un tableau comparatif.

POINT DE VUE

Le processus de lecture d'un cas exige une qualité essentielle : **l'objectivité**. Cela signifie qu'il faut lire et comprendre les informations en se gardant de leur donner un sens qu'elles n'ont pas. Abstenez-vous d'ajouter des mots au texte.

Il faut prendre connaissance des faits écrits, NOIR SUR BLANC.

Il ne faut pas « lire entre les lignes » ni « spéculer ».

Un client vous mentionne, par exemple « que les employés de l'usine de Québec menacent de faire la grève ». Il ne faut certainement pas présumer, à moins d'informations à cet effet, qu'il en sera de même pour les autres usines de l'entreprise.

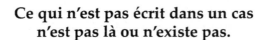

**Ce qui n'est pas écrit dans un cas
n'est pas là ou n'existe pas.**

➢ *Lier entre elles les diverses informations.* Il arrive fréquemment qu'un sujet donné soit abordé à plus d'un endroit dans le cas. On remarque, par exemple que le produit Zeus est présenté à la page A4 (rencontre de juillet), puis qu'on y revient à la page A6 (rencontre de septembre). Il faut trouver le moyen de lier ces informations afin de constater, par exemple que les attentes à l'égard de ce nouveau produit ne se sont pas réalisées. Personnellement, j'inscris la référence de l'un et de l'autre à chacun des endroits afin d'avoir accès à toute l'information disponible lorsque viendra le temps de la résolution de ce sujet. La mention A4-2 fait ainsi référence à la page A4, 2ème paragraphe. Il m'arrive aussi tout simplement de recopier rapidement l'information concernée.

POINT DE VUE

Il m'apparaît particulièrement important de faire le lien entre les informations de nature qualitative et celles de nature quantitative. Il arrive trop souvent que les données financières soient considérées isolément alors qu'elles peuvent contribuer à une meilleure compréhension de ce qui se passe. Il faut donc développer le réflexe de les placer en interaction avec le reste du texte, quel que soit leur forme ou leur contenu. Personnellement, à la lecture du cas DFT, j'ai fréquemment consulté le résultat net projeté de l'Annexe III (A7) afin de compléter ou de valider l'une ou l'autre des informations lues. Par exemple, lorsque je lis que « La prime commence à s'accumuler lorsque le BAIIA excède 14 millions \$. » (A3), je vais immédiatement estimer mentalement ou calculer le BAIIA projeté (A7).

N.B. Pour faciliter tout retour à une annexe de données financières, je colle un « *Post-it* ».

Partie 2
Planifier sa réponse

Valider le Travail à faire
Déterminer l'importance des sujets à analyser
Construire la réponse

« Il n'est pas toujours possible de trouver le temps de tout faire,
mais il faut trouver le temps de faire tout ce qui est important. »

© Deslauriers Sylvie, *$uccès Facile*, AB + Publications, 2013, page 14.

Partie 2
Planifier sa réponse

Entre la fin de la lecture d'un cas et le début de la rédaction de la réponse, je vous suggère fortement de vous accorder un moment de réflexion. Que ce soit fait mentalement ou par écrit, il faut s'assurer de planifier adéquatement le temps qui reste. Pour un court cas en particulier, le temps file vite et chaque minute est précieuse. Il m'apparaît d'autant plus nécessaire de confirmer l'orientation de la réponse vers ce qui est important, voire pertinent.

Valider le Travail à faire

Il faut correctement saisir les paramètres du cas, car ils guident la rédaction de la réponse. Relire le(s) paragraphe(s) expliquant le travail à faire est une bonne idée afin de s'assurer que les problèmes ou enjeux ont tous été relevés. Par exemple, dans le cas DFT, il faut analyser l'incidence des questions de comptabilité à la fois sur la « planification de l'audit » ET sur les « procédures à mettre en œuvre » (A3). Les deux aspects doivent absolument faire partie de la réponse. Il faut également garder en tête le fait que les problèmes ou enjeux doivent être abordés du point de vue d'un auditeur externe. Il ne serait donc pas approprié, par exemple de fournir des conseils en gestion.

D'une manière ou d'une autre, il faut disposer de la liste des sujets à discuter dans la réponse. J'ai précédemment expliqué que j'inscris les sujets relevés au fil de la lecture dans la marge gauche du cas. Il m'arrive parfois d'inscrire cette liste de sujets, et de sous-sujets, sur une page à part afin d'obtenir un portrait complet de ce qu'il y a à faire. Cela est particulièrement utile lorsque les sujets sont nombreux ou dispersés dans le cas. Outre la détermination des sujets devant faire partie de la réponse, il faut s'assurer **d'identifier le plus précisément possible** ce qui doit être discuté ou résolu. Lorsque le point de départ est erroné ou imprécis, l'analyse qui suit peut difficilement être appropriée.

CAS DFT

Prenons l'exemple de la section « Indo-Tech » (A5). Dès le début de la lecture des trois paragraphes concernés, il faut chercher le(s) sujet(s) à discuter, dans le cadre des paramètres du cas.

Commençons avec l'enjeu Comptabilité. Le texte mentionne les conditions inhabituelles de l'accord signé avec Indo-Tech en insistant particulièrement sur le mouvement des stocks. Un candidat qui lit trop rapidement pourrait penser que le sujet comptable à discuter concerne les stocks. Il pourrait alors se lancer dans une discussion sur la comptabilisation de cet actif au plus faible du coût et de la valeur nette de réalisation, par exemple. Cela ne serait pas très utile, tout simplement parce que l'aspect critique à discuter ne concerne pas les stocks. Je sais d'ailleurs que des candidats ayant simulé le cas DFT ont pensé, à tort, qu'il s'agissait de marchandises en consignation.

En fait, la « Comptabilisation des produits » est le sujet à discuter. Le texte fait d'ailleurs référence à plus d'une reprise au concept du « transfert de propriété »; concept inhérent à la constatation des produits. Cela est un indice en soi. En fait, la question à résoudre est la suivante : « QUAND doit-on constater les produits? ». Il faut donc prendre un peu de recul afin d'identifier précisément la question en suspens, compte tenu des informations fournies. Ici, rien ne porte à croire que les stocks sont mal comptabilisés.

Il est indispensable d'identifier correctement les paramètres du cas.

POINT DE VUE

Par expérience, je peux vous dire que le fait de ne pas identifier de manière adéquate le sujet ou l'aspect à analyser est l'un des plus grands obstacles à la réussite d'un cas. Une discussion sur la comptabilisation des stocks, quelle que soit sa qualité, ne peut remplacer la discussion requise sur la comptabilisation des produits.

Compte tenu de l'avancement de vos études, vous êtes aptes à discuter d'un grand nombre de sujets. Le défi est de savoir choisir parmi le vaste ensemble de vos connaissances ce qu'il faut dire pour que la réponse soit appropriée.

Compte tenu de la durée limitée pour résoudre un cas,
être sur la bonne voie dès le départ est de première nécessité.

Parmi un amalgame d'informations, il est parfois difficile de distinguer ce qu'il faut faire. Quel est le problème à régler? Qu'est-ce qui ne va pas? Cela n'est pas toujours évident de distinguer un problème des indices qui permettent de le faire ressortir. En d'autres termes, il ne faut pas confondre un problème donné avec la(les) cause(s) de son apparition, ou encore, avec les conséquences de son existence.

Supposons, par exemple qu'une entreprise offre annuellement un voyage toutes dépenses payées à ses deux meilleurs vendeurs. Supposons également que l'auditeur externe se rende compte que des ventes ont été inscrites aux livres vers la fin de la période courante pour des marchandises livrées au début de la période suivante. L'inscription anticipée de ces ventes entraîne une surévaluation du résultat net.

Une réaction trop rapide serait de dire que le problème consiste à accorder un bonus aux vendeurs en fonction des ventes de l'exercice. Or, ce n'est pas vrai. Fondamentalement, il s'agit d'une déficience du contrôle interne, puisque la séparation des opérations entre les périodes n'a pas été correctement établie. Le fait de payer un voyage aux meilleurs vendeurs répond probablement très bien à l'objectif recherché qui consiste à les motiver. Afin de s'assurer d'avoir bien identifié le problème, il faut se poser la question suivante : « Si l'entreprise cesse d'accorder un voyage aux meilleurs vendeurs, est-ce que tout est réglé? » NON!, car d'autres erreurs quant à la séparation des opérations entre les périodes peuvent subsister.

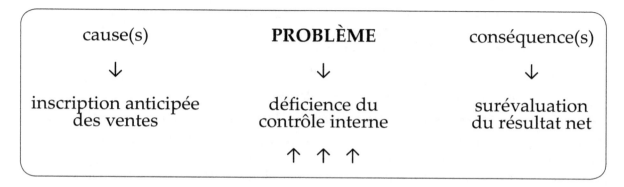

Dans le cas DFT, le problème n'est pas de vouloir verser des primes à la direction, mais plutôt de savoir sur quelle base les calculer. (A3, A37)

L'exemple ci-dessus soulève, encore une fois, la nécessité de s'assurer de bien identifier quel est le problème en titre. Un candidat qui croit, à tort, que le problème à régler concerne la manière de récompenser ou de motiver les vendeurs (ou la direction) va naturellement développer sa réponse en ce sens. Il pourrait, entre autres analyser d'autres façons de favoriser la croissance des ventes, pour finalement suggérer celle qui lui paraît la mieux adaptée aux circonstances. D'une part, une telle réponse ne résout pas le problème fondamental de la déficience du contrôle interne. D'autre part, dans un rôle d'auditeur externe, cette discussion ne serait pas vraiment appropriée.

Dans la détermination des sujets à discuter, considérez également ceci :

➤ *Il faut tenir compte de la source des informations mises à votre disposition.* Des notes prises par vous-même ou par votre supérieur immédiat sont d'une plus grande crédibilité que des informations trouvées sur le web, par exemple.

CAS DFT

Il y a une différence entre les deux annexes du cas DFT qui présentent le résumé des rencontres avec Anne, chef des finances. L'Annexe I (A4), qui relate la rencontre de juillet, présente l'entreprise DFT de manière générale et factuelle. Il n'y a pas, à proprement parler, de sujets à résoudre découlant de la lecture de cette annexe. Bon nombre d'informations seront toutefois utiles à la résolution des sujets présentés ailleurs dans le cas.

Quant à l'Annexe II (A5), elle relate une rencontre plus récente. On y décrit les « événements survenus depuis juillet », ce qui est un indice en soi de leur plus grande importance. Vous ne devriez donc pas être surpris de constater que la majorité des sujets à analyser se trouvent dans cette annexe.

➤ *Une même information peut servir plus d'une fois, pour différents aspects.* Certains candidats lisent un paragraphe, identifient un sujet de discussion, puis passent à l'autre sans se questionner davantage. Le risque est de ne pas obtenir une liste exhaustive de ce qu'il y a à faire. Reprenons l'exemple de la section « Indo-Tech » du cas DFT (A5). L'analyse de l'information nous a précédemment permis d'identifier la question de la comptabilisation des produits. Il faut comprendre que la même information de base servira aussi dans l'analyse de l'incidence sur la planification de l'audit et la mise en œuvre de procédures.

➤ *L'identification d'un sujet peut exiger la considération de plusieurs indices*, parfois disséminés à différents endroits. Lorsque la lecture d'un cas est terminée, je vous suggère de prendre un peu de recul et de regarder l'information dans son ensemble.

Est-ce qu'il y a des commentaires répétitifs?

Remarque-t-on des situations similaires?

Qu'est-ce qui va essentiellement dans le même sens?

Ce bref moment de réflexion peut vous permettre de faire ressortir la présence d'un enjeu non explicite ou d'une considération importante. Une fraude potentielle, un risque financier particulièrement élevé, une série de mauvaises décisions de gestion ou la négligence professionnelle d'un collègue en sont des exemples. Dans le cas DFT, vous pourriez prendre plus clairement conscience de l'influence inhérente du programme de primes sur le traitement comptable des événements de la fin d'exercice (A7).

```
┌─────────────────────────────────┐
│        PROBLÈME CIBLÉ           │
│              ↓                  │
│      RÉPONSE PERTINENTE         │
└─────────────────────────────────┘
```

Déterminer l'importance des sujets à analyser

Il m'apparaît indispensable d'évaluer l'importance de chacun des sujets à traiter, les uns par rapport aux autres. Lorsque certains sujets sont plus importants que d'autres, il faut s'assurer de les analyser de manière appropriée. Puisque le temps d'un cas est toujours limité, il s'agit d'une aptitude qu'il faut absolument développer. En général, un sujet plus important requiert davantage de profondeur d'analyse. Tel que mentionné dans la Partie 1, je classe les sujets en trois catégories : les sujets importants, les sujets de moindre importance et les sujets peu importants (négligeables). Par expérience, pour réussir un cas, je peux vous dire ceci :

Il faut **analyser tous** – ou presque tous – **les sujets importants** et,

si possible, une **partie des sujets de moindre importance**.

Il faut donc tenir compte de l'information disponible et DÉTERMINER CE QUI EST IMPORTANT, COMPTE TENU DES PARAMÈTRES DU CAS. À cette fin, je vous suggère de considérer simultanément l'un ou l'autre des critères présentés ci-dessous.

CRITÈRES À CONSIDÉRER
DANS LA DÉTERMINATION DE L'IMPORTANCE D'UN SUJET

Critères à considérer	Exemples
Ampleur des sommes en jeu Truc : Un élément devient important s'il se situe aux alentours de 5 % à 15 % d'une base de référence – résultat (bénéfice), produits, actif total. Remarque : L'impact sur les parties prenantes est à considérer.	– La perte de valeur de 100 000 $ sur du matériel de production (A6), lorsque mise en relation avec le résultat net projeté de 7 351 000 $ (A7), est mineure. On peut donc laisser tomber ce sujet peu important (négligeable). – La préparation d'un budget exige la détermination des revenus futurs. L'entreprise commercialise trois produits différents. On pourra faire un calcul plus détaillé pour les deux produits principaux et une simple hypothèse dans le cas du troisième, qui représente 6 % des produits des activités ordinaires (normales).
Rôle à jouer Truc : Il faut déterminer la principale raison d'être de l'embauche. À quelles compétences fait-on appel ? Sous quel angle doit-on aborder le travail à faire ?	– Bien que plusieurs idées de fiscalité puissent vous venir en tête au fil de la lecture du cas DFT, il n'est pas pertinent d'en traiter dans la réponse. D'une part, cela ne fait tout simplement pas partie de ce qui est demandé. D'autre part, puisque le programme de primes cible un chiffre avant impôt, soit le BAIIA, cela diminue l'importance du poste Impôts sur le résultat. (CAS DFT)

CRITÈRES À CONSIDÉRER
DANS LA DÉTERMINATION DE L'IMPORTANCE D'UN SUJET

Critères à considérer	Exemples
Risques et incertitudes Truc : Il faut considérer la nature ou l'impact du sujet de discussion. Est-ce que cela implique des rentrées ou des sorties de trésorerie importantes? Est-ce que cela risque de changer les conclusions ou les recommandations? Est-ce que cela exige de procéder à des estimations?	– Des stocks, d'une valeur actuelle de 1,85M se trouvent actuellement en Inde. Outre l'ampleur du montant, il faut dire que l'accord inhabituel avec Indo-Tech, ainsi que l'éloignement physique des stocks, en font un sujet d'importance pour l'auditeur. (A5) – *A priori*, le poste Provision pour garanties est plus important que le poste Fournisseurs et ce, même s'ils s'élèvent au même montant. C'est que la provision exige l'estimation des frais qui seront encourus pendant la période de garantie. L'incertitude quant à cette estimation augmente le risque d'anomalies.
Particularités du secteur d'activité Truc : Il faut se demander ce qui caractérise le secteur dans lequel œuvre l'entité. Qu'est-ce qui est particulier et qu'on ne retrouve pas dans les autres secteurs?	– L'entreprise est un commerce de détail. La gestion des inventaires est davantage susceptible d'être un sujet important que la gestion des comptes clients. – Lorsqu'il s'agit d'un organisme sans but lucratif, il faut penser à la présentation d'informations supplémentaires aux états financiers, telles que la description des activités, l'analyse des indicateurs de performance et les données budgétaires.
Situation dans le temps Truc : Il faut regarder l'échéance ou la date limite; plus cette date est imminente, plus le sujet est susceptible d'être important.	– Une société par actions envisage de construire une nouvelle usine d'ici trois ans. Puisque l'horizon temporel est éloigné, ce sujet sera probablement peu important, et ce, même si l'on mentionne que la présidente tient à ce projet.
Informations disponibles Truc : La nature et la quantité des informations disponibles aux fins d'analyse peuvent être un indice en soi. Quelle est l'opinion de l'une ou l'autre des parties prenantes? Quelle est la longueur du texte portant sur un sujet?	– Une annexe entière est consacrée à la présentation des ajustements au calcul du résultat net projeté. (A7) Il est donc nécessaire d'examiner l'impact de chacune des questions de comptabilité sur ce résultat. Cela est également justifié par la mention fréquente de l'existence du nouveau programme de primes fondé sur le BAIIA dans la partie qualitative du cas.

DEMANDE PRÉCISE

↓

RÉPONSE PRÉCISE

↓

RÉUSSITE

Dans l'objectif de pouvoir planifier de manière adéquate sa réponse, il faut savoir faire rapidement ressortir les sujets les plus importants. Personnellement, j'essaie d'effectuer – du moins en partie – ce classement au fur et à mesure de la lecture du cas. Par la suite, c'est en examinant la liste des sujets relevés que je confirme quels sont ceux qui sont les plus importants. Afin d'illustrer mes idées, je vous présente ci-dessous un tableau en bonne et due forme. Dans le temps limité d'un cas, il faut comprendre que vous n'avez pas le temps de faire un tableau aussi détaillé, qui ne comprend que les questions comptables de surcroît! Toutefois, il faut, d'une manière ou d'une autre, effectuer un classement des sujets relevés.

QUELLES SONT LES PRIORITÉS?

DÉTERMINATION DE L'IMPORTANCE DES QUESTIONS COMPTABLES
CAS DFT

Référence (cas DFT)*	Sujets à analyser	$	Importance du sujet à analyser
Indo-Tech	– QUAND constater les produits – QUAND constater les produits	1,5M 1,85M	– important – important
CIP	– QUAND inscrire la remise	225	– de moindre importance
Zeus – Stocks – R&D	– Inscrire ou non une provision – Radier ou non les dépenses	400 ?	– important – de moindre importance
Subventions	– QUAND et COMMENT inscrire les sommes reçues	800	– important
Arès – R&D	– Radier ou non les dépenses	450	– important
Cotisation TPS/TVH	– Inscrire ou non un actif éventuel	125	– peu important
Matériel	– COMMENT présenter aux états financiers	100	– peu important
Primes	– Estimer/Inscrire la provision	300	– peu important

* Les questions à analyser sont présentées dans l'ordre où elles apparaissent dans le cas.

N.B. Le nombre de questions à relever varie d'un cas à l'autre. En général, pour un court cas, on peut dire que plus ce nombre est élevé, plus la détermination de leur importance est indispensable.

Voici un résumé des critères et autres éléments ayant été considérés dans la détermination de l'importance des diverses questions comptables du cas DFT.

➢ On dénombre **10 questions comptables à analyser**. De ce nombre, 5 ont été jugées plus importantes que les autres, si l'on distingue les deux parties de l'accord avec Indo-Tech. En considérant que vous disposez d'environ 25-30 minutes à consacrer à l'enjeu Comptabilité, vous allez probablement analyser 4 questions parmi celles-ci; peut-être 1 ou 2 de plus, si le temps le permet. Il faut savoir que les sujets ne requièrent pas nécessairement le même temps d'analyse. Toutefois, vous en conviendrez, les sujets de moindre importance sont résolus en dernier.

➤ Puisque l'**ampleur des sommes en jeu** est fournie pour tous les sujets sauf un, il s'agit d'un critère important à considérer. On peut également se servir du seuil de signification préliminaire de 434 000 $ (A4) afin de mieux différencier les sujets importants des autres. En outre, il faut surtout s'intéresser aux questions affectant le résultat (A3).

La considération de l'ampleur des sommes en jeu est un point de départ, qu'il faut toutefois TOUJOURS UTILISER AVEC DISCERNEMENT.

Dans le cas DFT, on pourrait argumenter et conclure que la comptabilisation de la remise de 225 000 $ est un sujet qu'il faut absolument discuter. C'est qu'il s'agit d'une situation inhabituelle pour DFT; situation qui risque de se reproduire dans le futur. On pourrait d'ailleurs considérer que la comptabilisation de cette remise de 225 000 $ est un sujet plus important que l'inscription d'une provision pour pertes sur les stocks de 400 000 $ de Zeus. Pourquoi? Tout simplement parce qu'il n'est pas certain qu'une telle provision soit nécessaire et aussi parce qu'elle serait probablement d'un montant inférieur à 400 000 $, peut-être même à 0 $. Le **risque** ou l'**impact** d'une telle provision sur le résultat net est donc moins grand que celui de la remise sur ventes.

POINT DE VUE

Les cas ne fournissent pas toujours l'ampleur des sommes en jeu de chacun des événements aussi clairement et de manière aussi constante que dans le cas DFT. Dans ces circonstances, il faut naturellement se fier davantage aux autres critères. Le texte peut d'ailleurs renfermer des indices qui tracent la voie à suivre. Une phrase telle que « Les membres du conseil d'administration ont relevé **avec surprise** la **hausse** du poste Débiteurs. » contient d'ores et déjà un signal quant à l'importance du sujet « Enquête de crédit des nouveaux clients ».

Servez-vous de vos connaissances et de votre expérience dans la résolution de cas. Les événements reliés au poste Produits, par exemple, sont régulièrement plus importants que les autres. Aussi, le traitement comptable d'une transaction est souvent plus important que le contenu d'une note aux états financiers.

Posez-vous la question suivante :
Quel est l'impact sur le(s) aspect(s) clé(s) du cas?

POINT DE VUE

Lorsqu'il s'agit de déterminer l'importance des sujets, il ne faut pas perdre de vue les paramètres du cas. Prenons, par exemple le nouveau programme de primes du cas DFT. *A priori*, un sujet qui influence le résultat, et plus particulièrement l'une ou l'autre des composantes du BAIIA, sera plus important.

Dans ce cas, les fluctuations de la demande, la nécessité de réinvestir sans cesse en R&D (A4) ainsi que la présence de concurrents (A6) sont des **particularités du secteur d'activité** (A3). Il n'est donc pas surprenant de constater que l'inscription ou non d'une provision sur les stocks (Zeus) ainsi que la radiation ou non des frais de R&D (Arès) soient des sujets importants.

Le fait que la durée de vie des produits soit de trois ans ou moins (A6) influence manifestement le traitement comptable de plusieurs postes ou événements, tels que les stocks, les dépenses de R&D et les subventions.

➢ Chaque sujet ou chaque aspect d'un sujet doit être évalué distinctement. Dans le cas DFT, par exemple, il y a lieu de se questionner sur les frais de R&D différés pour deux produits différents : Zeus et Arès. Tel qu'établi dans le tableau précédent, ils n'ont pas la même importance. Ce ne serait d'ailleurs pas une bonne idée de présenter une discussion commune aux deux produits, tout simplement parce que les idées à considérer dans l'analyse ne sont pas les mêmes. Il faut donc ÉVALUER L'IMPORTANCE DE CHACUN DES ASPECTS D'UN MÊME SUJET, dans le cadre du rôle à jouer.

➢ Le sujet « Estimer/Inscrire la provision pour primes » a été classé comme étant peu important. À première vue, cela peut surprendre, puisque le programme de primes est la particularité la plus importante du cas DFT. Il faut toutefois comprendre que la comptabilisation du montant de la prime à verser ne présente aucun problème particulier. Il n'y a aucune **incertitude** ici, car la prime pourra être calculée sans difficulté, puis comptabilisée, dès que le montant du BAIIA sera établi. C'est une question de comptabilité négligeable, néanmoins très facile à résoudre.

L'ordre de présentation des sujets dans le cas correspond rarement à leur ordre d'importance.

➢ Le tableau contient les « nouveaux » sujets de l'exercice; sujets essentiellement présentés à l'Annexe II (A5) qui relate « un certain nombre d'événements survenus depuis juillet ». C'est, entre autres parce qu'ils surviennent près de la fin d'exercice (**situation dans le temps**) qu'ils doivent attirer votre attention. Il ne serait donc pas utile, par exemple de discuter de la comptabilisation des produits de manière générale, tout simplement parce que le type de produits offerts par DFT n'a pas changé (A4). C'est plutôt la façon de faire des affaires avec certains clients qui a changé (expédition de stocks à l'avance à Indo-Tech, remise sur ventes sur CIP (A5)). Ce sont ces circonstances particulières et « nouvelles » qui justifient un questionnement quant au traitement comptable à adopter.

➢ Prenez le temps de feuilleter le cas et de prendre en considération la quantité d'**informations disponibles** sur chacun des sujets. Vous remarquerez rapidement que le cas fournit davantage d'informations sur les sujets plus importants. C'est normal. Puisque l'un des objectifs de l'apprentissage par cas est de vous permettre d'intégrer vos connaissances dans le contexte d'un scénario créé à cette fin, il vous faut assurément des indices pour le faire. Lorsqu'il n'y a pas ou qu'il y a peu d'informations sur un sujet, l'analyse demeure générale, ce qui ne peut faire autrement que d'en réduire la pertinence. Vous pouvez ainsi remarquer que les trois derniers sujets abordés dans les trois derniers paragraphes de la page A6 du cas DFT sont peu importants.

N.B. Je vous demande toutefois d'être prudent avec ce critère relatif à la quantité d'informations disponibles. Ne vous fiez pas uniquement à celui-ci, validez-le avec l'un ou l'autre des autres critères, avec jugement!

> Lorsqu'on examine les **informations disponibles** à l'Annexe III (A7), on se rend compte que l'amortissement fait l'objet de trois ajustements (Notes 2), 3), 4)). On remarque aussi qu'il n'y a pas de poste distinct Amortissement au résultat net. On pourrait se poser la question suivante : Pourquoi est-ce que l'amortissement ne fait pas partie de la liste des questions de comptabilité à discuter? Il y a deux raisons. Il faut premièrement se rappeler que le calcul de la prime se base sur le BAIIA qui exclut, par sa définition même, l'amortissement. Cela en diminue l'importance. Deuxièmement, on peut facilement constater l'**absence d'informations** sur ce sujet dans le cas. Rien ne porte à croire que l'amortissement est erroné, d'où son absence de la liste des questions de comptabilité à discuter.

On pourrait certes envisager que la charge d'amortissement ait été surévaluée dans l'objectif d'augmenter le BAIIA et, par conséquent, le montant de la prime. Cela est plausible, mais encore une fois, on manque d'indices. Cette possibilité que l'amortissement soit mal calculé peut, par exemple illustrer le parti pris potentiel de la direction ou justifier l'augmentation du risque d'audit. Il faudra toutefois le faire succinctement : une phrase ou deux. Soyez surtout conscient que le cas renferme d'autres informations, concrètes et complètes, qui permettront d'étoffer davantage ce genre de commentaire. L'inscription à titre de produits des subventions de 800 000 $ alors que 75 % des frais de développement correspondants sont encore inclus dans les frais de développement différés est un exemple beaucoup plus révélateur.

Construire la réponse

Le canevas de la réponse à un cas est relativement standard. À la suite de la présentation succincte du contenu, *via* un en-tête approprié, les différents problèmes ou enjeux sont analysés. Les sujets sont présentés en fonction de l'ordre d'importance préalablement établi. Les annexes, présentées par la suite, comprennent essentiellement les calculs nécessaires à la production d'une réponse complète. Dans certaines circonstances, un tableau auquel on fait référence plus d'une fois dans la réponse peut être présenté en annexe. On pourrait y trouver, par exemple la liste des forces, faiblesses, possibilités et menaces de l'entité, la liste des avantages et inconvénients d'une occasion d'affaires, ou encore, les grandes sections d'un plan de mise en œuvre (qui, quoi, quand, coût). C'est que le format créé par l'usage d'un logiciel, tel *Excel*, facilite la présentation structurée de ce genre d'informations.

RÉPONSE D'UN CAS

> En-tête
>
> Enjeu #1 – Sujet A, Sujet B, Sujet C, …
>
> Enjeu #2 – Sujet A, Sujet B, Sujet C, …
>
> Enjeu #3 – Sujet A, Sujet B, Sujet C, …   Etc.
>
> Annexes
>
> Notes de lecture ou Brouillon (s'il y a lieu)

L'usage des rubriques – Date, À, De, Objet – est particulièrement efficace lorsqu'il s'agit de débuter la réponse d'un cas. Tout en rehaussant l'apparence professionnelle de votre texte, vous rappelez ainsi l'essentiel des paramètres. Puisqu'il n'est pas toujours facile de débuter la rédaction d'une réponse, la préparation d'un en-tête est un bon point de départ. Il faut, dans un premier temps, s'assurer de bien déterminer la **Date** de la préparation du rapport, **À** qui il s'adresse (ex.: conseil d'administration, employeur, client, associé, collègue) et le rôle (**De**) qui vous est attribué (ex.: conseiller en gestion, auditeur, contrôleur, fiscaliste). Ces rubriques, généralement complétées au fil de la lecture du cas, dirigent la rédaction. Par exemple, le contenu d'un rapport portant sur l'acquisition d'une entreprise ne sera pas le même si les états financiers du vendeur sont récents ou s'ils datent de quelques mois, si l'on s'adresse au vendeur ou à l'acheteur et si l'on joue un rôle de fiscaliste ou de conseiller en gestion.

EXEMPLE DE L'EN-TÊTE D'UNE RÉPONSE (CAS DFT)

> MÉMO
>
> **Date :** 12 septembre 2012
>
> **À :** Kin Lo, associé
>
> **De :** CPA
>
> **Objet :** – Questions comptables
>
> IMPACT sur le résultat
>
> – Planification de l'audit ET procédures à mettre en œuvre
>
> – Parti pris possible de la direction

J'insiste fréquemment sur le fait que le contenu d'une réponse découle directement des paramètres du cas (contexte, rôle, demande). En fait, il est important de réaliser que les informations d'un cas pourraient servir plusieurs fins. Jusqu'à un certain point, l'auteur d'un cas « choisit » les sujets à résoudre, en fonction des objectifs d'apprentissage visés.

Reprenons l'exemple où le cas porte sur l'acquisition d'une entreprise. À partir des mêmes informations de base, la liste des risques et opportunités ne sera pas la même si l'on adopte le point de vue de l'acheteur ou le point de vue du vendeur. La réalisation de ce fait inhérent à la résolution de cas renforce la nécessité :

de bien déterminer ce qu'il y a à faire dès le départ

et

de ne pas le perdre vue jusqu'à la dernière minute de la rédaction de la réponse.

> **LECTURE**
> ↓
> **PLANIFICATION**
> ↓
> **RÉDACTION**

La rubrique **Objet** contient, *a priori,* une ou deux phrases résumant l'essentiel du travail à faire. Je vous suggère de prendre le temps d'écrire l'essentiel de ce qui est demandé, en utilisant autant que possible les mêmes mots que ceux énoncés dans le cas. Par exemple, si on demande une opinion sur chacune des options proposées, le mot « chacune » doit attirer votre attention. C'est un rappel efficace de présenter une conclusion, voire votre opinion, suite à l'analyse de chaque option. De même, écrire « IMPACT sur le résultat » vous rappelle de terminer l'analyse de chacune des questions de comptabilité en mentionnant l'impact sur le chiffre du BAIIA.

Dans certaines circonstances, il est utile de présenter une liste plus complète des sujets à discuter dans l'Objet. Pour ma part, l'inscription des sujets importants fait partie intégrante du processus d'évaluation de leur importance. En d'autres termes, j'y inscris tout sujet important dès qu'il est identifié. Je m'assure ainsi de ne rien oublier d'essentiel. Cela est particulièrement utile lorsqu'il s'agit d'un enjeu moins explicite ou lorsque le mandat est inhabituel. En outre, il est efficient de « copier/coller » les sujets à discuter à partir de l'Objet au fur et à mesure de l'avancement de la rédaction.

Je souligne toutefois – avec insistance – la nécessité d'être succinct dans la présentation de l'en-tête. Bien que nécessaire, un tel en-tête n'est pas ou est très peu considéré dans l'évaluation de votre réponse. Finalement, rappelez-vous que le niveau de détail de la rubrique Objet dépend essentiellement de vos besoins personnels.

L'Objet d'un cas
peut correspondre au plan de réponse.

La résolution d'un cas nécessite, le plus souvent, la présentation d'un rapport proprement dit. S'il le désire, le candidat peut tout simplement écrire le mot RAPPORT au tout début de sa réponse. Il fera de même lorsque le travail demandé prendra la forme d'une lettre, d'une note de service, d'un mémo ou d'un compte rendu. Lorsqu'il s'agit d'une lettre, par exemple, le candidat peut ré-agencer les rubriques – Date, À, De, Objet – de manière à montrer qu'il s'adapte à la situation. La date, le nom du destinataire, une très courte adresse ainsi que l'objet de la lettre figurent ainsi dans l'en-tête de la première page. Le candidat peut ensuite apposer sa signature en bas d'une brève introduction ou à la fin de sa lettre.

Tout juste avant de commencer la rédaction de la réponse, je vous suggère de planifier le temps qu'il vous reste. Pour un cas de 70 minutes, tel DFT, il devrait vous rester de 45 à 50 minutes à répartir entre les grandes sections du plan de réponse. Tout en faisant cet exercice, vous devez vous questionner sur l'ordonnancement des sujets, car il arrive que l'analyse de l'un soit un préalable à l'analyse de l'autre. Il est, par exemple préférable de discuter de la comptabilisation des produits, avant de discuter des stocks ou du coût des ventes. En outre, il va de soi que la résolution des questions de comptabilité doit précéder l'analyse de leur incidence sur l'audit (A3). D'une part, votre supérieur immédiat vous a demandé de procéder comme tel et, d'autre part, les procédures d'audit à mettre en œuvre sont directement reliées à l'aspect critique des diverses questions comptables. Nous reviendrons sur ce point un peu plus loin dans le volume.

> **POINT DE VUE**
> En ne déterminant pas adéquatement l'importance ou l'ordonnancement des sujets, le candidat peut passer trop de temps sur des aspects de moindre importance et pas assez sur ce qui est important. Par expérience, je peux d'ailleurs vous dire que les sujets les plus simples ou les plus faciles à analyser figurent rarement parmi les plus importants. Il existe aussi une tendance naturelle à discuter trop longuement des premiers sujets qui sont présentés et pas assez des derniers. Finalement, il faut prendre conscience d'une autre tendance naturelle, soit celle d'accorder davantage de profondeur aux sujets que l'on connaît bien ou que l'on préfère.
> Ai-je besoin de commenter?

Tel que mentionné ci-dessus, il m'apparaît indispensable de planifier le temps entre les différents problèmes ou enjeux, tout simplement dans le but de s'assurer d'une couverture raisonnable de ce qui est demandé. J'ai très souvent corrigé des réponses qui offraient une excellente analyse du premier point, mais qui négligeaient les autres par manque de temps. Il est alors très difficile – voire impossible – d'atteindre le seuil de réussite. Il faut constamment être conscient de la limite de temps inhérente à toute simulation ou examen et agir en conséquence. En outre, il faut prévoir le temps nécessaire à l'analyse quantitative, s'il y a lieu.

CAS DFT

La demande établit clairement deux grands enjeux à analyser : Comptabilité et Audit. Quant aux implications du programme de primes, elles font partie d'un troisième enjeu, qui coexiste avec chacun des deux autres.

COMPTABILITÉ   AUDIT

↓   ↓

PARTI PRIS DE LA DIRECTION

Le candidat dispose d'environ 50 minutes pour la rédaction de la réponse au cas DFT. *A priori*, il faut consacrer environ le même temps aux deux enjeux principaux, quoique l'enjeu Comptabilité requiert habituellement un peu plus de temps que l'enjeu Audit. D'une part, il faut prévoir expliquer ou calculer l'impact des ajustements comptables recommandés sur le BAIIA afin d'évaluer s'il est en deçà ou au-delà de la cible de 14M. D'autre part, l'analyse des questions de comptabilité nécessite davantage d'explications que la révision de la planification et l'élaboration des procédures d'audit à mettre en œuvre.

Le candidat dispose donc d'environ 25 minutes – peut-être 30 – pour l'analyse des questions comptables, dont 5 ont été évaluées comme étant importantes.

Le *tempo* de la rédaction est fixé.

Lorsque je prépare l'en-tête de ma réponse ou lorsque je m'apprête à résoudre l'un ou l'autre des enjeux du cas, j'essaie de prévoir la structure d'analyse en me demandant quel sera l'aboutissement de la discussion. En d'autres termes, je me demande quel genre de réponse le destinataire du rapport s'attend de recevoir. Il n'est pas nécessaire de connaître à l'avance toutes les idées qui seront écrites, mais d'en connaître la direction. Supposons, par exemple que vous devez répondre à la demande du conseiller financier à savoir si la division CFE est solvable. La finalité de l'analyse sera de conclure si « OUI ou NON » l'entité CFE est solvable. Il est plus facile de rester concentré sur l'essentiel quand on ne perd pas cela de vue. De même, garder en tête le fait qu'il faut déterminer si le seuil de signification préliminaire doit être révisé est un rappel constant de s'attarder sur ce qui peut justifier une telle révision (A23). Je reviendrai sur les structures d'analyse à la Partie 10.

POINT DE VUE

Au lieu de faire ressortir les sujets à discuter, puis de structurer la réponse en conséquence, certains candidats essaient plutôt d'anticiper la façon dont le cas sera corrigé. Par exemple, un candidat qui pense – ou qui espère – que la compétence « Intégration » fera partie de l'évaluation, pourrait décider d'effectuer une analyse sur ce sujet en titre. D'une part, l'intégration est une habileté professionnelle qui se démontre par l'expression de liens tout au long de la réponse; en faire une section distincte est rarement approprié. D'autre part, le niveau d'intégration à faire varie d'un cas à l'autre.

Personnellement, je ne cherche pas à prévoir la manière dont se fera l'évaluation d'un cas. J'essaie plutôt de bien comprendre le travail à faire, dans le cadre du rôle à jouer, et de bien cibler ce qui est important. Je suis persuadée qu'il s'agit du meilleur moyen de réussir. Certes, vous pouvez vous demander si des inter-relations ou des liens existent entre les divers problèmes ou enjeux du cas, mais il est inutile d'insister s'il n'y en a.

Partie 3
Rédiger des idées pertinentes

Tenir compte des informations du cas
Être systématique dans la démarche
Intégrer les idées au cas

« Par expérience, je sais que l'une des faiblesses majeures des réponses proposées par les candidats est tout simplement de ne pas répondre aux questions posées, ou encore, d'insister trop longuement sur des sujets secondaires au détriment des sujets importants. »

traduit de : © Deslauriers Sylvie, *CGA = COMPETENCY*, AB + Publications, 2012, page 14.

Partie 3
Rédiger des idées pertinentes

Répondre aux diverses demandes d'un employeur ou d'un client est un incontournable pour quiconque désire réussir. Chaque cas propose un scénario unique où le candidat doit faire appel à ses connaissances dans l'objectif de résoudre des problèmes ou enjeux spécifiques. La réponse d'un cas doit essentiellement se composer d'idées qui demeurent dans le cadre de ses paramètres (contexte, rôle, demande). En fait, l'employeur ou le client vous engage afin de répondre à ses besoins particuliers. Il faut donc se concentrer et lui donner ce qu'il demande.

Il arrive malheureusement que des candidats passent outre, « décident » de ce qui est « bon » pour le client, puis se lancent dans une discussion qui ne s'inscrit pas dans leur mandat. D'autres candidats vont plutôt faire l'étalage de leurs connaissances au lieu de cibler et d'utiliser seulement les concepts utiles dans les circonstances. N'oubliez jamais que la réussite d'un cas dépend essentiellement de votre capacité à rédiger des idées pertinentes.

> ## CAS UNIQUE
> ## ↓
> ## RÉPONSE ADAPTÉE

Tenir compte des informations du cas

Lorsqu'on s'apprête à rédiger la réponse d'un cas, il est indispensable de tenir compte des informations, qualitatives et quantitatives, qui vous ont été fournies. Bien que ce soit une évidence, ce n'est pas toujours facile à faire. Il faut tout d'abord constamment tenir compte de l'environnement créé par le scénario du cas. Il arrive trop souvent que les implications du travail à faire soient comprises ou déterminées au départ, mais délaissées par la suite. Un candidat peut ainsi être conscient de la nécessité de mentionner l'impact du programme de primes (parti pris de la direction) sur la première ou peut-être les 2-3 premières questions de comptabilité, puis l'oublier pour les dernières. En perdant de vue cet aspect important au fil de l'avancement de la rédaction, l'analyse de l'enjeu Comptabilité, ainsi que l'enjeu suivant Audit, peut se révéler incomplète.

POINT DE VUE

Il est important de rester concentré et de ne pas diverger en cours de route. Personnellement, je vais régulièrement relire la description du travail à faire, dans le cas lui-même – texte surligné en vert – ou dans l'Objet de l'en-tête.

Lorsqu'un candidat s'apprête à écrire une phrase qui débute par des mots ou des expressions tels que « Oui, mais si… », « Peut-être que… », « Advenant la possibilité de faire ceci… », « Si l'entité pouvait changer cela … », le texte qui suit est rarement utile.

**Il faut se garder de suivre une voie hypothétique
qui ne s'appuie pas sur les informations fournies dans le cas.**

Il faut aussi savoir quand et comment utiliser les informations du cas dans l'identification et l'analyse des divers problèmes ou enjeux. Prenons, par exemple le paragraphe concernant les stocks de Zeus (A6). On pourrait penser que la « détermination du coût » est le sujet à analyser, entre autres parce que DFT a rencontré des difficultés techniques imprévues. Or, la problématique en cours concerne essentiellement la « valeur » des stocks ayant été fabriqués. En fait, les indices relevés pointent vers un questionnement sur la capacité de vendre ces stocks et non sur la capacité de les produire ou d'en déterminer correctement le coût.

Il faut donc comprendre l'information fournie, puis l'utiliser avec discernement dans l'analyse.

INFORMATIONS DU CAS DFT CONCERNANT LES STOCKS DE ZEUS

Informations du cas DFT (A6)	Commentaires
– « difficultés techniques imprévues » – « mise au point du nouveau produit, Zeus, a été retardée »	– On explique ici pourquoi la mise au point du produit a été retardée. Cette information n'est pas vraiment utile, puisque DFT a surmonté le problème et commencé à produire les stocks. Cela n'a donc pas d'influence sur la comptabilisation des stocks comme telle. – L'information révèle qu'il y a eu des déficiences dans la planification de la mise en production du produit Zeus. Toutefois, l'analyse de cette question n'entre pas dans le cadre des paramètres du cas.
– « ne réalisera en tout que pour 200 000 $ de ventes de Zeus d'ici la fin de l'exercice » – « aura probablement pour 400 000 $ d'unités en stock »	– Ces informations concernant le futur soulèvent une incertitude quant à l'ampleur des ventes de l'exercice courant. Cela n'est toutefois pas suffisant pour justifier un questionnement sur la valeur des stocks de Zeus. Un retard dans la réalisation d'un projet ne signifie pas automatiquement que sa valeur a diminué.
– « un concurrent a mis en marché un produit similaire avant DFT » – « DFT n'est donc plus sûre de pouvoir vendre Zeus au prix prévu. »	– CE SONT DES INFORMATIONS CLÉS; informations qui apparaissent à la toute fin du paragraphe. – L'incertitude concernant le prix de vente est un aspect critique dans la détermination de la valeur des stocks. **Si** le prix baisse, il est alors **possible que** la valeur nette de réalisation soit plus faible que le coût. Ce n'est toutefois pas une certitude et l'analyse de cette question devra en tenir compte.

**Sans indice valable provenant du cas,
la discussion demeure générale ou théorique.**

Le tableau de la page précédente fait ressortir deux éléments fondamentaux. Premièrement, il est important de bien cibler ce qui doit être analysé dès le départ afin de ne pas perdre son temps. Une discussion sur le « coût » des stocks ne sera pas considérée dans l'évaluation de la réponse tandis qu'une discussion sur la « valeur » le sera. Personnellement, j'essaie d'identifier le plus précisément possible la nature du sujet à analyser, que j'inscris en tant que titre dans ma réponse. Deuxièmement, les idées faisant partie d'une réponse peuvent être « correctes », sans être pertinentes. Certains candidats croient, à tort, qu'ils vont être récompensés pour toute « bonne » idée émise dans le cadre de l'un ou l'autre des enjeux du cas.

CE NE SONT PAS TOUTES LES IDÉES QUI COMPTENT, CE SONT LES IDÉES PERTINENTES.

POINT DE VUE

Vous avez probablement déjà réalisé que les mots et expressions utilisés dans un cas sont importants. On peut également constater que les informations « inutiles » sont peu nombreuses. Il en est ainsi, entre autres afin de ne pas alourdir la lecture ou diminuer le temps déjà limité de la rédaction.

Il faut également comprendre le lien immuable entre les informations du cas et sa solution éventuelle. Lorsqu'un auteur de cas désire qu'un candidat fasse appel à ses connaissances concernant les centres de responsabilité, par exemple, il fera une demande en ce sens. S'il désire plus particulièrement que le candidat analyse s'il s'agit d'un centre de profit ou d'un centre d'investissement, il fournira des indices en conséquence.

Lorsqu'il s'agit de préparer la solution officielle ou le guide d'évaluation, on se réfère constamment aux informations fournies dans le cas afin de s'assurer que la correspondance existe. Vous devez faire de même lorsque vous rédigez votre réponse.

Les commentaires précédents sont également valables lorsque des chiffres sont concernés. Les données financières fournies en annexe ou ailleurs dans le texte sont malheureusement trop souvent laissées pour compte. Elles peuvent être utiles pour **justifier l'importance d'un sujet** ou **appuyer l'analyse**. Gardez-vous toutefois de changer les données du cas ou d'émettre des hypothèses arbitraires pour fins de calcul. Le cas DFT, par exemple, ne contient aucun indice quant à l'ampleur d'une dépréciation éventuelle des stocks. Il serait donc inutile d'énoncer une hypothèse telle que : « Je suppose que la dépréciation des stocks est de 50 % du solde de fin d'exercice, soit 200 000 $ ». Le fait de considérer ou non une telle hypothèse ne fait pas de différence sur la valeur de la réponse.

Les concepts pertinents à l'analyse n'ont pas besoin d'être appuyés par un chiffre arbitraire.

Au fil de vos simulations ou examens de cas, j'aimerais vous encourager à développer votre sens intuitif. Cela peut sembler un peu paradoxal que j'insiste à la fois sur la nécessité de considérer les informations fournies dans le cas tout en vous encourageant à vous servir de votre intuition. En fait, il faut considérer les informations de nature factuelle tout en étant attentif à ce qui pointe vers un résultat donné ou un comportement particulier. Certains mots, commentaires ou expressions peuvent être en soi un signal de la conclusion ou de la recommandation à laquelle « vous devriez arriver ».

A priori, il s'agit d'indices qui teintent l'analyse.

CAS DFT

Supposons que vous venez de lire, puis de planifier la résolution du cas DFT. Tout juste avant de commencer la rédaction des questions de comptabilité, quelle serait votre réponse à la question suivante :

Pensez-vous que le chiffre du résultat net ajusté,
calculé à la suite de l'analyse des questions comptables,
sera inférieur ou supérieur à 14M?

Je suis quasiment certaine que vous savez d'ores et déjà qu'il sera inférieur à 14M.

C'est que le cas fait référence à plusieurs événements ayant une conséquence « négative » sur le résultat net, puisqu'ils ont pour effet de diminuer les produits ou d'augmenter les coûts : (A5 et A6)

– stock envoyé à l'entrepôt le 30 juin, pris par Indo seulement le 2 août;
– remise sur ventes de CIP afin d'obtenir le contrat;
– retard dans la production du nouveau produit Zeus;
– un concurrent a mis en marché un produit similaire à Zeus avant DFT;
– abandon du développement du produit Arès;
– nouvelle cotisation de l'État;
– perte de valeur sur du matériel de production.

Répondez maintenant à la question suivante :

Quels sont les événements survenus au cours de l'exercice
ayant une conséquence « positive » sur le résultat net de DFT?

La réponse n'est pas aussi claire et vous allez probablement devoir relire le cas pour me dire que les ventes du produit CIP ont dépassé les attentes (A5) ou qu'un financement public a été obtenu (A6).

On peut ainsi constater qu'il y a davantage d'indices pointant vers une baisse du résultat net. En outre, il faut considérer le poids des divers événements allant dans des directions opposées.

Pourtant, malgré ce qui précède, « la direction prévoit un exercice plus rentable que le précédent » (A3) et « Anne croit que tous ceux qui sont visés par le programme toucheront une prime » (A6). Il y a de quoi être sceptique!

Vous pourrez constater par la suite, au fur et à mesure de l'avancement de votre rédaction, que le traitement comptable approprié diffère constamment de celui adopté par la direction. Vous comprendrez alors pourquoi, dans la situation particulière au cas DFT, il faut en venir à remettre en question l'intégrité de la direction (A33, A34).

C'est le cumul des indices allant dans le même sens qui suscite un tel questionnement.

CONSIDÉRATION DES INDICES DU CAS

↓

VALEUR AJOUTÉE DANS LA RÉPONSE

Être systématique dans la démarche

Dans l'objectif de présenter une rédaction complète et appropriée sur un problème, enjeu ou sujet donné, je vous suggère d'adopter la démarche qui suit. Tel que mentionné un peu plus tôt, il est très important – voire crucial – de procéder rapidement et précisément à l'IDENTIFICATION de la problématique en titre. Cela **guide la rédaction.** Le fait de considérer, par exemple que le problème est « le manque de contrôle interne » au lieu du « système de rémunération des vendeurs », n'oriente pas du tout l'analyse de la même façon. (Partie 2, p. 17)

Je vous suggère **d'identifier clairement quel est l'objet de toute discussion ou analyse.** Dans la plupart des situations, l'énoncer en tant que titre suffit. Il arrive toutefois que le besoin de justifier son existence ou d'en expliquer la cause puisse être nécessaire. Cela survient lorsque le problème n'est pas clairement établi dans le cas ou lorsque l'enjeu est moins explicite.

IDENTIFICATION : PROBLÈME / ENJEU / SUJET	ID/P
↓	↓
ANALYSE / ÉVALUATION	ANAL/ÉVAL
↓	↓
CONCLUSION / RECOMMANDATION	CONC/REC

La section ANALYSE ou ÉVALUATION prend différentes formes, compte tenu des circonstances et des besoins. Quelles sont les solutions à envisager? Comment comptabiliser un événement particulier? Quel est l'impact des déficiences relevées? Comment planifier l'opération afin de minimiser les conséquences fiscales?, ou encore, Quels sont les risques et opportunités du projet d'investissement? **Votre rôle est de contribuer à l'amélioration de la situation actuelle par la résolution des questions et problèmes de votre employeur ou client.** Il est fondamental de déterminer de quelle manière effectuer l'analyse afin d'y arriver.

Toute analyse doit se terminer par une CONCLUSION ou une RECOMMANDATION – parfois plus d'une – OU les deux. Il s'agit de répondre à la question suivante : **Quelle est la finalité de l'analyse?** J'ai d'ailleurs précédemment mentionné, dans la Partie 2 (p. 28), que je me questionne dès la planification de la réponse quant à l'aboutissement recherché. Une analyse sur les facteurs à considérer pour justifier le statut d'entrepreneur ou de sous-traitant indépendant, par exemple, doit aboutir sur une conclusion quant à la nature de la relation exposée dans le cas.

Le fait de fixer le point d'arrivée vous aide à demeurer concentré sur l'essentiel.

Le tableau de la page suivante présente des exemples illustrant la démarche systématique de rédaction.

**Il vaut mieux écrire quatre ou cinq idées pertinentes,
que dix qui ne le sont pas du tout!**

EXEMPLES ILLUSTRANT LA DÉMARCHE SYSTÉMATIQUE DE RÉDACTION

IDENTIFICATION problème / enjeu / sujet	ANALYSE / ÉVALUATION	CONCLUSION / RECOMMANDATION
Déficiences du contrôle interne *Information du cas* : Les employés ont accès à l'ensemble des données contenues dans le système.	Faire ressortir les impacts des déficiences relevées Ex.: De l'information confidentielle ou de nature délicate (ex.: salaires des employés) pourraient être connues de tous.	Comment mitiger ou éliminer la déficience? Ex.: Les employés devraient pouvoir accéder seulement aux informations nécessaires à l'exécution de leur tâche.
Décroissance marquée de la marge brute *Information du cas* : La contrôleure a la tâche d'expliquer la détérioration de la situation financière aux membres du conseil d'administration.	Commenter la situation actuelle en fonction de données quantitatives Ex.: La contribution marginale de chacun des produits est calculée, puis commentée.	Quelles sont les causes de la décroissance de la marge brute? Ex.: Pour certains produits, le coût de la matière première a doublé, compte tenu d'une pénurie sur le marché du SDC.
Questions de comptabilité importantes (A3) *Information du cas* : Subventions de 800 000 $ (A6)	Discuter du traitement comptable approprié Ex.: Il faut comptabiliser les subventions en fonction des charges liées : 75 % aux frais de développement différés et 25 % aux frais de recherche. (A12, A13)	Quel est le traitement comptable approprié recommandé? Ex.: « Par conséquent, il faut réduire les produits des activités ordinaires de la totalité de 800 000 $. » (A13)
Préparation inadéquate des reçus pour dons de charité *Information du cas* : Le bénévole de l'organisme qui s'occupe de la tenue des comptes inscrit le montant demandé par le donateur sur le reçu émis.	Indiquer quelles sont les conséquences fiscales de ne pas procéder de manière adéquate Ex.: Le gouvernement s'attend à ce que l'organisme puisse justifier les montants inscrits sur les reçus de charité.	Comment procéder? Ex.: Les œuvres d'art reçues d'un donateur doivent faire l'objet d'une évaluation externe dans l'objectif de valider le montant à inscrire sur les reçus.
Procédures à mettre en œuvre (A3) *Information du cas* : Subventions de 800 000 $ (A6)	Identifier l'assertion ou le risque spécifique Ex.: « Risques : que les termes et conditions des subventions ne soient pas respectés et que des fonds doivent être retournés au gouvernement. » (A28)	Quelles procédures mettre en œuvre? Ex.: « remonter aux produits pour lesquels des frais de développement sont différés afin de s'assurer que le montant approprié est différé et que le classement dans les charges ou à l'actif est approprié. » (A28)

Afin de vous aider à fournir une réponse complète, je vous suggère de faire régulièrement appel à trois questions essentielles. Par expérience, je sais que certains candidats – souvent par ignorance – ne se rendent pas jusqu'au bout de leurs idées. Je sais aussi qu'il est fréquent de manquer d'idées en cours de rédaction.

Savoir se poser les bonnes questions en temps opportun est très utile.

QUESTIONS À CONSIDÉRER PENDANT LA RÉDACTION

Il faut penser à :	QUESTIONS	Exemples
Justifier une idée, un problème, un enjeu, un sujet, une conclusion ou une recommandation.	**POURQUOI? CAR...** parce que… afin de… pour… étant donné que… puisque… compte tenu… dans le but de...	– « Les produits ont été réduits de 800 000 $ au titre des subventions publiques, **car** elles ne peuvent être comptabilisées en produits. » (A18, note A1) – **Puisque** les services seront rendus en 2OX4, les charges afférentes devront être inscrites au résultat dans cette période.
Mentionner l'impact ou la conséquence.	**DONC?** ainsi… Je recommande... Je conclus… En conséquence… de sorte que... **ET ALORS?**	– « **En conséquence**, la direction sera très sensible aux ajustements proposés, **car** le seuil établi pour les primes ne sera plus atteint. » (A33) – Le fonds de roulement de 1,2 est inférieur à celui exigé par la banque qui peut **donc** décider de rappeler son prêt.
Expliquer concrètement quoi faire. De quelle façon peut-on s'y prendre? Quelle est l'action suggérée?	**COMMENT?** Qui? Quoi? Quand? Combien? Où? par exemple...	– « DFT devrait **donc** imputer 57 % de la remise à la partie CIP du contrat en différant 57 % de la remise de 225 000 $ (128 571 $). » (A11) – Emily devrait approuver, sur une base mensuelle, toutes les radiations de créances douteuses.

Outre ce qui précède, voici quelques commentaires supplémentaires à considérer dans la rédaction d'une réponse pertinente.

➢ *Il faut essentiellement discuter DE CE QUI NE VA PAS ou DE CE QUI DOIT ÊTRE CHANGÉ.* En contrepartie, une discussion sur ce qui va bien, et seulement lorsqu'il est utile de le faire, exige moins de profondeur. Une ou deux phrases par sujet suffisent alors à mentionner ce qui est adéquat, et pourquoi, avant de passer à autre chose. Par exemple, dans l'analyse qualitative d'un projet d'investissement, il faut insister davantage sur les inconvénients ou les risques; les décrire, puis suggérer si possible des moyens pour les mitiger ou les éliminer. Quant à la liste des avantages ou des opportunités, elle est habituellement plus succincte.

CAS DFT

Un bref examen de l'analyse du nouveau programme de primes de DFT confirme l'essentiel des propos ci-dessus. Le texte de la solution proposée se scinde en deux parties. On y présente tout d'abord des commentaires sur les déficiences du système actuel pour ensuite décrire des solutions d'amélioration. (A37, A38)

En lisant cette partie de la solution proposée, vous pourrez facilement constater qu'il n'y a pratiquement pas d'idées – pour ne pas dire aucune – sur le bien-fondé du programme actuel.

➢ *Il est souvent utile de qualifier l'idée émise.* Est-ce supérieur ou inférieur? Est-ce positif ou négatif? Est-ce un risque ou une opportunité? Est-ce mieux ou pire? Est-ce avantageux ou non?

Rédaction incomplète	Rédaction appropriée
« …le seuil de signification pour les états financiers pris dans leur ensemble devrait être revu. »	« …le seuil de signification pour les états financiers pris dans leur ensemble devrait être **abaissé**. » (A23)
« Dans l'acceptation de ce contrat, la variation du taux de change est un facteur à considérer. »	« Dans l'acceptation de ce contrat, la variation du taux de change est un **risque** à considérer. »
« Risque : que le stock soit mal comptabilisé. »	« Risque : que le stock soit **surévalué** et doive être **déprécié**. » (A29)

➢ *S'adapter aux circonstances.* Flexibilité et adaptation sont des aptitudes à développer. Votre client vous indique qu'il ne désire pas investir dans des sociétés qui ne respectent pas la législation environnementale? Vous devez respecter cette position. Vous ne comprenez pas le bien-fondé d'une clause restrictive exigée par un créancier? Votre employeur doit tout de même s'y conformer et vous devez en tenir compte dans votre analyse. Et finalement, l'associé vous dit qu'il « a achevé les procédures d'acceptation de la relation client »? (A3) Il serait inutile de revenir sur cet aspect sous prétexte que vous y pensez systématiquement à chaque fois que vous êtes « nouvellement nommé auditeur ». Vos connaissances sont peut-être très bonnes sur cet aspect, mais comme il n'est pas requis d'en parler, cela ne sert à rien d'insister.

➢ *Utiliser au mieux le temps alloué.* Il faut être conscient qu'il est très difficile – voire impossible – de présenter une réponse parfaite.

L'objectif est plutôt de présenter une réponse adéquate ou raisonnable.

Essayez de suivre le plan de réponse établi, entre autres parce qu'il contient la liste des sujets importants à discuter, dans le cadre des paramètres du cas. S'il le faut, placez ce plan bien en évidence tout au long de la rédaction de votre réponse.

Intégrer les idées au cas

Il faut absolument présenter une réponse qui soit en permanence intégrée au cas et à ses paramètres particuliers. Vos analyses, arguments, conseils, conclusions et recommandations doivent donc répondre directement aux besoins exprimés par le destinataire du rapport. C'est l'essence même de l'apprentissage par cas. Autrement dit, il faut développer cette habileté professionnelle jusqu'à ce qu'elle fasse partie intégrante de votre façon de rédiger. Il faut également savoir qu'il est rare que la résolution d'un cas requiert un strict exposé théorique des connaissances.

Au lieu de les résumer sans discernement, il faut apprendre à IDENTIFIER QUELS SONT LES CONCEPTS THÉORIQUES PERTINENTS dans les circonstances.

Il faut utiliser les concepts théoriques à bon escient, au bon endroit.

Prenons, par exemple le sujet « Dépenses de R&D ». Supposons que le cas exige plus particulièrement d'analyser si une immobilisation incorporelle résultant du développement doit être comptabilisée (IAS 38 par. 57). La norme comptable exige que six critères[1] soient rencontrés pour qu'une entité puisse comptabiliser ses frais de développement à l'actif. Dans l'élaboration de la réponse, il faut se demander quels sont les critères à analyser.

Les six? *CELA DÉPEND* de l'importance du sujet ainsi que des informations disponibles. Si aucune information n'est donnée quant à la capacité d'évaluer de façon fiable les dépenses, par exemple, que peut-on en dire?

JUGEMENT PROFESSIONNEL

INFORMATIONS DU CAS   CONCEPTS THÉORIQUES

↘   ↙

IDÉES INTÉGRÉES

---

1 Exprimés de manière succincte, les six critères à rencontrer afin de pouvoir comptabiliser les frais de développement à l'actif sont les suivants : faisabilité technique, intention d'achever, capacité de mettre en service ou de vendre, présence d'avantages futurs probables, disponibilité des ressources (techniques, financières) et capacité d'évaluer de façon fiable les dépenses. (IAS 38 par. 57)

Afin de présenter une analyse intégrée, il faut donc mettre en relation les informations ou indices du cas **AVEC** les concepts théoriques appropriés, ou *vice versa*. Vous comprendrez certainement que la réalisation d'une telle tâche prend pour acquis que les concepts en jeu ont été compris et retenus. Ce n'est malheureusement pas toujours aussi évident. Avoir développé une bonne technique dans la résolution de cas est certainement un atout, mais cela ne peut compenser le manque de connaissances (normes, règlements, lois, principes, etc.). Il est certes toujours possible d'utiliser ses connaissances générales, de se fier à son intuition ou de faire appel au « bon sens ». Toutefois, « se débrouiller » ainsi n'aboutit pas toujours sur le développement d'idées suffisamment précises ou complètes.

Je vais présenter, dans les Parties 9 et 10, différents moyens de retenir les concepts théoriques.

CAS DFT

Prenons le sujet « Dépenses de R&D » du produit Arès du cas DFT. Il y a, en tout et pour tout, un peu moins de quatre lignes d'informations concernant les frais de développement différés de 450 000 $. Le but de l'analyse est de déterminer s'il faut radier ou non ces frais. Compte tenu des informations du cas, voici les concepts théoriques pertinents, tels que présentés dans la solution officielle du cas.

Informations du cas (A6)	Concepts théoriques pertinents (IAS 38 par. 57) (A14, A15)
– « DFT a maintenant **abandonné** le développement d'un de ses produits, Arès… »	*(a)* « **faisabilité technique** de l'achèvement de l'immobilisation incorporelle en vue de sa mise en service ou de sa vente »
– « Le directeur de la R&D de DFT **croit cependant que** le développement effectué **pourra servir** pour un nouveau produit, Hadès. »	*(b)* « **intention d'achever** l'immobilisation incorporelle et de la mettre en service ou de la vendre » *(d)* « la façon dont l'immobilisation incorporelle générera des **avantages économiques futurs probables** »

Cet exemple permet de faire ressortir le fait qu'il n'est pas toujours nécessaire de rappeler l'ensemble des six critères requis pour la comptabilisation des frais de développement différés. Il faut plutôt identifier QUELS SONT CEUX POUR LESQUELS IL EXISTE DES INFORMATIONS DANS LE CAS.

L'intégration est une activité interactive, c'est-à-dire qu'elle relie théorie et cas dans un même mouvement. Certains candidats ont tendance à résumer la théorie dans un premier paragraphe pour ensuite, dans le suivant, discuter de ce qui se passe dans le cas. Cette façon de faire n'atteint pas toujours le but recherché. C'est que la connexion entre les concepts théoriques et les informations du cas manque souvent de fluidité et de précision. Lorsque plusieurs concepts théoriques sont présentés ensemble, il devient difficile d'établir quel est celui ayant initié l'une ou l'autre des idées de l'analyse qui suit. À moins de présenter un lien explicite à l'un ou l'autre des concepts du paragraphe précédent, l'intégration est plus difficile à évaluer. La meilleure façon de démontrer ses compétences est

d'apprendre à intégrer simultanément la théorie au cas, dans la même phrase ou dans le même paragraphe.

POINT DE VUE

Il est parfois permis, pendant une simulation ou un examen, de consulter l'une ou l'autre des références de base de notre domaine d'expertise : les normes comptables ou les règles fiscales. Vous pouvez même être autorisé à « copier » un extrait pour le « coller » dans votre réponse. D'emblée, il faut savoir que le fait de présenter un tel extrait dans une réponse ne démontre pas, à lui seul, votre capacité d'intégration. Cela vous permet tout au plus d'avoir sous la main les concepts théoriques pertinents à l'analyse. Il faut donc vous assurer DE MONTRER EXPLICITEMENT de quelle manière ils s'intègrent aux particularités du cas.

Certains candidats effectuent l'intégration au cas en intercalant leurs idées aux endroits appropriés, à l'intérieur du texte des normes ou règles qu'ils ont reproduites. Si vous procédez comme tel, assurez-vous de faire ressortir vos idées personnelles en utilisant une police de caractères différente, par exemple.

Faire l'étalage de ses connaissances théoriques? NON

Les faire valoir en intégrant aux particularités du cas? OUI

EXEMPLES D'INTÉGRATION DES IDÉES AU CAS

- Puisque Patrick est le fils de l'actionnaire majoritaire de l'entreprise, il est considéré comme étant lié à LP inc. Pour fins fiscales, il sera réputé avoir acheté l'automobile à sa valeur marchande de 11 000 $.

- « Selon IAS 2 *Stocks*, une dépréciation serait requise si la valeur nette de réalisation est inférieure au coût inscrit. Comme DFT dégage en général une marge de 40 % sur ses composants, une diminution du prix de vente prévu n'aboutirait vraisemblablement pas à une valeur nette de réalisation inférieure au coût, même si la marge était réduite. » (A13)

- Je recommande un prix de cession interne égal à celui du marché, car les deux divisions sont des centres de profit et qu'il existe un marché externe.

- Inscription de charges à l'actif : Maintien du report des frais de développement afférents à un produit spécifique dont le développement a été abandonné; comptabilisation de la nouvelle cotisation relative à la TPS/TVH en charges payées d'avance. (A34)

- « La construction d'un nouveau restaurant est risquée étant donné le grand nombre de fermetures dans la région. »
  est préférable à : « Les projets de ce genre sont risqués. »

- « Les coûts de conception du site web sont comptabilisés à l'actif, car les ventes vont augmenter de manière significative. »
  est préférable à : « Il faut comptabiliser à l'actif, car il y a des avantages futurs. »

Rappel : Les concepts théoriques sont surlignés en orange, tandis que les informations provenant du cas sont en jaune.

> **Lorsqu'une idée, une phrase ou un paragraphe
> s'applique tel quel à tous les cas ou à toute entité,
> cela signifie que la réponse n'est pas assez intégrée.**

POINT DE VUE

Il faut, autant que possible, tenir compte des particularités de l'entité et de son environnement en démontrant sa capacité d'appliquer ses connaissances de manière concrète. Compte tenu d'une expérience de travail parfois limitée, ce n'est pas toujours évident de faire preuve de réalisme. Certains secteurs d'activité sont plus difficiles à visualiser que d'autres.

Faites confiance à vos connaissances et votre sens pratique.

Faites des analogies avec ce que vous connaissez déjà.

Ainsi, votre expérience personnelle d'achat sur un site de commerce électronique, tel *Amazon*, peut certainement vous guider dans l'élaboration de contrôles internes pour un employeur qui désire permettre à ses clients de procéder comme tel.

De manière à favoriser l'intégration de vos idées, je vous suggère également :

– d'utiliser les noms des parties prenantes du cas, des entités, des produits, etc. Personnalisez vos idées en vous adressant à la bonne personne.

> Ex.: La liste des créances de plus de 90 jours peut dorénavant être générée directement par le nouveau système CX. Lynn peut approuver leur radiation et une personne différente, par exemple Nicolas, peut inscrire les radiations aux livres.

– d'utiliser, autant que possible, les mots et expressions exacts du cas. Afin d'être bien compris, il faut éviter de faire de trop brèves références ou d'utiliser des mots synonymes.

> CAS DFT (A29): « Risque : que les difficultés techniques imprévues ne puissent être résolues et que Zeus ne puisse être mis en marché de sorte que les frais ne puissent plus être différés. »

> Par exemple, le lecteur de votre réponse pourrait considérer que les mots « problèmes rencontrés avec le produit » ne sont pas l'équivalent de « difficultés techniques imprévues ».

– d'ajouter quelques mots entre parenthèses afin d'insérer plus rapidement les particularités du cas à votre texte. On peut aussi tout simplement ajouter des exemples.

> Ex.: Dans une évaluation d'entreprise, les éléments non récurrents (vaste campagne de publicité, perte sur inondation, radiation inhabituelle d'une créance importante) sont éliminés afin de faciliter les comparaisons et la détermination de la valeur d'exploitation.

Lorsqu'on s'apprête à résoudre un problème ou enjeu, il est généralement préférable d'analyser un seul sujet – ou sous-sujet – à la fois. Par exemple, dans l'enjeu « Amélioration des activités », les deux sujets suivants : « Embauche d'un nouveau vendeur » et « Préparation des soumissions » doivent être, *a priori*, abordés d'une manière individuelle. Autrement dit, chacun d'entre eux doit faire l'objet d'une section d'analyse distincte. C'est la meilleure façon de s'assurer de présenter une réponse complète qui comprend un nombre minimal d'idées pertinentes. Lorsque des sujets sont groupés ensemble, il est plus difficile de s'assurer d'avoir présenté une profondeur d'analyse suffisante à chacun.

Il faudra, un peu plus tard, se demander s'il existe des liens, ou encore, des relations entre eux. On pourrait ainsi considérer que « l'embauche d'un nouveau vendeur permettra au gérant des ventes de se consacrer davantage à la préparation des soumissions ».

1- analyser individuellement les sujets

2- faire ressortir les inter-relations entre les sujets

Certains candidats regroupent des sujets ensemble, pour fins de discussion, soit parce que certains indices du cas sont utiles à plus d'un endroit ou soit parce qu'ils relèvent de la même compétence. C'est rarement une bonne idée, à moins que l'analyse de chacun soit <u>essentiellement la même</u>, ce qui est assez rare. Il faut d'ailleurs se rappeler que le contexte de la discussion est une dimension importante à considérer dans la résolution d'un cas. En séparant plus clairement les sujets, il est plus facile de rester concentré sur le contexte spécifique à chaque demande.

UN SUJET/ASPECT À LA FOIS.

Je vous rappelle également, tel que mentionné dans les Parties 1 et 2, que l'analyse de l'un ou l'autre des problèmes ou enjeux peut influencer l'analyse de l'un ou l'autre des autres enjeux du cas.

POINT DE VUE

Il arrive toutefois que ce soit plus efficient de procéder concurremment à la rédaction de deux enjeux. Le cas DFT offre une telle opportunité. Il peut, en effet, être plus facile d'élaborer la procédure d'audit à mettre en œuvre au fur et à mesure de la résolution des questions de comptabilité. Lorsque le traitement comptable vient d'être analysé, le risque spécifique ainsi que la procédure appropriée peuvent être plus facilement déterminés.

Lorsque vous procédez à la rédaction – du moins partiellement – de plus d'un enjeu à la fois, faites attention à deux choses.

Premièrement, assurez-vous d'avoir abordé tous les aspects d'un enjeu. Le fait d'écrire une procédure ou deux à chaque question de comptabilité ne suffit pas. L'aspect « planification de l'audit », facile à oublier dans les circonstances, doit également être discuté. Deuxièmement, assurez-vous de bien distinguer chacune des parties, en écrivant « PROC » pour « procédure » à côté des idées concernées, par exemple.

POINT DE VUE

Les propos ci-dessus doivent vous faire prendre conscience d'une chose fondamentale. C'est qu'il est fort possible que vous ayez à revenir sur vos pas en cours de rédaction. Lorsque vous jugez que votre réponse en sera bonifiée, n'hésitez pas à ajouter une idée ou un lien dans l'analyse d'un sujet précédent.

Partie 4
Rédiger des idées nouvelles

Minimiser les répétitions du cas
Diversifier les idées de la réponse
Savoir présenter recommandations et conclusions

« Seriez-vous prêts à payer pour cette idée?, Et pour ce rapport? »

Partie 4
Rédiger des idées nouvelles

Tel que vu dans la partie précédente, la réponse appropriée d'un cas se compose essentiellement d'idées pertinentes. Tout en respectant cette exigence, il faut également s'assurer d'offrir des idées nouvelles, c'est-à-dire qui offrent une valeur ajoutée à la réponse. En d'autres termes, la réussite d'un cas dépend de votre capacité à écrire un **nombre raisonnable d'idées pertinentes et nouvelles sur les principaux problèmes ou enjeux**. Une idée qui ne répond pas à ces caractéristiques n'est tout simplement pas considérée dans l'évaluation de la réponse.

Minimiser les répétitions du cas

Une idée nouvelle, c'est une idée inconnue de l'employeur ou du client. Que ce soit sous la forme d'un argument, d'une explication, d'un commentaire, d'une option, d'une conclusion ou d'une recommandation, l'idée ne doit pas avoir été préalablement avancée dans le cas. Par exemple, si le cas fait état de déficiences dans la structure organisationnelle, le candidat qui mentionne que la décentralisation peut être une solution apporte une idée nouvelle. Par contre, si le cas mentionne que la décentralisation est déjà envisagée par la haute direction, la répétition de cette option ne sera pas une idée nouvelle. C'est l'analyse de celle-ci qui le sera. En outre, une idée répétée plus d'une fois dans la réponse demeure une seule et même idée.

POINT DE VUE

Il faut porter une attention particulière à tout commentaire, opinion ou demande de la part de l'employeur ou du client. Lorsque le client émet une suggestion ou envisage de procéder d'une certaine façon, il faut en discuter, même si vous savez à l'avance que ce n'est pas une bonne idée. L'employeur ou le client s'attend certainement à recevoir une réponse de votre part sur cet aspect, dans le cadre des paramètres du cas.

**Ce n'est pas l'idée émise par le client qui est nouvelle,
mais votre façon de la traiter.**

Il m'arrive fréquemment de constater que des candidats résument systématiquement le contenu du cas avant de le résoudre. C'est parfois du mot à mot. Ils vont ainsi faire état de la situation actuelle avant de passer à l'étape de la résolution. Ce genre de résumé ne contient **aucune idée nouvelle**, ce qui le rend par le fait même inutile. Il faut plutôt considérer que le destinataire du rapport – en l'occurrence le correcteur – connaît très bien les informations du cas.

IDÉE PERTINENTE ET NOUVELLE

↓

IDÉE APPROPRIÉE

EXEMPLE DE RÉDACTION QUI RÉSUME INUTILEMENT LES INFORMATIONS DU CAS

> Lors de notre dernière rencontre, le directeur général de l'entité a mentionné que la banque avait imposé des clauses restrictives lors du renouvellement de l'emprunt hypothécaire. L'entente qui m'a été fournie mentionne qu'au moins 5 % du total des actifs doit être conservé en trésorerie et équivalents de trésorerie, et le ratio d'endettement ne doit pas excéder 1,25.
>
> Il faudra donc déterminer si les ratios imposés sont respectés à la clôture de la période, compte tenu des erreurs de comptabilisation relevées.
>
> Il faudra également obtenir la formule de calcul utilisée par la banque.

Dans l'exemple ci-dessus, tout le premier paragraphe est inutile. Le lecteur du rapport n'en a pas besoin, puisqu'il détient déjà cette information. Il n'y a pas d'idées nouvelles. Vous comprendrez facilement que l'employeur ou le client qui fait appel à vos services n'a pas besoin que vous lui racontiez ce qu'il sait déjà.

Dans certaines circonstances, il vous faudra peut-être faire la part des choses. Les informations provenant d'une source externe, tel un extrait d'article de journal présenté en annexe, pourraient être inconnues du destinataire du rapport. À ce moment-là, l'information reprise est une idée nouvelle.

EXEMPLE DE RÉDACTION APPROPRIÉE

> Procédures d'audit
>
> Clauses de la banque
>
> - déterminer si les deux ratios sont respectés au 30 juin (5 % de l'actif et endettement d'au plus 1,25), compte tenu des erreurs de comptabilisation relevées.
> - obtenir la formule de calcul utilisée par la banque.

Il est évident que le fait de ne pas résumer le cas rend la rédaction beaucoup plus rapide. Un titre clair et précis oriente très bien le lecteur quant à l'objet de la discussion. Il est alors possible de passer directement à l'analyse afin d'utiliser au mieux le temps limité de la résolution d'un cas. Notez également qu'une brève mention des ratios entre parenthèses permet de préciser la discussion. Finalement, comme il s'agit d'une « liste » d'actions à entreprendre, chaque idée peut tout simplement débuter par un verbe à l'infinitif.

POINT DE VUE

Certains candidats estiment que le fait de résumer les informations du cas avant l'analyse leur permet de mieux comprendre ce qui se passe. C'est un point de vue qui se comprend, puisqu'il faut toujours s'assurer de bien identifier la problématique en cause.

Il n'y a pas de temps disponible pour réécrire les informations d'un cas.

Un compromis acceptable serait d'effectuer ce processus mentalement ou, pour une situation ou un sujet complexe, de le faire brièvement *via* des Notes de lecture.

Une mise au point s'impose, car les propos précédents peuvent sembler contradictoires avec le fait indéniable qu'une réponse doit être constamment intégrée au cas; ce qui sera toujours vrai. Il y a donc une différence entre résumer ou répéter les informations du cas et les utiliser.

La répétition du cas alourdit inutilement la rédaction de la réponse.

L'utilisation des informations fournies dans le cas est indispensable à la réussite.

Personnellement, lorsque je rédige la réponse d'un cas, je débute rarement une phrase ou un paragraphe par l'une ou l'autre des informations fournies. Il s'agit d'un truc de rédaction efficace pour minimiser les répétitions inutiles. Quand on y pense, cela a du sens, puisque les informations du cas servent essentiellement à justifier, expliquer ou évaluer une idée avancée. Elles sont là pour accompagner les analyses, pas pour être mises de l'avant en elles-mêmes.

EXEMPLES DE L'UTILISATION APPROPRIÉE DES INFORMATIONS D'UN CAS

Rédaction incomplète	Rédaction appropriée
Le directeur me mentionne que la qualité des produits est un facteur clé de succès dans le secteur d'activité. Je vous recommande de ne pas vous approvisionner auprès de MIX.	REC.: Ne pas s'approvisionner auprès de MIX, car la qualité de la matière première est inférieure à celle actuellement utilisée. Or, la qualité est justement un facteur clé de succès dans le secteur.
Votre objectif est de diversifier vos activités. Je recommande l'acquisition de XYZ, puisque le prix demandé est en deçà de la juste valeur calculée.	Je recommande l'acquisition de XYZ, puisque le prix demandé (800 000 $) est en deçà de la juste valeur calculée (850 000 $) et que cela concorde avec votre objectif de diversifier les activités.
Aucune modalité de remboursement n'est prévue au contrat. Il faut classer le billet à payer à l'actionnaire dans les capitaux propres.	Il faut classer le billet à payer à l'actionnaire dans les capitaux propres, car aucune modalité de remboursement n'est prévue au contrat.

L'examen de la colonne de gauche nous permet de réaliser que le lien entre l'information du cas, présentée au début, et la recommandation qui suit n'est pas clairement ni directement établi.

En d'autres termes, le lecteur doit « présumer » de ce lien. Dans le premier exemple, il « semble » que la recommandation de ne pas faire affaire avec MIX soit justifiée par la qualité inférieure de leurs produits. Ce n'est toutefois pas si évident, car le lien entre les deux phrases n'est pas systématiquement établi. Il manque des mots. Dans la colonne de droite, il n'y aucun doute quant à l'utilité de l'information du cas dans l'analyse. Prenez note dès maintenant qu'on ne peut pas demander au lecteur d'une réponse d'ajouter des mots ou des liens, encore moins d'extrapoler le sens des propos émis. Nous reviendrons sur cet aspect à la Partie 8.

UTILISER ≠ RÉSUMER INFORMATIONS DU CAS

Diversifier les idées de la réponse

Tel que mentionné à la Partie 2, il faut analyser **tous** – ou presque tous – les sujets importants et, si possible, une **partie** des sujets de moindre importance. Pour y arriver, il faut équilibrer la réponse afin de présenter suffisamment de profondeur d'analyse sur ce qui compte, tout en offrant suffisamment de couverture. Un candidat qui traite en profondeur de deux sujets importants lorsque le cas en renferme cinq n'atteindra probablement pas le seuil de réussite. La réponse doit donc porter sur un certain nombre de sujets. En contrepartie, aborder trop rapidement les sujets importants ne suffit pas.

L'analyse doit être « raisonnable », ni trop courte ni parfaite.

POINT DE VUE

Par expérience, je peux vous dire qu'il n'est pas toujours facile de « lâcher » un sujet pour se diriger vers le suivant afin d'utiliser au mieux le temps alloué. Cela est encore plus difficile pour les candidats perfectionnistes qui visent l'obtention d'une réponse complète. En règle générale, disons que les dernières idées développées dans le but de parfaire une analyse sont généralement moins indispensables à la réussite d'un cas que les premières idées du sujet suivant. En vous référant au concept de l'analyse avantages-coûts, vous pourrez facilement vous convaincre de diversifier votre réponse.

L'ampleur de l'analyse sur un sujet dépend généralement de son importance.

En d'autres termes, un sujet important requiert la considération d'un plus grand nombre d'arguments ou d'aspects différents. On peut également dire qu'une plus grande quantité d'informations disponibles dans le cas facilite la considération d'un plus grand nombre d'IDÉES DIFFÉRENTES dans l'analyse.

POINT DE VUE

Il n'est pas rare que des candidats présentent une analyse incomplète sur un sujet important. Cela peut s'expliquer par une mauvaise évaluation du nombre d'idées valides. Parce qu'ils ont rempli une pleine page sur un sujet, certains candidats croient qu'ils ont présenté une analyse suffisamment approfondie.

**Ce n'est pas la longueur de l'analyse qui compte,
mais le nombre d'idées pertinentes et nouvelles.**

Cela peut aussi s'expliquer par la tendance naturelle d'abréger l'analyse d'un sujet lorsque la conclusion ou la recommandation est connue à l'avance. Par exemple, il se peut qu'un candidat décide, dès la lecture du cas, que les dépenses de développement différés doivent être radiées. Ce faisant, il va peut-être essentiellement axer son analyse sur la justification de cette radiation en omettant de considérer ce qui pourrait justifier un traitement comptable différent. Certaines idées, indispensables à la présentation d'une analyse complète, sont alors malheureusement écartées.

**Il n'est pas toujours nécessaire de présenter une argumentation allant
exclusivement dans le sens de la conclusion ou de la recommandation émise.**

Un candidat peut, par exemple se dire que le fait de ne pas rencontrer un seul des six critères nécessaires à la comptabilisation des frais de développement à l'actif suffit à justifier la radiation. C'est vrai. Toutefois, dans le cadre de la résolution d'un cas, il faut démontrer sa capacité de prendre en considération l'ensemble des informations fournies pour justifier son point de vue. (A14 et A15)

Tout au long de la rédaction d'un cas, il faut diversifier les idées présentées dans la réponse. Une idée ou un concept que l'on répète compte rarement plus d'une fois. Par exemple, ce n'est pas une bonne idée de suggérer l'utilisation du travail d'un expert à titre de procédure d'audit pour tous les postes qui présentent un risque particulier au niveau de l'assertion « évaluation ». Il faut plutôt déterminer à quel endroit – pas plus de deux – ce sera le plus utile, puis trouver quelque chose de différent pour les autres. En outre, ne soyez pas surpris si le traitement comptable des deux immeubles détenus par l'entité, par exemple, est différent. Vous êtes en train de rédiger un cas dont l'objectif, entre autres est d'évaluer votre capacité à intégrer vos connaissances à des situations pratiques.

Quelle serait l'utilité de vous demander de répéter deux fois les mêmes idées dans le même cas?

EXEMPLE DE RÉDACTION INAPPROPRIÉE

> Le produit peut être comptabilisé si l'on considère que le transfert de propriété a eu lieu au cours de la période courante.
>
> Le produit peut être différé si l'on considère que le transfert de propriété aura lieu au cours de la prochaine période.
>
> Je recommande de comptabiliser le produit immédiatement, car je considère que le transfert de propriété a déjà eu lieu.

Cet exemple, un peu exagéré je l'admets, démontre comment une même idée peut revenir sous différents angles. Il s'agit tout de même d'une répétition du même concept. Il faut plutôt varier le type d'arguments avancés et utiliser chacun d'entre eux une seule fois, du moins par sujet, là où c'est le plus approprié. C'est d'ailleurs tentant de répéter un argument mentionné dans l'analyse, habituellement celui jugé comme étant le plus solide, dans l'énoncé d'une recommandation. C'est inutile. La diversification est de mise.

EXEMPLE DE RÉDACTION APPROPRIÉE

> Le produit peut être comptabilisé, puisque le transfert des risques et avantages inhérents à la propriété a eu lieu. C'est l'acheteur qui paie l'assurance sur ces stocks.
>
> Néanmoins, étant donné que les retours de marchandises sont difficiles à estimer, la contrôleure n'est pas certaine d'être en mesure d'évaluer le montant de façon fiable. Il faudrait alors différer la comptabilisation des produits.
>
> REC :
>
> Comptabiliser le produit de 55 000 $ immédiatement, car il ne fait aucun doute que les avantages économiques associés à la transaction iront à l'entité.

Le correcteur de votre réponse ne tiendra pas compte de la répétition inutile d'une même idée ou d'un même concept. L'argument sur le transfert de propriété, utilisé trois fois dans l'exemple de rédaction inappropriée, ne sera sûrement pas considéré trois fois dans l'évaluation. Voilà certainement une bonne raison d'éviter les répétitions. Afin de minimiser la répétition des mêmes idées, je vous suggère de garder un argument en réserve pour la recommandation. L'exemple de rédaction appropriée illustre la situation où plus d'un choix doit être envisagé dans l'analyse. Ce genre de situation, en particulier lorsqu'il s'agit d'une question de comptabilité, survient fréquemment. On peut se demander, par exemple s'il faut déprécier ou non les stocks ou si les frais de développement doivent être comptabilisés à titre d'immobilisations incorporelles ou non.

Ce n'est toutefois pas toujours ainsi, tel que discuté ci-après.

CAS DFT

Prenons l'accord de DFT avec Indo-Tech. On y mentionne que : « La propriété est transférée à Indo lorsqu'elle prend les stocks. » (A5) Puisque la situation est claire, sans incertitude, le traitement comptable à recommander est facile à déterminer. Les autres informations fournies dans le cas ne permettent d'ailleurs pas de remettre en cause l'une des autres conditions relatives à la comptabilisation des produits (IAS 18 par. 14). L'analyse concernant l'expédition de 1,85M de composants aura donc essentiellement pour but d'expliquer pourquoi les produits ne doivent pas être comptabilisés dans l'exercice courant (A12). Il serait inutile d'envisager la possibilité de faire autrement et de « forcer » l'analyse de plus d'une option.

Il faut diversifier ses idées,
mais la présence d'indices soutenant une autre position est nécessaire.

La réponse d'un cas doit contenir des idées qui offrent une valeur ajoutée.

Il arrive fréquemment que des informations d'un cas soient utiles plus d'une fois. Prenons, par exemple les informations du cas DFT relatives au produit Zeus (A6). La mise au point du nouveau produit a été retardée, un concurrent a mis en marché un produit similaire et DFT n'est plus sûre de pouvoir vendre Zeus au prix prévu. *A priori*, parce que le cas fait essentiellement référence aux stocks, ces informations servent à discuter s'il faut pratiquer une dépréciation. Il faut toutefois voir que les mêmes informations peuvent également être utilisées pour évaluer s'il faut radier les frais de développement différés de ce produit. Dans cette situation, il ne s'agit pas de la répétition des mêmes idées, puisque l'information est utilisée dans l'analyse de deux sujets distincts.

L'analyse d'un concept particulier peut également revenir sous deux problèmes ou enjeux différents. Par exemple, l'impact d'une opération avec une partie liée peut être analysé sous l'enjeu Comptabilité, puis sous l'enjeu Fiscalité. La définition d'une partie liée n'est d'ailleurs pas exactement la même. Puisque le contexte d'application du concept diffère, il est utile – voire nécessaire – d'adapter l'analyse en conséquence.

Dans d'autres circonstances, il sera possible de regrouper ensemble certains sujets ayant un développement commun. Les dépenses encourues pour la construction d'un nouvel immeuble (honoraires de l'architecte, permis de construction, coûts d'excavation, salaires des menuisiers, etc.), par exemple, sont tous des frais directs à la construction qui seront comptabilisés au poste Bâtiment. Nul besoin de présenter une analyse distincte pour chacun d'eux.

> ### JUGEMENT PROFESSIONNEL
> ↓
> ### S'ADAPTER AUX CIRCONSTANCES

Lorsque plus d'une option doit être analysée, il arrive fréquemment que le type d'argument pouvant être avancé soit de même nature – du moins en partie – pour l'une et l'autre des options. Cela survient plus particulièrement lorsqu'il s'agit de deux options concurrentielles où seulement l'une des deux doit être retenue. Le choix entre deux moyens de financement ou la décision d'acheter ou de louer un équipement en sont des exemples. Ce genre d'analyse exige généralement la considération des avantages et inconvénients de chacune des options. Vous comprendrez certainement que les avantages de l'une peuvent correspondre – du moins en partie – aux inconvénients de l'autre.

Il ne faut pas perdre de vue qu'une même idée répétée – même dans le sens inverse – ne comptera pas nécessairement deux fois. Vous pouvez certes « copier/coller » une même idée très rapidement. Toutefois, afin de bonifier votre analyse, je vous suggère ceci :

1- *Faites ressortir les différences entre les deux options par une COMPARAISON de leurs caractéristiques.*

Exemple :

Financement par emprunt

« Le taux d'intérêt net d'impôts de 5 % est nettement inférieur au taux de dividende de 11 %. »

est préférable à : « Le taux d'intérêt après impôts est seulement de 5 %. »

Prenez note qu'il ne sera pas nécessaire d'écrire le sens inverse de cette idée sous l'en-tête « Financement par émission d'actions ». Vous conviendrez que dire « Le taux de dividende de 11 % est nettement supérieur au taux d'intérêt net d'impôts de 5 %. » n'est qu'une répétition du même concept. L'idée de la comparaison du coût de financement est pertinente, mais elle ne sera considérée qu'une seule fois dans l'évaluation de la réponse.

2- *Présentez tout d'abord les points communs aux deux options avant d'aborder leurs différences.*

STRUCTURE D'ANALYSE D'OPTIONS CONCURRENTIELLES

Option #1 <u>et</u> Option #2

Avantages…
Inconvénients…

Option #1

Avantages…
Inconvénients…

Option #2

Avantages…
Inconvénients…

Cette façon de présenter l'analyse minimise la répétition inutile des mêmes idées. Elle permet également une meilleure évaluation de la situation en faisant ressortir plus clairement les critères à considérer dans la décision. Supposons, par exemple que les deux sources de financement couvrent la totalité des besoins de trésorerie. Cet avantage « commun » aux deux options ne fera pas la différence au moment d'énoncer la recommandation. On peut certes l'indiquer dans l'analyse, mais il faut savoir que la décision finale sera essentiellement basée sur ce qui différencie les deux options. Le fait que le créancier exige, par exemple un endossement personnel des actionnaires, serait un critère important dans la décision de financer par emprunt ou par émission d'actions.

Outre la nécessité de diversifier ses idées, je vous rappelle qu'il ne faut pas perdre de vue l'importance d'un sujet ainsi que la quantité d'informations disponibles dans le cas. Il est, je le rappelle, inutile « d'étirer » l'analyse lorsqu'un sujet se règle facilement ou lorsqu'il est de moindre importance.

EXEMPLE DE RÉDACTION INUTILEMENT ALLONGÉE

Il y a une dépréciation des stocks, car la valeur nette de réalisation de 125 000 $ est inférieure au coût de 140 000 $.

Je recommande la comptabilisation d'une dépréciation des stocks, car la valeur nette de réalisation de 125 000 $ est inférieure au coût de 140 000 $.

EXEMPLE DE RÉDACTION APPROPRIÉE

Je recommande la comptabilisation d'une dépréciation des stocks,

car la valeur nette de réalisation de 125 000 $ est inférieure au coût de 140 000 $.

Dans cet exemple, il n'y a qu'une option acceptable : la comptabilisation d'une dépréciation. Il est donc inutile de discuter tout d'abord de cette seule possibilité, puis de ramener la même idée sous la forme d'une recommandation.

On me demande souvent si le fait d'écrire une idée erronée influence négativement l'évaluation de la réponse. En général, disons qu'il n'y a pas, à proprement parler, de « correction négative ». Pas directement du moins. Vous comprendrez toutefois qu'une idée qui est contredite un peu plus loin dans la réponse ne sera pas comptée dans l'évaluation, ni la première fois ni la deuxième fois. Vous comprendrez aussi que le fait d'écrire une idée erronée démontre clairement et directement votre incompréhension du concept avancé. Lorsque l'erreur est majeure ou lorsque plusieurs idées sur un même sujet sont erronées, cela limite sérieusement l'accessibilité au seuil de réussite. En d'autres termes, l'influence d'une erreur sur l'évaluation d'une réponse dépend de l'importance de l'erreur, de sa fréquence, ainsi que de la qualité du reste de l'analyse.

POINT DE VUE

Par expérience, je sais que plusieurs candidats hésitent à écrire leurs idées. Ils ont peur de se tromper, ou pire, d'avoir l'air ridicule. D'une part, laissez-moi vous dire que vous n'avez pas vraiment le temps de peser le pour et le contre avant d'écrire chacune de vos idées. Il est d'ailleurs généralement reconnu qu'il faut écrire un grand nombre d'idées pertinentes et nouvelles. Outre le temps d'arrêt pour planifier la réponse, il n'y a pas vraiment de pause dans l'écriture des idées.

D'autre part, il faut dire que les correcteurs de cas en ont vu d'autres. Lire une idée un peu « stupide » ou « erronée », écrite sous la pression, ne les effraie pas vraiment.

Je vous suggère d'écrire vos idées, même lorsque vous n'êtes pas sûrs de vous.

Il faut faire ainsi, en particulier lors des premières simulations de cas, où le nombre d'idées écrites n'est généralement pas suffisamment élevé.

Savoir présenter recommandations et conclusions

Tel que vu à la Partie 3 (p. 34), la résolution systématique et structurée de tout problème ou enjeu se termine par une recommandation <u>ou</u> par une conclusion – parfois l'une, parfois l'autre, parfois les deux. Cet aboutissement de toute analyse est essentiel, car cela démontre que vous faites preuve de jugement professionnel. Il faut savoir qu'en l'absence d'une recommandation ou d'une conclusion appropriée, il est difficile – voire parfois impossible – d'atteindre le seuil de réussite.

Une recommandation, c'est une **action à entreprendre**
qui découle de l'analyse précédente. Il est parfois nécessaire d'en présenter plus d'une.

Une conclusion, c'est un **commentaire global**
qui relève l'essentiel d'une situation ou qui met en évidence un élément particulier.

Adopter un ton sûr

L'écriture d'une recommandation <u>ou</u> d'une conclusion exige du candidat qu'il prenne une décision ou qu'il émette une opinion. Il doit faire preuve d'assurance dans ce qu'il écrit.

IL FAUT AVOIR CONFIANCE EN SES IDÉES.

Certains candidats rédigent leur texte d'une manière telle que leur réponse paraît correcte peu importe l'angle envisagé. Cela est fort dommage, puisqu'ils perdent ainsi l'opportunité de montrer qu'ils comprennent quelle est la finalité de l'analyse.

EXEMPLE DE RECOMMANDATION IMPRÉCISE

> J'obtiens une valeur actualisée nette positive quoiqu'un autre comptable pourrait possiblement obtenir un résultat différent. De toute façon, le nouveau produit me semble rentable, mais d'autres hypothèses pourraient changer cela.
>
> Je vous recommande de réfléchir davantage avant de faire le projet. En fin de compte, vous pourriez le faire.

N.B. Ai-je besoin de commenter?

Je vous suggère de commencer l'expression de vos recommandations par un verbe à l'infinitif ou à l'impératif. Cela contribue à la rédaction plus précise de toute action à entreprendre, tout en éliminant quelques mots inutiles comme ceux-ci : « Compte tenu de ce qui précède, je trouve intéressant de vous recommander l'agrandissement… ». Commencer ses recommandations par un verbe à l'infinitif est un truc de rédaction efficace, puisque vous avez « l'air » de savoir exactement ce qu'il faut faire!

POINT DE VUE

Dans certaines circonstances, on peut penser que la responsabilité de la décision finale revient à l'employeur ou au client. Sous ce prétexte, certains candidats ne prennent tout simplement pas position. Ils préparent leur analyse en bonne et due forme, puis omettent volontairement de recommander quoi que ce soit.

Dans la résolution d'un cas, il faut considérer que guider l'employeur ou le client fait partie intégrante des compétences professionnelles à démontrer.

Prenons l'exemple d'une décision de gestion, tel le choix entre la fabrication à l'interne ou l'impartition. Il faut tout de même prendre position et se dire que l'employeur ou le client peut naturellement faire autrement s'il le désire.

Être précis

Il faut s'assurer d'exprimer clairement ses idées en tout temps, mais il faut particulièrement être précis lorsqu'il s'agit d'une recommandation ou d'une conclusion. À cette fin, il faut dire concrètement QUOI FAIRE ou COMMENT FAIRE. Il peut même parfois être nécessaire d'indiquer QUI, QUAND et COMBIEN. Les suggestions d'amélioration au contrôle interne, par exemple, sont bonifiées lorsqu'on fait directement référence aux personnes mentionnées dans le cas. Il faut être exécutif dans l'action!

Retenez également ceci : Les recommandations sont souvent plus simples que vous ne le pensez.

EXEMPLES DE RÉDACTION VAGUE ET GÉNÉRALE

– En conclusion, il faut vraiment procéder à des changements concernant la réception des dons en argent.

(N.B. Quels changements?)

– Je vous recommande de changer la façon d'imputer les frais généraux de production.

(N.B. Comment? Quelles sont les options envisageables?)

– Procédure pour Indo-Tech : obtenir une confirmation.

(N.B. Sur quoi? De qui?) (A27)

Lorsque le texte est trop vague ou trop général, il est à peu près impossible d'identifier quelle est la voie à suivre. Il m'apparaît préférable de suggérer clairement des solutions et de se tromper que de rester vague et de ne pas se compromettre. Je vous rappelle d'ailleurs que seules les recommandations complètes et précises, découlant de l'analyse et reliées aux informations du cas, sont considérées dans l'évaluation d'une réponse.

Les recommandations émises doivent aussi résoudre le problème ou l'enjeu en titre, dans une relation claire et directe. Une suggestion à l'effet que le conseil d'administration doit dorénavant se rencontrer à tous les mois vient régler le problème suivant : « Délais dans l'approbation des décisions importantes ». Par contre, si le problème concerne plutôt l'« Absence d'expertise des membres du conseil », la mise en place de réunions mensuelles n'y changera rien.

Finalement, je vous suggère d'éviter les expressions telles que « Il semble que… », « On pourrait peut-être… », « Il serait possible d'envisager que… », etc.

NE TEMPÉREZ PAS VOTRE POSITION!

EXEMPLES DE RÉDACTION APPROPRIÉE

– REC.: Préparer dès maintenant une déclaration fiscale amendée afin d'éviter le paiement des pénalités et de diminuer le montant des intérêts à payer.

– « Mon estimation révisée, calculée selon la même base, mais en tenant compte des ajustements comptables notés (5 % de 8 457 000 $), s'établit à 422 850 $.

Selon ces calculs, le seuil de signification pour les états financiers pris dans leur ensemble devrait être abaissé. » (A23)

« QUOI FAIRE et POURQUOI »

Certains candidats s'exemptent de présenter une recommandation ou une conclusion sous prétexte qu'ils n'ont pas toute l'information voulue. Ils vont, par exemple écrire : « Je dois lire la convention collective avant de vous recommander l'impartition. »

Je peux d'emblée vous dire qu'il est plutôt rare de détenir une information complète dans le cadre de la résolution d'un cas. L'information manquante concerne bien souvent une situation future qui, par le fait même, est teintée d'incertitude.

Il faut tout de même prendre position en fonction de ce qui est disponible, quitte à mentionner brièvement quelles sont les informations supplémentaires que vous aimeriez obtenir, ou encore, faire part des hypothèses que vous aimeriez valider.

EXEMPLE DE RÉDACTION APPROPRIÉE

— « Au lieu de comptabiliser une charge payée d'avance, DFT aurait dû inscrire le montant là où la nouvelle cotisation indiquait des erreurs. Il y aura <u>donc</u> nécessairement une augmentation des charges.

<u>Pour le moment</u>, les 125 000 $ sont portés en augmentation des frais généraux et administratifs. » (A15)

Dans cet exemple, le poste de dépenses à débiter ne peut être précisé, puisqu'on ne sait pas à quoi se rapporte la cotisation de 125 000 $. Dans les circonstances actuelles, c'est le poste Frais généraux et administratifs qui est le plus approprié.

Il est certainement possible d'émettre un avis sans avoir sous la main toute l'information nécessaire.

Justifier ses conclusions <u>ou</u> ses recommandations

Cela va de soi. Ce n'est pas seulement ce que vous suggérez qui compte, mais POURQUOI vous le faites. D'ailleurs, dans la plupart des cas, c'est la démarche d'analyse qui est évaluée, pas vraiment la conclusion ou la recommandation comme telle. Les guides d'évaluation d'un cas sont habituellement suffisamment flexibles pour accepter toute suggestion logique, cohérente et justifiée. Tenez compte de la solidité de votre argumentation lorsque vient le temps d'émettre un commentaire. Certains candidats sautent un peu trop vite à la conclusion de congédier un employé, par exemple. Ou encore, ils vont recommander avec emphase l'acquisition d'un nouveau système en se basant uniquement sur des impressions subjectives ou sur des informations trouvées sur le web. Soyez réaliste.

Finalement, gardez-vous de répéter le même argument ou de résumer l'analyse afin de conclure ou de recommander. À défaut de détenir une idée nouvelle, fournir une conclusion ou une recommandation qui découle logiquement de l'analyse précédente peut être une justification en soi.

Toute recommandation doit être précise, réaliste, concrète, et tenir compte des particularités du cas.

Si ce n'est pas déjà fait dans l'analyse, la rédaction d'une conclusion ou d'une recommandation est un moment propice à la PRÉSENTATION DE LIENS D'INTÉGRATION. Voici deux moyens de procéder comme tel :

1- *Faire des liens avec les particularités les plus importantes du contexte :* la taille de l'entité, le secteur d'activité, les dates importantes, les facteurs clés de succès, les forces, faiblesses, possibilités et menaces, les objectifs, besoins, parti pris et comportements des parties prenantes, les pratiques et politiques de l'entité, ainsi que les contraintes.

EXEMPLE DE RÉDACTION APPROPRIÉE

> – Je recommande de ne pas investir davantage dans Pulse inc. À mon avis, cet investissement risqué ne concorde pas très bien avec le profil d'investisseur de Christian (compte tenu de son âge et de sa situation financière). À ce stade de sa vie, il devrait plutôt chercher à protéger son capital actuel.

2- *Faire des liens avec d'autres sections de la réponse.* C'est l'occasion de se demander s'il existe des inter-relations avec d'autres problèmes, enjeux ou sujets. On peut, par exemple tenir compte des nouvelles fonctions ajoutées au système informatique dans l'enjeu Gouvernance lorsqu'il s'agit d'élaborer sur le type de rapports à fournir au conseil d'administration. Ou encore, le prix de rachat des actions de l'actionnaire sortant peut être considéré dans l'analyse des besoins de financement. Ces inter-relations, qui démontrent votre capacité d'intégration, peuvent généralement s'exprimer par de courtes phrases.

EXEMPLE DE RÉDACTION APPROPRIÉE

> – « La réduction des produits est importante, mais elle n'est pas significative pour l'audit des états financiers (voir le calcul révisé du seuil de signification). La réduction nette aura une incidence directe sur le calcul des primes. » (A11)
>
> *(N.B. Outre le lien entre l'enjeu Comptabilité et l'enjeu Audit, l'idée est également liée à l'une des particularités importantes du cas DFT, soit le programme de primes.)*

POINT DE VUE

Il ne faut pas perdre de vue le fait que le guide d'évaluation d'un cas est le même pour tous. Cela implique que la recommandation ou la conclusion d'une section donnée ne change pas le travail à faire. Supposons, par exemple que vous concluez dès le début de votre réponse qu'il existe un problème potentiel de continuité d'exploitation. Cela ne doit pas vous empêcher d'analyser une décision de gestion, si la demande est là. Supposons aussi que le cas demande l'évaluation d'un projet d'investissement. En fonction de leur analyse respective, deux candidats peuvent certainement adopter la position contraire quant au bien-fondé du projet. Toutefois, que le projet soit recommandé ou non ne change pas la nécessité d'effectuer l'analyse des options de financement offertes lorsque cela est requis.

Vous devez résoudre chaque problème ou enjeu important demandé.

On peut certes lier le résultat des analyses entre elles en soulignant leur influence mutuelle, mais le résultat de l'une ne change pas la nécessité d'analyser les autres.

Être constructif

Lorsqu'il s'agit de résoudre des problèmes ou enjeux, il est préférable de le faire de manière positive et constructive. Certes, il faut tout d'abord identifier quel est le problème, la faiblesse ou la déficience, puis souligner, si nécessaire, quel est l'impact ou quelles sont les conséquences. Votre rôle consiste ensuite à trouver des solutions utiles et concrètes pour votre employeur ou client. À ce stade, il arrive trop souvent que des candidats adoptent un style de rédaction négatif qui ne sert pas adéquatement l'objectif recherché.

Mentionner ce qu'il ne faut pas faire ne revient pas à dire ce qu'il faut faire.

EXEMPLES DE RÉDACTION INAPPROPRIÉE

> – À cause de la perte de données et de la rotation du personnel comptable, je ne peux pas considérer le risque d'audit comme étant faible.
>   *(N.B. Donc? Est-il élevé?)*
>
> – | Je ne peux pas vous recommander de ne pas déprécier les stocks. | ≠ | Je vous recommande de déprécier les stocks. |
>
>   ↑ ↑ ↑
>
> – L'ordinateur central ne devrait pas être placé dans une salle ouverte près de la cafétéria.
>   *(N.B. D'accord… Que doit-on faire? Et pourquoi?)*

Il faut également noter qu'une phrase se terminant par un point d'interrogation n'est pas vraiment utile. Et, cela est particulièrement vrai lorsqu'il s'agit d'une recommandation ou d'une conclusion. Certes, il faut se poser des questions tout au long de la résolution d'un cas. Toutefois, rappelez-vous que **votre rôle est justement de répondre à ces questions** par l'écriture d'idées pertinentes et nouvelles. Face à une phrase interrogative, le lecteur ne peut savoir s'il s'agit d'un argument, d'une conclusion ou d'une recommandation.

EXEMPLES DE RÉDACTION INAPPROPRIÉE

> – Puisque toutes les décisions comptables ont favorisé la direction, devrait-on remettre en question leur intégrité? (cas DFT)
>
> – Devrait-on comptabiliser une provision pour coûts de restructuration?

N.B. Ai-je besoin de commenter?

Signaler la présence d'une recommandation ou d'une conclusion

Faites en sorte que le lecteur sache qu'il s'agit bel et bien d'une conclusion ou d'une recommandation. Placez-les en retrait ou écrivez un court titre, tel « REC. : ». Cela est particulièrement utile lorsque vous intercalez les recommandations au fil de l'analyse d'un problème ou enjeu. Par exemple, les suggestions d'amélioration quant à la fonction gouvernance peuvent être présentées au fur et à mesure que les déficiences, ainsi que leur impact, sont relevées.

Partie 5
Exprimer ses idées avec efficience

Donner priorité à la substance sur la forme
Utiliser un style de rédaction approprié
Adopter les attitudes adéquates

« Il faut rédiger sa réponse en termes simples, clairs, précis et concrets. »

traduit de : © Deslauriers Sylvie, *CGA = COMPETENCY*, AB + Publications, 2012, page 32.

Partie 5
Exprimer ses idées avec efficience

Il est important de réaliser que ce n'est pas le nombre de lignes ou de pages qui détermine la réussite d'un cas, mais le nombre d'idées. Une réponse appropriée, qui atteint le seuil de réussite, doit contenir un nombre minimal d'idées pertinentes et nouvelles. Et, lorsqu'il s'agit d'un sujet important, il faut prévoir davantage de profondeur, c'est-à-dire davantage d'idées. Dans la présente partie, je désire vous sensibiliser sur la nécessité d'exprimer vos idées avec efficience de manière à pouvoir en écrire un plus grand nombre.

Donner priorité à la substance sur la forme

Permettez-moi d'illustrer les propos qui suivent à l'aide d'un principe comptable bien connu : la prééminence de la substance sur la forme. Autrement dit, c'est la qualité des idées émises qui prime, c'est-à-dire le fond sur l'apparence. Il est évident qu'une réponse très bien écrite, mais pauvre en idées, ne pourra surpasser une réponse moins bien structurée qui contient plusieurs bons points. Il ne faut donc pas perdre de temps à se préoccuper outre mesure de l'apparence de sa réponse. Certains candidats y accordent tellement d'importance qu'ils manquent de temps pour rédiger une réponse complète – voire raisonnable –, comprenant des idées de QUALITÉ, en QUANTITÉ suffisante.

Compte tenu de ce qui précède, je vous suggère :

➤ *de minimiser les propos inutiles.* Outre les rubriques de l'en-tête de la réponse, tel que présenté à la Partie 2 (p. 25), il est inutile d'allonger le texte par des phrases de courtoisie. Je comprends qu'il puisse être tentant de le faire, puisqu'il faut le plus souvent présenter un « rapport » à un employeur ou un client. Toutefois, le fait qu'un cas doive être résolu dans un temps limité réduit grandement la nécessité, mais surtout la possibilité, de procéder comme tel.

EXEMPLE D'INTRODUCTION INUTILEMENT LONGUE

> Chère Madame Deslauriers,
>
> Vous trouverez ci-joint le rapport que la directrice de notre firme de consultants m'a chargé de préparer à la suite de l'agréable rencontre qu'elle a eue avec vous au cours de la semaine dernière.
>
> Vous êtes une cliente de longue date et j'espère que les analyses et recommandations qui suivent seront adéquates et conformes à vos attentes.
>
> Je demeure à votre disposition pour toute information supplémentaire.
>
> Signature

N.B. Le texte est très bien rédigé, mais il ne contient aucune idée pertinente et nouvelle.

➤ *de ne pas abuser des options offertes par les logiciels utilisés.* Certains candidats rédigent tout le texte en lettres majuscules, en italique ou en caractère gras, par exemple. D'autres enjolivent leur texte à l'aide de couleurs ou d'attributs, tels que « ombré » ou « contour ». Faites preuve de modération. Le correcteur peut certainement reconnaître une idée appropriée sans qu'elle soit mise en évidence. Somme toute, je vous suggère finalement d'utiliser une police de caractères standard, sans fioritures (taille 11 ou 12, style normal, couleur noire).

**Il faut privilégier la qualité des idées
tout en cherchant des moyens d'en augmenter la quantité.**

> ➤ *de signaler chacune des parties de la réponse.* Tel qu'illustré par les exemples de la Partie 4, un titre clair et succinct situe rapidement le lecteur de la réponse. En outre, tel que discuté dans la Partie 3, c'est un excellent moyen d'identifier avec précision le problème ou enjeu faisant l'objet de la discussion. Personnellement, afin de structurer ma réflexion, chacun des aspects analysés est identifié par un sous-titre succinct. Il est naturellement inutile d'inscrire, par exemple « rapport préliminaire » ou « projet », sur chaque page d'une réponse.

> ➤ *de ne pas supprimer le texte « jugé » inutile.* Certains candidats effacent trop facilement les idées qu'ils jugent inappropriées, alors qu'elles peuvent être bonnes. Je vous suggère plutôt d'utiliser la fonction « couper/coller » afin de placer le texte rejeté à la fin de la réponse. On ne sait jamais, vous pourriez changer d'avis quelques minutes plus tard. D'autres candidats prennent le temps de faire disparaître tout ce qui ne fait pas directement partie de leur réponse lorsque le cas se termine. Ce n'est pas nécessaire. Placez ce qui est en excédent à la fin de la réponse sous un titre tel que « Notes de lecture » ou « Brouillon ».

POINT DE VUE

Il m'arrive souvent de constater que la manière de rédiger la réponse d'un cas peut faire une différence sur le résultat obtenu. Certains candidats ont de la difficulté à atteindre le seuil de réussite, tout simplement parce qu'ils ne savent pas comment exprimer leurs idées de manière appropriée.

**Si un candidat a besoin de 10 lignes pour exprimer une idée,
alors qu'un autre candidat peut le faire en seulement 5 lignes,
cela fait une différence.**

Certes, la valeur accordée par le correcteur à cette idée particulière sera la même pour les deux. Toutefois, lorsque le temps alloué au cas sera écoulé, la réponse du second candidat contiendra vraisemblablement deux fois plus d'idées. Il n'aura pas nécessairement le double de la note du premier, mais la présentation d'un contenu plus étoffé est un avantage indéniable.

Utiliser un style de rédaction approprié

L'un des grands défis de la rédaction est de s'assurer d'exprimer clairement et succinctement ses idées. Personnellement, je considère que vous devez, la plupart du temps, composer des phrases complètes qui ont un sujet, un verbe et un complément. Ces phrases doivent traduire simplement les idées exprimées et ne pas être encombrées de mots inutiles. Les paragraphes sont courts et traitent généralement d'un aspect à la fois. L'aspect « débit » dans l'un et l'aspect « crédit » dans l'autre, par exemple. Ou encore, l'aspect « perte de valeur » dans l'un et l'aspect « amortissement » dans l'autre. Et finalement, « la comptabilisation des produits de 1,5M » dans l'un (A11) et « la comptabilisation des produits de 1,85M dans l'autre » (A12).

UNE IDÉE

UNE PHRASE COMPLÈTE

Certains candidats écrivent des phrases trop courtes ou trop télégraphiques. Il est alors difficile de comprendre le sens des idées émises, tout simplement parce qu'il manque trop de mots. D'autres candidats développent en détail leurs idées avec de longues phrases. Outre l'inutilité de répéter la même chose plus d'une fois, il arrive que l'essentiel d'un texte soit difficile à saisir lorsqu'il y a sur-explication.

Il faut essentiellement se concentrer sur ce qui contribue directement à la résolution du cas.

LE DÉFI EST D'ÉCRIRE DES IDÉES COMPLÈTES DE MANIÈRE SUCCINCTE.

EXEMPLE D'UNE RÉDACTION TROP TÉLÉGRAPHIQUE

Filiale au Mexique (CR)

coût : assurer approvisionnement régulier

profit : 60 % tiers

investissement : décision soc mère

DONC centre profit

Le texte de cet exemple ne présente pas les idées de manière appropriée. Pour comprendre le sens de la discussion, le lecteur doit commencer par deviner la nature du sujet discuté, puis compléter chaque ligne qu'il lit. Certes, il peut entrevoir ce que le candidat veut dire, mais cela ne suffit pas. Les idées émises ne sont pas suffisamment expliquées et la recommandation n'est pas justifiée.

POINT DE VUE

Quand il évalue une réponse, le correcteur essaie de reconnaître pleinement toutes les idées pertinentes et nouvelles que lui présente le candidat. Il ne peut par contre ni extrapoler ni ajouter des mots pour que la réponse ait du sens.

Dans l'exemple ci-dessus, le style télégraphique utilisé exige que le correcteur fasse le lien entre le type de centre de responsabilité (profit) et sa justification (60 % tiers). C'est trop lui demander. Pour comprendre pleinement le sens de l'argument, le correcteur doit ajouter trop de mots à ce qui est écrit, ce qu'il ne fera pas.

UN CORRECTEUR NE PEUT PRÉSUMER DE VOS CONNAISSANCES.

Quand vous rédigez votre réponse, vous devez par conséquent exprimer vos idées de manière claire et complète. Vous n'aurez pas la possibilité de rencontrer le correcteur pour lui expliquer ce que vous vouliez dire.

EXEMPLE D'UNE RÉDACTION INUTILEMENT ALLONGÉE
(Mes commentaires sont écrits en bleu.)

Détermination du type de centre de responsabilité de la nouvelle filiale du Mexique
(Ce titre est trop long.)

J'ai procédé à l'examen des caractéristiques de la filiale que vous détenez au Mexique. (Phrase de présentation trop longue; répétition inutile du titre.)

Il faut déterminer s'il s'agit d'un centre de responsabilité qui est un centre de coût ou d'un centre de responsabilité qui est un centre de profit. (Inutile de répéter deux fois les mots « centre de responsabilité ».) Après réflexion, je pense qu'il pourrait s'agir d'un centre de coût puisque toutes les décisions d'investissement sont prises à partir de la société mère par une équipe de huit personnes dirigées par le directeur M. Félix. (Cette phrase est un préambule inutile; trop longue description de l'équipe de direction reprenant textuellement tous les mots du cas.) (Remarque : L'argument vise à rejeter une troisième option, soit le « centre d'investissement ». Il faudrait plutôt présenter des arguments appuyant l'une ou l'autre des options avancées au début du paragraphe : centre de coût ou centre de profit.)

Aussi, la création de la filiale a pour but d'assurer un approvisionnement régulier de matières premières à la société mère. Ma première idée a été que le centre de responsabilité pourrait être un centre d'investissement, mais aucune décision d'investissement n'est prise par les gestionnaires mexicains. (Répétition d'idées déjà avancées; inutile d'insister autant sur cette troisième option qui est d'emblée écartée.)

Ainsi, je pense qu'on pourrait considérer la filiale du Mexique comme un centre de profit et non comme un centre de coût, car la filiale vend près de 60 % de sa production à de tierces parties. (Début inutile. Il est préférable d'aller droit au but. Écrire « je pense » n'exprime pas suffisamment de certitude. Inutile de revenir sur le fait que la filiale est au Mexique, on le sait déjà. Inutile de dire ce qu'on rejette dans l'établissement de la conclusion.)

Il ne faut pas oublier qu'au Mexique, ce sont des pesos. Cela va nous compliquer la tâche. (Quel est le but de ce commentaire? On demande de déterminer le type de centre de responsabilité le mieux adapté aux circonstances et non de discuter de la conversion des devises. C'est en dehors de la demande. De toute façon, le fait de dire que cela va « compliquer la tâche » n'ajoute rien de pertinent au texte; c'est une remarque vide!)

Cela signifie que la performance financière de la filiale mexicaine sera évaluée en fonction du bénéfice réalisé. (La conclusion est plus claire ici, mais on pourrait éviter cette répétition inutile en étant plus précis la première fois.) Le profit pourra (Le mot « devra » est préférable au mot « pourra ».) tenir compte des coûts directement liés à l'exploitation de la filiale comme les coûts de matières premières, les coûts de main-d'œuvre, l'électricité, les coûts d'entretien de l'usine, les salaires des dirigeants, etc. (La répétition du mot « coûts » est inutile; trop d'éléments énumérés.)

Il ne faut pas tenir compte des éléments non contrôlables par la filiale, comme le partage des frais communs (frais de publicité, frais de recherche et développement, frais administratifs, etc.) imputés par le siège social. (La répétition du mot « frais » est inutile; trop d'éléments énumérés.)

Le texte de cet exemple n'est pas rédigé avec efficience, car il comprend plusieurs éléments inutiles. Il est toutefois important de comprendre que **tout ce qui est écrit dans ce texte est correct** et qu'il ne contient **aucune idée erronée.** C'est le style de rédaction du candidat, inutilement lourd, qui consomme trop de temps. En d'autres termes, c'est la forme ou la façon d'exprimer les idées qui est inappropriée, pas le fond ou la validité des idées en elles-mêmes. En améliorant sa façon d'écrire, le candidat pourra développer un plus grand nombre d'idées dans un même laps de temps.

EXEMPLE D'UNE RÉDACTION APPROPRIÉE

Type de centre de responsabilité – Filiale Mexique

Il pourrait s'agir d'un centre de coût, car la mission première de la filiale est d'assurer un approvisionnement régulier à la société-mère.

Un centre de profit peut également être envisagé, puisque 70 % de la production est vendue à des tiers.

REC

constituer en centre de profit parce que le marché est en forte croissance.

La filiale sera évaluée sur le bénéfice qu'elle contrôle (frais directement liés à l'exploitation : matières premières et main-d'œuvre).

Les imputations du siège social (publicité, recherche et développement) ne devraient pas être considérées, car ces charges ne sont pas contrôlables par la filiale.

N.B. L'objectif est de vous présenter un exemple de rédaction appropriée. Il faut comprendre que le nombre d'idées présentées pour discuter du type de centre de responsabilité de la filiale mexicaine est probablement insuffisant.

Cet exemple illustre le style de rédaction à favoriser. Le titre oriente la discussion. Les options à envisager sont clairement ressorties et appuyées. Chaque phrase est complète : un sujet, un verbe, un complément. Les concepts théoriques (en orange) sont intégrés de manière adéquate aux informations du cas (en jaune). La recommandation est justifiée. L'usage de parenthèses, qui ajoutent des exemples tirés du cas, est efficient. Nous le verrons un peu plus loin, mais prenez note que certains mots ou expressions peuvent être abrégés, tel que « rech et dév » pour « recherche et développement ».

Dans l'objectif d'exprimer vos idées avec efficience, je vous suggère également :

> *d'opter pour la brièveté.* Plusieurs candidats allongent inutilement le texte de leur réponse en écrivant des mots qui rendent peut-être la lecture plus agréable, mais qui sont tout de même inutiles. L'objectif devrait être de chercher constamment à raccourcir le texte sans perdre l'essentiel des idées émises. On libère ainsi davantage de temps pour la rédaction; temps disponible pour l'écriture d'idées supplémentaires qui seront – nous l'espérons tous – pertinentes et nouvelles.

EXEMPLE D'UNE IDÉE MAL EXPRIMÉE

La société aurait pu gagner trois fois plus de bénéfices si elle n'était pas allée investir dans le secteur des ressources naturelles qui auraient pu générer davantage de dividendes mais qui n'ont pas été capables de rencontrer leurs promesses. Après réflexion, je crois qu'il aurait mieux valu que vous me consultiez avant.

N.B. Ai-je besoin de commenter?

Il est préférable d'aller droit au but en ne perdant pas son temps avec des expressions ou des phrases qui n'ajoutent rien au texte. Une phrase de présentation telle que « Je vais maintenant vous faire part de mon opinion concernant le nouveau système d'information. » n'est pas nécessaire. Il en est de même des mots de liaison, tels que « Étant donné ce qui précède… » ou « Je vais continuer la discussion sur ce sujet en ajoutant que… ». Il faut se rendre à l'écriture d'idées pertinentes et nouvelles dès que possible.

POINT DE VUE

Je suggère l'usage occasionnel de parenthèses en cours de rédaction afin de raccourcir la longueur du texte ou des phrases. Cela est particulièrement utile lorsqu'on désire ajouter des exemples, faire référence à une autre section de la réponse ou à une annexe, justifier une idée ou la compléter par un concept théorique. Par exemple, on peut inscrire l'assertion « exhaustivité » entre parenthèses à côté d'une procédure portant sur la confirmation des clauses d'un contrat. Il arrive également que les parenthèses servent à émettre une opinion personnelle ou à ajouter un bref calcul. Dans certaines circonstances, cela permet la rédaction de l'idée en une seule phrase plutôt que deux. Exemples :

- « (1 million $ pour le CIP plus 750 000 $ pour les composants) » (A11)
- « (événement survenu après les projections de juillet) » (A27)
- « (en se fondant sur une marge brute de 40 %) » (A34)

➤ *d'utiliser un langage clair et précis.* En fait, les idées vagues ou générales ne sont pas très utiles, entre autres parce qu'elles ne sont pas intégrées aux particularités du cas. Il arrive aussi que des candidats oublient tout simplement d'écrire ce qui leur paraît évident en prenant pour acquis que le correcteur fera les déductions nécessaires. Il faut plutôt chercher à utiliser, le plus souvent possible, les termes appropriés afin de rendre justice aux idées avancées. Dire que « le projet est intéressant » ou que « le système est efficace » n'est pas très utile!

Le correcteur ne doit pas avoir à se demander ce que vous voulez dire.

EXEMPLES DE RÉDACTION CLAIRE ET PRÉCISE

rédaction vague et générale	commentaire (revoir Partie 3, p. 36)	rédaction claire et précise
Il faut considérer la possibilité qu'ils tentent de manipuler les états financiers pour la prime.	**Qui** peut faire cela? **Pourquoi? Comment** peuvent-ils s'y prendre?	« D'abord, l'existence d'un programme de primes fondé sur le BAIIA augmente le risque d'erreurs, la direction pouvant avoir un parti pris dans ses prises de décisions ou contourner les contrôles dans le but d'augmenter le BAIIA. » (A24)
Cela n'est pas bien du tout de la laisser tout faire toute seule.	**Qui? Quoi? Pourquoi?** Les expressions « pas bien du tout » et « tout faire » ne veulent rien dire.	La responsable de l'entrepôt est en position de dérober du stock, car le contrôle interne est déficient. De plus, aucune autre personne de l'entreprise ne détient une information aussi complète sur les marchandises en inventaire.
On devra auditer les stocks, car un audit sera exigé l'an prochain.	**Qu'est-ce** qui sera fait? **Qu'implique** le verbe « auditer »?	On devra assister au dénombrement des stocks le 31 mars X3, car un audit sera exigé l'an prochain.

Le choix des termes est particulièrement important lorsqu'il s'agit de faire appel à des concepts théoriques. Par exemple, une immobilisation incorporelle doit être, entre autres « identifiable » (IAS 38 par. 11). Il serait toutefois inapproprié d'utiliser cette notion dans d'autres contextes comme suit : « Chaque partie <u>identifiable</u> d'une immobilisation corporelle doit être amortie séparément. » Ici, il faudrait plutôt faire appel au concept du « coût significatif par rapport au coût total » (IAS 16 par. 43).

Autre exemple : écrire « Il faut effectuer un dénombrement des modems afin d'en obtenir la valeur. » n'est pas adéquat. C'est la « quantité » des modems qui sera obtenue par le dénombrement, pas la « valeur ». Je reviendrai sur l'identification des concepts théoriques à la Partie 10.

**La référence aux concepts clés des normes, règlements, lois, principes, etc.
doit être la plus exacte possible
afin de démontrer votre capacité d'intégrer vos connaissances aux particularités du cas.**

➢ *d'adopter un style de rédaction simple.* Ne perdez pas de vue que l'objectif est d'abord et avant tout d'écrire des idées qui seront comprises par le lecteur de votre réponse. Nul besoin de rédiger dans un style littéraire recherché. Si vous écrivez, par exemple deux fois le mot « planifier » dans le même paragraphe, ce n'est pas grave. Ne prenez surtout pas le temps de chercher un synonyme pour que le texte paraisse mieux. Je vous suggère aussi de recourir à un style simple de conjugaison des verbes : temps présent, passé composé, futur simple. Il faut éviter toute forme compliquée de rédaction telle que : « Je pourrais bien en venir à croire qu'ils auraient pu avancer davantage d'argent s'ils avaient pu arriver à y penser. »

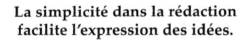

**La simplicité dans la rédaction
facilite l'expression des idées.**

POINT DE VUE

Certains candidats s'interrogent sur l'importance de la grammaire et de l'orthographe dans la rédaction d'une réponse. D'emblée, je vous signale que le temps limité d'un cas ne vous offre pas l'opportunité de relire et peaufiner votre texte. Je vous rappelle d'ailleurs qu'il faut essentiellement donner priorité à la substance sur la forme.

Le but recherché n'est pas d'obtenir une rédaction parfaite, exempte de toute faute. L'omission d'un « s », par exemple, pour « les stock », n'est pas une erreur grave. Étant donné la nature même de la résolution d'un cas, la présence d'un certain nombre d'erreurs est tolérée. Il ne faut donc pas, *a priori*, faire des efforts particuliers dans le seul but d'obtenir un texte impeccable.

Toutefois, si le nombre de fautes est plus élevé que la normale, il faut composer son texte avec davantage d'attention afin de ne pas faire diverger l'attention du correcteur. Il arrive d'ailleurs que des fautes de frappe créent de l'ambiguïté. Par exemple, écrire « prend de l'argent » au lieu de « perd de l'argent » peut faire une différence. De même, quand l'idée est floue ou mal exprimée, il est parfois impossible de savoir s'il s'agit d'une recommandation ou simplement d'un autre argument.

Dans certaines circonstances, il est possible d'abréger la présentation d'une partie de la réponse lorsqu'on peut déceler un point commun entre plusieurs idées. Ainsi,

– une même explication peut servir à rejeter deux sources de financement par emprunt;

– une même note explicative peut servir à justifier l'ajustement de plusieurs postes des états financiers. (A18)

On peut aussi escamoter le début des phrases lorsque la résolution d'un problème ou enjeu exige, par exemple, la présentation d'une « LISTE DE (D') … » :

– informations à fournir en note sur les subventions publiques reçues;

– avantages et inconvénients de constituer l'entreprise en société par actions;

– documents à obtenir afin de compléter la déclaration fiscale;

– étapes à suivre dans la consolidation des états financiers;

– informations à présenter dans un prospectus d'émission.

POINT DE VUE

Il arrive parfois que l'on doive établir une liste d'informations à obtenir afin de compléter l'analyse d'un problème ou enjeu. *A priori*, cette situation peut donner l'impression que la forme interrogative est à utiliser, puisque le candidat doit déterminer ce qui lui manque (ex.: Quelles sont les économies d'échelle à la suite de ce regroupement d'entités?). Néanmoins, tel que mentionné dans la Partie 4 (p. 56), je maintiens que la rédaction sous la forme de questions est à éviter. Je suggère plutôt la présentation sous la forme télégraphique d'une liste d'éléments (ex.: obtenir la liste des coûts qui seront réduits suite au regroupement).

**Il est préférable de suggérer une action
plutôt que de donner l'impression qu'on ne sait pas quoi faire.**

Il est également possible qu'une partie de la réponse d'un cas puisse être présentée sous la forme d'un tableau. Lorsque la situation s'y prête, chaque colonne du tableau correspond à l'un des aspects requis par le travail à faire. Un tableau permet de mieux structurer la pensée et d'accélérer l'élaboration de la réponse tout en servant d'aide-mémoire. Le fait d'inscrire, par exemple les trois principaux objectifs stratégiques de l'organisme dans la colonne de gauche, rappelle d'inscrire au moins un indicateur de performance pour chacun d'entre eux dans la colonne de droite.

EXEMPLES DE TABLEAU

Risques découlant du regroupement d'entités	Moyens pour minimiser les conséquences négatives
...	...

Ratios calculés	Interprétation
...	...

Finalement, tel que mentionné à la Partie 4 (p. 52), je vous rappelle qu'il est fort utile d'exprimer les actions à entreprendre en commençant par un verbe à l'infinitif ou à l'impératif. Par exemple :

– procédures d'audit à mettre en œuvre; (A25 à A30);

– suggestions d'amélioration au processus de recouvrement des comptes;

– mesures à prendre pour la transition du système manuel au système informatisé.

CAS DFT

Lorsqu'il s'agit d'analyser l'incidence des questions de comptabilité importantes sur les procédures à mettre en œuvre en fin d'exercice, les idées de la réponse peuvent être présentées dans un tableau (A25 à A30), comme suit :

Élément	Assertion	Risques spécifiques	Procédures
...	...	...	...

Le contenu de ce tableau pourrait être présenté d'une manière différente. Le sujet concerné peut figurer en tant que titre et l'assertion peut être inscrite entre parenthèses à la suite de procédure. Le tableau prend alors la forme suivante :

Risques spécifiques	Procédures
...	...

N.B. Il n'est pas nécessaire d'encadrer chaque colonne de texte simplement pour en améliorer l'apparence. L'important est de pouvoir facilement distinguer chacune des parties.

➤ *d'utiliser un langage professionnel.* La réponse doit toujours être rédigée dans un langage professionnel ou un langage d'affaires. Autrement dit, certaines expressions, utilisées dans une conversation courante ou qui peuvent être difficiles à interpréter, sont à proscrire. Une idée qui n'est pas exprimée dans un langage approprié n'est tout simplement pas prise en compte dans l'évaluation de la réponse.

EXEMPLES D'EXPRESSIONS INAPPROPRIÉES

- Nous ne pouvons pas nous permettre de tourner les coins ronds afin de ne pas salir la réputation du bureau.
- Depuis quelques mois, mine de rien, la gestion de la trésorerie est devenue pas mal broche à foin.
- Le nerf du risque, c'est l'inventaire!

N.B. Ai-je besoin de commenter?

➤ *d'abréger certains mots connus.* Les abréviations doivent essentiellement faire partie de notre domaine de compétence ou être grandement répandues dans le langage courant. Elles doivent être peu nombreuses et faciles à reconnaître, car il est essentiel de ne pas ralentir la lecture du correcteur. « VRM » pour « vraiment », par exemple, ne sera pas automatiquement reconnu par vos collègues.

Le lecteur de votre réponse doit comprendre rapidement le sens de vos idées sans avoir à chercher la signification d'une abréviation.

Le fait de sauter un article dans une phrase n'est pas grave, mais les sauter tous et ne laisser que les autres mots, c'est trop. De même, il est possible de raccourcir une expression en gardant les premières lettres d'un mot, tel que « contrat de loc ». Toutefois, lire une phrase où seules les premières lettres de chaque mot sont écrites complique inutilement la lecture.

Exemples : « Les stocks doivent être évalués au plus faible du coût et de la VNR. »

est préférable à : « ST : + < C / VNR »

« Les prod. peuvent être sous-évalués. » *est préférable à* : « $ P pas tous CTB ».

EXEMPLES D'ABRÉVIATIONS ACCEPTABLES

MOD	Main-d'œuvre directe	RPA	Résultat par action
DPA	Déduction pour amortissement	GPA	Gestion par activités
ÉDI	Échange de données informatisées	PCI	Prix de cession interne

Je vous suggère aussi d'utiliser les initiales de l'entité ou les lettres identifiant un programme ou un produit. C'est réellement plus court. Nul besoin d'écrire « inc. » ou « ltée » à chaque fois. Il est quelquefois également possible de le faire avec les noms d'individus (ex.: Mme D).

Exemples : « DFT » (A3) *est préférable à* : « Technologies DFT ltée »

« Crunch » ou « CCP » *est préférable à* : « Crispy Crunch Pack »

Finalement, il est parfois efficient de fournir l'abréviation d'un mot – le plus souvent une expression – la première fois qu'on l'utilise. Cela permet par la suite d'employer la dite abréviation tout au long de la réponse. Par exemple, si le cas demande de considérer « l'impact sur les systèmes d'information financière » de chaque élément discuté, il est possible d'utiliser l'abréviation « impact SIF » ou « SIF ».

Adopter les attitudes adéquates

Tout au long de l'élaboration d'une réponse à un cas, certaines attitudes fondamentales doivent être adoptées. En fait, dans la manière de résoudre les problèmes ou enjeux, le comportement du candidat doit suivre certaines règles, implicites ou explicites, qui influencent l'expression des idées.

Être un comptable professionnel

L'un des objectifs de l'apprentissage par cas est de développer votre capacité d'appliquer vos connaissances multi-sujets à différents contextes. Il existe toutefois une certaine restriction à la diversité des connaissances requises. Dans le cas DFT, comme dans la plupart des cas en comptabilité, il faut comprendre que les problèmes ou enjeux – voire l'ensemble des sujets – sont essentiellement reliés à notre principal champ d'expertise. Le concept de marketing ou la gestion du personnel peuvent faire partie du programme général de formation, mais ce sont des domaines « connexes ». Développer sur la mise en marché du nouveau produit Zeus, par exemple, ne fait pas – **et ne fera certainement pas** – partie des sujets à développer.

Tenez-vous en aux compétences faisant essentiellement partie de notre domaine.

Ne perdez jamais cela de vue afin d'éviter de vous lancer dans des discussions non pertinentes.

POINT DE VUE

En tant que professionnel, il est indispensable de demeurer objectif face aux événements. Il faut examiner les faits, puis les interpréter sans parti pris. Cela est plus facile à dire qu'à faire, puisque, sans en avoir conscience, vos expériences personnelles et votre personnalité peuvent influencer votre perception des choses. Prenons, par exemple la situation où une mésentente survient lors du transfert de l'entreprise familiale à la génération suivante. Par expérience, je sais que certains candidats vont « pencher » du côté des parents alors que d'autres vont « pencher » du côté des enfants. Une phrase telle que « Ils devraient se considérer chanceux qu'il y ait une relève à leur entreprise… » n'est pas appropriée. Un tel commentaire démontre un manque d'objectivité dans l'analyse de la situation.

**Les opinions personnelles, sociales, politiques ou humaines
ne doivent pas interférer dans la résolution d'un cas.**

DEMEUREZ OBJECTIF!

Jouer un rôle de premier plan

Tout tourne autour de vous, car vous êtes le seul qui remarque ce qui ne va pas et ce qui change; le seul qui comprend, évalue, analyse et règle tout. Il y a certes d'autres acteurs dans le cas, mais ils n'ont pas l'objectivité ni le temps nécessaire pour répondre aux diverses demandes. Ce sont des acteurs secondaires. Ainsi, il ne faut pas se dire que « Anne est la chef des finances d'une société ouverte ayant plus de 55 000 000 $ de produits, elle sait sûrement quoi faire! », ou encore, « C'est une entreprise à capital fermé créée il y a plus de 20 ans, où travaille une équipe de trois gestionnaires qui peuvent assurément déterminer le prix de cession interne. »

**Si la demande est là ou si des indices de problèmes ou enjeux sont fournis,
vous devez en tenir compte.**

C'est votre mandat et, bien qu'il paraisse parfois un peu étrange que personne n'ait pu régler certains des sujets relevés, vous n'avez pas d'autre choix que de répondre au travail à faire.

**Pendant la résolution d'un cas,
VOUS ÊTES l'acteur principal.**

D'un autre côté, vous ne deviendrez jamais un expert en toute discipline. Un comptable n'est ni un avocat ni un spécialiste de l'environnement ni un expert en informatique. Il ne vous revient donc pas « d'évaluer la probabilité » de perdre une poursuite, mais plutôt « d'analyser le traitement comptable du passif éventuel » à la suite de l'obtention de l'évaluation du conseiller juridique. De même, votre rôle n'est pas « d'évaluer si des dommages ont été faits à l'environnement », mais plutôt « de déterminer comment obtenir des éléments probants suffisants ».

Considérer l'aspect financier des événements

Tout au long de la résolution d'un cas, la considération de l'aspect financier des événements est omniprésente. Et ce, que le cas fournisse des chiffres ou non. Dans le cœur d'une analyse ou dans l'élaboration d'une recommandation ou d'une conclusion, il faut se rappeler que l'aspect financier prédomine. Prenons l'analyse de l'impact d'une déficience dans la gestion de la trésorerie. Il est préférable d'élaborer sur le risque de vol ($) plutôt que sur la valorisation de la tâche pour l'employé, par exemple. De même, un projet d'investissement ayant une valeur actualisée nette positive devrait être recommandé. Certes, des considérations humaines ou sociales peuvent être relevées, à titre d'opportunité ou de risque, mais cela n'a généralement pas une grande influence sur la décision finale.

POINT DE VUE

En fait, dans la résolution d'un cas, le sens des décisions d'affaires découle à peu près exclusivement de l'aspect quantitatif. Bien qu'une liste de facteurs qualitatifs soit établie, cela ne change habituellement pas la décision suggérée par le résultat d'un calcul. On mentionnera succinctement la perte d'emplois à la suite de la robotisation, par exemple. Ce facteur qualitatif ne sera toutefois pas suffisant pour renverser la décision de robotiser. S'il y a lieu, les coûts reliés au licenciement des employés seront intégrés au calcul. De même, on pourra mentionner qu'il serait préférable de vendre l'usine à des gens de la région plutôt qu'à des étrangers. Cela n'affectera toutefois pas vraiment le choix final si ces derniers offrent un meilleur prix.

Ce n'est qu'en de rares occasions que l'argumentation qualitative devient le point de référence. Cela arrive, par exemple lorsque deux options d'approvisionnement coûtent à peu près le même montant, lorsque la valeur actualisée nette est presque nulle ou que la différence entre le prix offert par les acheteurs étrangers et les gens d'affaires de la région est faible. C'est également possible lorsque les risques liés à l'enjeu sont extrêmement élevés ou que les données utilisées dans les calculs sont très incertaines ou grandement hypothétiques.

Adresser sa réponse à un exécutant

La personne qui lit la réponse d'un cas doit comprendre ce qui est écrit ou pouvoir mettre en application ce qui est suggéré **sans avoir besoin de clarifications supplémentaires**. Le langage utilisé doit donc essentiellement être axé vers la compréhension des idées exposées (pourquoi), la résolution des problèmes ou enjeux (quoi faire et pourquoi) et l'exécution des recommandations (qui, quoi, quand, combien). *A priori*, ce conseil est valide, quel que ce soit le destinataire de la réponse : employeur ou client.

IL EST NÉCESSAIRE D'ÊTRE PRÉCIS DANS L'EXPRESSION DES IDÉES.

Afin de vous aider dans l'application des propos précédents, je vous suggère de faire comme si vos propos s'adressent à quelqu'un ayant réussi une année de formation universitaire. Il n'est pas nécessaire d'expliquer la différence entre débit et crédit, alors qu'on peut devoir discuter de l'impact du renouvellement du contrat de location sur les états financiers. Il ne devrait d'ailleurs pas être nécessaire d'expliquer pourquoi il faut vérifier la conformité aux conditions du nouveau contrat avec Indo-Tech à l'associé d'un cabinet comptable (A26). Toutefois, dans le cadre d'un cas, ça l'est.

En outre, lorsqu'on s'adresse à une personne qui œuvre en dehors de notre domaine d'expertise, tel un avocat ou un notaire, la définition de certains termes ou des explications plus détaillées peuvent être appropriées. Il faut tenir compte de leur niveau de connaissances lorsqu'il s'agit de déterminer l'ampleur des explications à fournir.

Respecter les pratiques de gestion de l'employeur ou du client

Pendant la résolution d'un cas, il ne faut pas perdre de vue les caractéristiques et besoins particuliers de l'employeur ou du client. Essentiellement, les objectifs de la direction (ex.: inscrire les titres en bourse dans trois ans), les préférences des parties prenantes, la tolérance au risque (ex.: ne pas excéder un ratio d'endettement – passif/actif – de 50 %) et les politiques de l'entité (ex.: ne pas facturer d'intérêts sur les comptes en souffrance de moins de 60 jours) doivent être pris en considération. Certes, vous devez répondre au mandat et suggérer, s'il y a lieu, des améliorations à la situation actuelle. Toutefois, il faut tenir compte de ce que le destinataire de votre réponse souhaite et ne pas bouleverser outre mesure ou écarter impunément ce à quoi il tient.

> **POINT DE VUE**
>
> Dans leur réponse, certains candidats écrivent des commentaires tels que « sujet difficile » ou « Je viens de passer à côté! ». **C'est inutile.**
>
> D'autres candidats vont écrire directement au correcteur et lui dire, par exemple, « Si j'avais eu le temps, je vous aurais donné des procédures sur les stocks expédiés à Indo-Tech. » (A26). **C'est inutile.**
>
> À la rigueur, il faut faire les choses plutôt que dire qu'il faudrait les faire.

Être honnête

Il est impératif de faire preuve d'honnêteté dans la résolution de cas en respectant les lois, en adoptant un comportement éthique et en faisant preuve de morale. Ainsi, il faut mentionner au propriétaire d'une petite entreprise que les avantages personnels reçus de celle-ci (ex.: automobile fournie) sont imposables et doivent être inscrits sur son relevé d'emploi. Un comptable n'a pas vraiment le pouvoir de l'empêcher de s'octroyer de tels avantages, car ce sont « ses » affaires, mais il a la responsabilité de l'informer des implications légales ou fiscales. De même, il est acceptable et même recommandé de favoriser la position de l'employeur ou du client en minimisant les impacts fiscaux des opérations d'affaires (ex.: au moment de la disposition d'actifs), mais il faut respecter les lois fiscales.

Il ne faut naturellement pas accepter de vous associer à toute opération frauduleuse, illégale ou louche. Pas de blanchiment d'argent ou de pots-de-vin! Il est finalement de votre devoir de dénoncer à votre Ordre professionnel le comportement de l'un de vos collègues qui manque d'éthique.

Faire preuve de considération

On doit faire preuve de considération envers les individus, particulièrement à l'égard de nos collègues. Les critiques personnelles, directes ou drastiques sont donc à éviter, particulièrement lorsqu'elles blâment la personne à qui s'adresse votre rapport! **Faites preuve de diplomatie.** Lorsque vous le jugez nécessaire, il est toujours possible d'émettre votre opinion sur l'attitude du client dans un mémo distinct destiné exclusivement à votre supérieur immédiat ou au comité d'audit, par exemple.

Personnellement, je préfère critiquer ou émettre une opinion sur des rapports ou des façons de faire plutôt que de porter un jugement direct sur les individus eux-mêmes. Par exemple, dire que « L'auditeur précédent est incompétent. » ne me paraît pas convenable. On dira plutôt ceci : « Les normes d'audit n'ont pas été suivies. ». On pourra ainsi « soupçonner la présence d'une fraude » au lieu d'affirmer que « l'individu est un fraudeur ».

$$\boxed{\text{PROFESSIONNALISME} \quad \rightarrow \quad \text{COMPÉTENCE}}$$

Partie 6
Effectuer les calculs appropriés

Déterminer le calcul à faire
Utiliser le résultat d'un calcul
Présenter ses calculs avec efficience

« Les notes explicatives accompagnent les calculs; elles ne les remplacent pas. »

Partie 6
Effectuer les calculs appropriés

La résolution d'un court cas exige parfois la réalisation de calculs. Il arrive, par exemple qu'un cas demande directement « de calculer le bénéfice imposable ». Dans cette situation, la nécessité d'effectuer une analyse quantitative ne fait aucun doute. Ce n'est toutefois pas toujours aussi clair et un candidat peut devoir établir si des calculs sont nécessaires pour compléter sa réponse. Il peut ainsi arriver que l'imposition ou la déductibilité de diverses opérations soit l'objet d'une analyse qualitative. Il faut alors déterminer s'il est nécessaire de présenter un calcul en guise d'appui aux idées émises.[1]

Déterminer le calcul à faire

Lorsqu'il s'agit d'effectuer un calcul, je prends tout d'abord le temps de DÉTERMINER L'OBJECTIF VISÉ. Que veut-on faire? Personnellement, j'exprime cet objectif sous la forme d'une action à entreprendre commençant par un verbe à l'infinitif. L'idée s'exprime par une courte phrase, écrite en tant que titre au calcul à faire. Le fait d'identifier précisément quel est l'objectif visé permet de diriger dès le départ ses efforts vers l'essentiel. Par exemple, « établir la provision pour promotion » ou « déterminer si la clause restrictive est respectée » sont des objectifs clairement établis.

CAS DFT

Pendant la lecture du cas DFT, on constate que des chiffres sont fournis pour la plupart des questions de comptabilité et que le résultat net projeté fait l'objet d'une annexe entière. En soi, il s'agit d'indices sérieux quant au bien-fondé d'effectuer une analyse quantitative. Il faut néanmoins valider l'utilité potentielle de tout calcul avant de le commencer.

Pourquoi calculer le résultat net ajusté?

Il m'apparaît nécessaire de justifier tout calcul afin de s'assurer de fournir une analyse pertinente. Dans la nécessité de répondre au travail à faire, il faut être conscient de la limite de temps. En ce qui concerne le cas DFT, le candidat dispose d'environ 50 minutes pour rédiger sa réponse. Il n'a certainement pas de temps à perdre avec un calcul inutile.

En guise d'appui à l'analyse qualitative, deux calculs peuvent être envisagés : 1- l'obtention du **BAIIA ajusté** permettant la comparaison à la cible de 14M du programme de primes OU 2- l'obtention du **résultat net projeté ajusté** permettant la comparaison ou la révision du seuil de signification préliminaire. Personnellement, étant donné l'omniprésence du programme de primes, je considère que l'impact des ajustements comptables sur le BAIIA est l'aspect le plus important à considérer.

Objectif : Recalculer le BAIIA en fonction des ajustements comptables

Il faut comprendre qu'un candidat pourrait plutôt décider de recalculer le résultat net en bonne et due forme. Or, bien que cet objectif soit valable – et que ce calcul fasse partie de la solution officielle (A18) –, LE TEMPS RESTREINT DU CAS EXIGE DE FAIRE DES CHOIX ET D'AXER SUR CE QUI EST ESSENTIEL.

---

1 Avant d'entreprendre la lecture des Parties 6 à 10 du présent volume, je vous suggère de lire la solution proposée du cas DFT (A9 à A39). N'hésitez pas à vous y référer tout au long de votre lecture.

POINT DE VUE

Certains candidats effectuent des calculs qui ne sont pas vraiment nécessaires à l'analyse. Ils vont, par exemple recalculer le total de l'actif à la suite de la recommandation d'inscrire les coûts à l'état de la situation financière (bilan), ou encore, ils vont calculer automatiquement l'impact fiscal de chaque ajustement. Même s'ils sont courts, ces calculs ne doivent pas être faits s'ils n'apportent rien à la résolution d'un problème ou enjeu.

Assurez-vous de déterminer « pourquoi » vous effectuez un calcul.

Une fois l'objectif déterminé, je vous suggère de PLANIFIER LE CALCUL proprement dit. Comment le faire? Quelle en est l'ampleur? Quelles sont les étapes ou les grandes sections? Quelles sont les composantes particulières ou indispensables? En ne perdant pas de vue l'aboutissement recherché, essayez de visualiser la façon de procéder. Par exemple, dans l'objectif d'évaluer si la clause restrictive relative au ratio de trésorerie générale est respectée, il faut considérer les ajustements à faire aux actifs courants (actifs à court terme) et aux passifs courants (passifs à court terme). Dans cette optique, le calcul pourrait se présenter en deux colonnes de chiffres soulignant le total ajusté de chacune des deux parties du ratio. Ces totaux pourront par la suite être mis en relation pour constituer le ratio de trésorerie.

Dans la planification d'un calcul, il faut tenir compte de l'importance des composantes qui peuvent en faire partie. En se servant de la nomenclature décrite à la Partie 2 (p. 19 et 20), je vous suggère de faire la distinction entre les composantes importantes, les composantes de moindre importance et les composantes peu importantes (négligeables).

Il faut **intégrer toutes** – ou presque toutes – **les composantes importantes** et, **si possible**, une **partie des composantes de moindre importance**.

Afin de présenter un calcul « raisonnable », il faut considérer l'ensemble des données disponibles et DÉTERMINER CE QUI EST IMPORTANT, COMPTE TENU DES PARAMÈTRES DU CAS.

CAS DFT

Parmi la dizaine de questions comptables du cas, six d'entre elles nécessitent un ajustement au résultat. Dans la réalisation du calcul, il faut à tout le moins s'assurer de considérer ce qui est le plus important. Compte tenu de la nature même d'une analyse quantitative, l'ampleur des sommes en jeu est le critère à utiliser. Nous pouvons ajouter, pour le cas DFT en particulier, que les ajustements qui influencent le BAIIA sont, *a priori*, plus importants que les autres.

Ajustements importants :
– produits de 1 850 000 $ d'Indo-Tech (incluant le coût des ventes)
– financement public (subventions) de 800 000 $
– R&D du produit Arès de 450 000 $

Ajustements de moindre importance :
– remise de 225 000 $ en produits sur CIP

Ajustements peu importants (négligeables) :
– cotisation de TPS/TVH de 125 000 $
– perte de valeur de 100 000 $ sur le matériel de production

Vous remarquerez, et cela n'est pas vraiment surprenant, que les ajustements importants découlent des sujets comptables importants identifiés à la Partie 2 (p. 21).

Tel que mentionné tout au long de ce volume, IL FAUT INSISTER SUR CE QUI COMPTE LE PLUS : LES COMPOSANTES IMPORTANTES DOIVENT FAIRE PARTIE DU CALCUL. Elles nécessitent davantage de profondeur ou d'explications, tandis que les composantes de moindre importance sont, *a priori*, plus rapidement résolus.

CAS DFT – EXEMPLE DE CALCUL APPROPRIÉ (méthode directe)

Objectif : Recalculer le BAIIA en fonction des ajustements comptables

	Amortissement à exclure	Chiffres non ajustés	Note	Ajustements	Chiffres ajustés
Produits		59 224	*a*	- 1 850	
			b	- 800	
			d	- 129	56 445
Coût des ventes (40 %)	- 33 872 + 430	- 33 442	*a*	1 110	- 32 332
R&D	- 3 991 + 1 620	- 2 371	*c*	- 450	
			b	+ 200	- 2 621
Ventes et marketing		- 2 622			- 2 622
Frais généraux et administratifs	- 7 924 + 2 995	- 4 929			- 4 929
BAIIA		**15 860**			**13 941**

Cet exemple de calcul approprié répond bien aux exigences du cas DFT. Ce n'est pas un calcul complet, ni parfait, mais « raisonnable ». Il contient les trois ajustements importants précédemment établis (*a, b, c*), plus un quatrième (*d*), de moindre importance. J'ai considéré ce dernier ajustement à cause de sa nature inhabituelle et de son impact sur la constatation des produits. Le fait que l'ajustement qui en découle amène le résultat net en deçà de la cible de 14M, ce qui change la conclusion, n'est pas négligeable.

En examinant l'exemple de calcul ci-dessus, nous pouvons remarquer que :

- Les postes Intérêts et Impôts sur le revenu ne font pas partie de l'analyse, tout simplement parce qu'ils sont, par définition, exclus du BAIIA.

- Une colonne « Amortissement à exclure » y figure afin de faire ressortir le fait que certains postes du résultat net contiennent une telle charge. En excluant l'amortissement dès le départ, cela permet de cibler plus précisément les composantes du BAIIA ajusté.

- L'impact de l'ajustement d'une seule et même question de comptabilité est inscrit pour tous les postes concernés dans un même mouvement. Par exemple, l'ajustement « *b* » concernant les subventions de 800 000 $ amène, entre autres une diminution des produits de 800 000 $ et une diminution des frais de R&D de 200 000 $. Cette dernière partie de l'ajustement ne doit pas être « oubliée » sous prétexte que le montant est moins important. Lorsqu'un ajustement est identifié comme étant important, chacune des parties de l'écriture de correction doit être intégrée au calcul.

Penser « débit-crédit » est un truc efficace lorsqu'on désire s'assurer d'avoir considéré l'impact complet d'un ajustement donné. Réconcilier l'écriture dans sa tête favorise également la compréhension des éléments plus complexes. Il n'est toutefois pas nécessaire de l'écrire dans la réponse.

Ce sont les ajustements intégrés au calcul qui comptent.

Lorsqu'il n'est pas facile de déterminer quoi calculer, je vous suggère de commencer par un calcul simple. Dans une situation incertaine, certains candidats vont perdre du temps à faire des calculs inutilement longs, trop compliqués ou tout simplement inappropriés. Rappelez-vous qu'il est plus facile d'ajouter des chiffres que de récupérer le temps perdu à faire un calcul inutile. D'autres candidats vont plutôt s'abstenir de faire un calcul sous prétexte qu'il ne sera pas complet. Rappelez-vous qu'il est possible de démontrer – du moins partiellement – votre capacité d'analyse avec un calcul incomplet alors que c'est impossible s'il n'y en a pas! Afin de fournir un calcul raisonnable, la considération des composantes de moindre importance peut être utile.

**Il est préférable d'effectuer un calcul simple et court
que pas de calcul du tout!**

POINT DE VUE

Il faut être conscient que les calculs peuvent facilement et rapidement consommer du temps. Par expérience, je peux vous dire qu'il est très tentant – pour un comptable de surcroît – de vouloir effectuer un calcul complet, en bonne et due forme. Cette attitude n'est pas mauvaise en soi, mais il ne faut jamais perdre de vue que les minutes sont comptées.

Tel l'exemple de calcul approprié présenté à la page précédente, il m'apparaît indispensable de s'assurer d'effectuer « **de manière raisonnable** » les calculs requis par le cas; pas plus, pas moins. Je lis régulièrement des réponses de candidats qui ont malheureusement investi trop de temps dans la préparation de l'analyse quantitative au détriment du reste.

Assurez-vous de bien déterminer l'objectif visé, puis de planifier tout calcul.

NE DIVERGEZ PAS!

JUGEMENT PROFESSIONNEL

QUALITATIF   **QUANTITATIF**

↘   ↙

ÉQUILIBRE

↓

RÉPONSE APPROPRIÉE

La préparation d'un calcul exige parfois l'établissement d'hypothèses de travail. Dans certaines circonstances, il faut estimer le chiffre à utiliser, ou encore, il faut choisir entre deux options. Ce n'est toutefois pas très courant lorsqu'il s'agit de courts cas et, s'il y a lieu, le nombre d'hypothèses à établir est très limité.

Assurez-vous que les circonstances requièrent vraiment l'établissement d'hypothèses de travail.

CARACTÉRISTIQUES DES HYPOTHÈSES DE TRAVAIL

Caractéristiques	Exemples
Les hypothèses **résultent d'un choix**.	Lorsque la donnée est fournie telle quelle dans le cas, ce n'est pas une hypothèse! – Le cas indique que la marge brute moyenne des composants est de 40 %. (A4) Nul besoin d'expliquer la provenance de cette donnée dans le calcul du BAIIA ou du résultat net.
Les hypothèses sont **raisonnables**.	Il faut faire preuve de sens pratique afin de ne pas émettre des hypothèses inappropriées. – Tout en considérant les particularités d'un cas, le taux d'actualisation retenu doit être réaliste. *A priori*, 3 %, c'est trop bas, et 20 %, c'est trop haut!
Les hypothèses **s'appuient sur les informations du cas**.	Il est inutile d'émettre une hypothèse arbitraire! – Lorsqu'il s'agit de faire la répartition de la remise entre deux périodes, il est logique d'utiliser les chiffres de ventes du cas : 1 000 000 $ pour 2012 et 750 000 $ pour 2013. (A5) – Lorsqu'il s'agit d'amortir les subventions de 600 000 $, il faut se baser sur la durée de vie estimée des produits de 3 ans. (A6) – Il serait inutile de supposer un taux d'inflation de 2 %, particulièrement si le cas n'en fait aucunement mention.
Les hypothèses sont **faciles à travailler**.	Comme il s'agit d'hypothèses, il faut faire les choses simplement, sans ajouter de complications inutiles. – À tout prendre, il est plus simple d'utiliser le mode linéaire que le mode dégressif pour amortir une immobilisation.
Les hypothèses sont **brièvement justifiées**.	En général, une phrase suffit pour mentionner quelle est l'hypothèse retenue, et pourquoi. – Ex.: Puisque la durée de vie des équipements requis est de cinq ans, je vais effectuer l'analyse de rentabilité sur cette période.

Il peut certainement arriver qu'un candidat se trompe et prenne, par exemple 60 % pour calculer le coût des ventes des produits de composants alors qu'il devrait plutôt prendre 40 % (A4). Il faut dire qu'une telle erreur n'invalide pas tout le calcul effectué. De plus, dans le processus d'évaluation d'une réponse, il faut se rappeler qu'une erreur n'est pénalisée qu'une seule fois. En outre, on ne vise pas la réalisation d'un calcul parfaitement exact, mais la présentation d'un calcul raisonnable.

**Le correcteur évalue l'ensemble d'un calcul,
ainsi que tout raisonnement sous-jacent,
en fonction des chiffres et hypothèses du candidat.**

POINT DE VUE

En général, il ne faut pas changer les données fournies dans un cas, du moins *a priori*. Certains candidats remettent tout en question, puis changent arbitrairement les données financières intégrées dans leur calcul. Lorsque le cas fournit, par exemple les prévisions de ventes d'un nouveau produit, il faut utiliser ces chiffres. Et ceci, même si l'on « soupçonne » le propriétaire de l'entreprise d'être un peu trop optimiste. Ce sera tout au plus un commentaire qualitatif à inscrire en tant que risque au projet. Un risque, ce n'est pas une hypothèse!

**Il faut détenir des indices clairs et concrets
pour changer les chiffres fournis dans un cas.**

Par contre, si le directeur du Service de marketing mentionne, par exemple que « Les prévisions sont surévaluées de 20 %. », il s'agit d'un indice à considérer. La mention « 20 % » permet le calcul d'un ajustement précis aux données financières. Ce n'est plus strictement arbitraire.

Notons finalement que le temps limité d'un court cas ne permet habituellement pas la préparation d'une analyse détaillée où divers scénarios d'une même situation sont envisagés.

Utiliser le résultat d'un calcul

Avant de passer à l'étape qui consiste à utiliser le calcul effectué, assurez-vous que le résultat obtenu soit vraisemblable.

AYEZ LE RÉFLEXE D'ÉVALUER LA PLAUSIBILITÉ DU RÉSULTAT OBTENU.

Il arrive trop souvent que des candidats jonglent machinalement avec des chiffres sans vraiment les voir. Prenons, par exemple le calcul du résultat net ajusté de DFT. À partir du résultat net actuel de 7 351 $, compte tenu de l'ampleur des ajustements, il serait surprenant d'arriver à un résultat plus élevé, ou encore, d'aboutir à une perte! Avant de continuer la rédaction de votre réponse et de devoir interpréter un chiffre invraisemblable, prenez le temps de valider le résultat obtenu. Il se pourrait, par exemple que vous ayez inscrit « 8 150 $ » au lieu de « 1 850 $ » ou inscrit « + 1 850 $ » au lieu de « – 1 850 $ ». Sans obtenir une preuve formelle que le calcul est exact, il est certainement possible d'estimer un intervalle ou d'établir un point de repère plausible qui le validera. Dans certaines circonstances, le cas peut même contenir des indices pouvant vous orienter sur le sens des résultats à venir. (Partie 3, p. 33)

Il est indispensable d'INTERPRÉTER TOUT CALCUL effectué. À quoi sert-il? LE RÉSULTAT OBTENU DOIT ÊTRE UTILISÉ. Un calcul constitue rarement l'essentiel d'un problème ou enjeu, particulièrement dans un court cas. Autrement dit, le calcul fait partie d'une analyse qualitative qui l'englobe. Il n'est pas une fin en soi. Le calcul de la provision pour promotion, par exemple, pourra servir la discussion comptable ou la discussion fiscale. En outre, le fait de déterminer si la clause restrictive est respectée permet d'évaluer la solvabilité de l'entité, par exemple. Personnellement, afin de m'assurer de ne pas l'oublier, j'inscris une conclusion dans l'annexe même du calcul dès qu'il est terminé. Certains candidats préfèrent l'écrire dans le corps même du texte de la réponse; cela ne fait aucune différence.

**Ce n'est pas le résultat obtenu qui compte,
mais la qualité de l'interprétation qu'on en fait.**

À ce moment-ci, je désire vous sensibiliser sur la différence entre un énoncé et une interprétation.

Un **énoncé** exprime en mots ce que les calculs montrent.

Une **interprétation** concerne **le sens** ou **l'utilité** du calcul.

C'est dans l'interprétation du résultat obtenu que le candidat exerce son jugement professionnel et démontre sa capacité d'utiliser un calcul à des fins précises. En d'autres termes, un calcul fait partie intégrante de la résolution des problèmes ou enjeux du cas.

EXEMPLES D'INTERPRÉTATION DU RÉSULTAT D'UN CALCUL

Calcul du ratio de trésorerie générale
500 000/400 000 = 1,25

Énoncé : Le ratio de trésorerie est de 1,25.

Exemples d'interprétation :

Le ratio de 1,25 est supérieur au seuil minimal de 1,0 requis par le créancier hypothécaire.

OU

Le ratio de 1,25 est supérieur à celui du secteur d'activité qui se situe aux environs de 0,80, ce qui confirme la présence d'un excédent d'inventaire.

OU

Le ratio de 1,25 est inférieur à l'objectif du contrôleur de le maintenir au-dessus de 1,40.

L'interprétation d'un calcul requiert une certaine analyse ou une certaine intégration, ce qui exige davantage d'effort. Dans l'exemple ci-dessus, énoncer que « Le ratio de trésorerie est de 1,25. » n'est pas très utile. C'est dire en mots ou résumer ce que le résultat du calcul montre clairement et, à ce titre, **ce n'est pas une idée nouvelle**, c'est une évidence!

POINT DE VUE

Dans l'exemple du cas DFT présenté précédemment (p. 74), le BAIIA ajusté de 13 941 000 $ est inférieur – mais de peu – à la cible de 14 000 000 $. *A priori*, un tel résultat est plus facile à interpréter, puisqu'il vient en quelque sorte prouver le parti pris de la direction. Il faut toutefois être conscient de la possibilité que le résultat obtenu puisse être supérieur à la cible de 14M. Une erreur dans l'ajustement d'une question de comptabilité peut faire une différence. Ainsi, le simple fait de ne pas considérer l'ajustement de la remise de 129 000 $ porte le BAIIA à 14 070 000 $.

**Tout résultat doit être interprété,
même s'il va à l'encontre des attentes initiales.**

Un candidat qui obtient un chiffre de 14 070 000 $ peut signaler que c'est très près de la cible de 14 000 000 $. Il peut même ajouter que la majorité des ajustements de la période diminuent le résultat net, et qu'il est possible que la cible ne soit pas atteinte suite à la finalisation des états financiers. Un tel résultat ne l'empêche également pas de constater le parti pris de la direction à effectuer des ajustements qui augmentent le BAIIA. (A33)

**L'important est de fournir une interprétation valable,
qui tienne compte des particularités du cas, quel que soit le résultat obtenu.**

En outre, le correcteur va s'attarder sur le contenu de la colonne « ajustements ». Écrire « XXX » ou 0 $, par exemple, ne serait pas très utile. Lorsque requis, l'argumentation qualitative apparaît généralement dans la partie texte de la réponse.

ÉLÉMENTS POUVANT BONIFIER L'INTERPRÉTATION DU RÉSULTAT D'UN CALCUL

Comparaison	Dans l'objectif de dégager un profil, une relation ou une tendance, le résultat d'un calcul peut être comparé d'une période à l'autre, être confronté au secteur ou être exprimé en pourcentage d'une donnée de référence. Vous pouvez également faire preuve de sens pratique face à la quantité obtenue par un calcul du point mort ou dans l'interprétation d'un délai de récupération, par exemple. Ex.: Au cours des derniers mois, le prix des actions de Réacto a chuté d'environ 20 %. Pendant la même période, l'indice boursier du marché pris dans son ensemble a grimpé d'environ 3 %. Pour fins de comparaison, il est essentiel de pouvoir disposer de données qui sont, en soi, comparables. Le calcul du taux après impôts permet la comparaison de diverses options de financement, par exemple.
Objectif du calcul	Un retour à l'objectif écrit dans l'en-tête de la page du calcul (ex.: recalculer le résultat net) constitue un bon point de départ à l'interprétation. Ex.: « Le seuil de signification a été estimé initialement en juillet, à 434 000 $, soit 5 % du résultat net avant impôts qui est de 8 681 000 $. Mon estimation révisée, calculée selon la même base, mais en tenant compte des ajustements comptables notés (5 % de 8 457 000 $), s'établit à 422 850 $. » (A23) N.B. Le candidat qui a procédé au calcul du BAIIA ajusté, comme l'exemple de calcul approprié ci-dessus (p. 74), devra procéder à des ajustements supplémentaires. Il pourra rapidement effectuer le calcul suivant : BAIIA ajusté 13 941 Amortissement (430 + 1 620 + 2 995) - 5 045 Intérêts - 314 8 582 Seuil de signification révisé (5 %) 429
Particularités du contexte	Il est parfois possible d'établir un lien avec l'une ou l'autre des particularités du cas, tels les objectifs, besoins, parti pris et comportements des parties prenantes, les pratiques et politiques de l'entité ou les contraintes. Ex.: « Cependant, si on se fonde sur les ajustements comptables recommandés, le BAIIA ajusté serait d'environ 13 766 000 $, donc en deçà du seuil de 14 millions $. En conséquence, la direction sera très sensible aux ajustements proposés, car le seuil établi pour les primes ne sera plus atteint. » (A33) N.B. En considérant l'exemple de calcul approprié présenté ci-dessus (p. 74), le montant de BAIIA ajusté serait plutôt de 13 941 000 $.

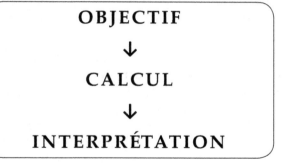

OBJECTIF

↓

CALCUL

↓

INTERPRÉTATION

80

POINT DE VUE

Certains candidats escamotent l'analyse qualitative lorsque le résultat obtenu de l'analyse quantitative n'est pas conforme aux attentes. Ce n'est pas une bonne idée. Ils vont, par exemple laisser tomber l'analyse des avantages et inconvénients de l'acceptation d'une commande spéciale sous prétexte que la somme des coûts variables est supérieure au prix offert par le client. On peut dire, en effet, qu'il s'agit d'une raison valable pour refuser la commande. Je vous rappelle d'ailleurs, tel que vu dans la Partie 5 (p. 69), que l'aspect financier prédomine lorsqu'il s'agit de faire un choix ou de prendre une décision.

Quoi qu'il en soit, IL FAUT PRÉSENTER UNE ANALYSE COMPLÈTE SUR LE SUJET, même lorsque la recommandation est connue à l'avance. Il est d'ailleurs fort possible que le seuil de réussite exige que le candidat prépare une analyse qualitative et une analyse quantitative raisonnables afin de justifier de manière appropriée la recommandation.

J'aimerais finalement attirer votre attention sur le fait qu'une analyse quantitative comprend naturellement une partie strictement mathématique. Il faut, par exemple multiplier les produits par 60 % afin d'obtenir l'ajustement du coût des ventes. Ce n'est toutefois pas vraiment la multiplication qui compte dans l'évaluation de la réponse, mais le fait de penser à l'ajustement du coût des ventes et, par la suite, de l'avoir correctement établi. Je soulève ce point parce qu'il faut comprendre que l'aspect mathématique est habituellement bien fait par la majorité des répondants. Ce n'est donc pas ce qui permet à un candidat de se distinguer des autres.

Or, il arrive souvent que des candidats ne comprennent tout simplement pas pourquoi ils n'ont pas réussi la section calcul d'un cas. D'une part, il se peut que les composantes retenues dans le calcul soient de moindre importance ou peu importantes. Il y a assurément des composantes qui demandent davantage de réflexion que les autres.

Pour réussir un calcul, il faut considérer les composantes importantes.

D'autre part, il se peut qu'une bonne partie du travail réalisé par le candidat soit strictement mathématique ou soit essentiellement une reproduction des données fournies dans le cas. Multiplier tous les chiffres par 1,02, par exemple pour tenir compte de l'inflation, est une action essentiellement mathématique, sans véritable contenu. Le candidat peut avoir l'impression d'avoir accordé un temps raisonnable aux calculs, alors que ce n'est pas vrai.

Présenter ses calculs avec efficience

Tel que mentionné ci-dessus, il faut d'abord identifier l'objectif visé par le calcul, puis déterminer quelles sont les principales composantes. Il faut également planifier l'ampleur du calcul ainsi que les étapes nécessaires à sa réalisation. Lorsqu'on a besoin, par exemple de s'assurer que le ratio de trésorerie respecte la limite imposée par la banque, il n'est alors pas nécessaire de refaire l'état de la situation financière (bilan) au complet. On cible plutôt les postes ou groupes de postes composant l'actif et le passif courant (à court terme).

Lorsqu'il s'agit de redresser une partie des états financiers, il y a deux façons de faire : la méthode directe ou la méthode indirecte. La **méthode directe** consiste à refaire un état financier, ou une partie de celui-ci, en partant de la liste des postes actuels, non ajustés. On inscrit par la suite les ajustements requis afin d'extrapoler le solde ajusté de chacun des postes. Le calcul du résultat recherché est par la suite effectué. En utilisant cette méthode, nous avons précédemment recalculé le BAIIA de DFT (p. 74). Cette manière d'effectuer un calcul est retenue dans la plupart des solutions officielles de cas.

Il arrive parfois que la **méthode indirecte** puisse être utilisée. Compte tenu de l'objectif visé, le calcul débute plutôt avec le total ou le sous-total des postes cibles auquel on applique les ajustements requis. Le résultat obtenu sera le même, mais la réalisation du calcul requiert un laps de temps plus court.

CAS DFT – EXEMPLE DE CALCUL APPROPRIÉ (méthode indirecte) À comparer à la p. 74.

Objectif : Recalculer le BAIIA en fonction des ajustements comptables

Résultat avant impôts (A7)			10 501
PLUS : Intérêts			314
PLUS : Amortissement		'=430+1620+2995	5 045
BAIIA non ajusté	Note		**15 860**
Produits non gagnés – Indo	a	- 1 850	
Coût des ventes (40 %)	a	+ 1 110	
Subventions différées	b	- 800	
Portion au résultat net	b	+ 200	
Radiation R&D – Arès	c	- 450	
Remise reportée en 2013	d	<u>- 129</u>	**- 1 919**
BAIIA ajusté			**13 941**

Il n'est donc pas toujours nécessaire de refaire un état au complet, en bonne et due forme, pour obtenir le résultat recherché. Cela dépend des besoins et du nombre de postes concernés. Lorsque le résultat d'un seul chiffre, en l'occurrence le BAIIA, est nécessaire à l'analyse, la méthode indirecte répond aux besoins. Il en serait autrement si l'on avait besoin du solde ajusté de chacun des postes importants de l'état afin d'effectuer une analyse comparative avec la période précédente, par exemple. **Lorsque les ajustements sont nombreux, et que l'état contient peu de postes, la méthode directe est habituellement retenue.** Dans l'exemple du calcul du BAIIA ajusté de BFT, la plupart des postes du résultat net nécessitent un ajustement. En conséquence, le temps nécessaire au calcul, avec l'une ou l'autre méthode, est à peu près le même.

Finalement, lorsque les ajustements à faire impliquent un petit nombre de postes, il est inutile de recopier le solde des postes qui demeurent inchangés. Dans le calcul du ratio de trésorerie générale ajusté, par exemple, il serait inutile de reprendre chacun des postes du fonds de roulement si le seul ajustement à faire concerne le poste Stocks.

POINT DE VUE

Lorsqu'il s'agit d'ajuster des données financières, la méthode indirecte est généralement plus rapide. Elle est toutefois un peu plus complexe. Certains candidats peuvent avoir de la difficulté à déterminer correctement le signe de chacun des ajustements. D'autres peuvent avoir besoin d'un portrait plus détaillé de la situation afin de bien saisir toutes les implications.

Il faut être à l'aise avec la méthode indirecte, car il est malheureusement plus facile de faire un oubli ou de se tromper. Quoi qu'il en soit, comme nous le verrons à la Partie 7, il est utile de réconcilier les calculs d'une solution officielle en utilisant la méthode indirecte; question de valider sa compréhension de ce qui se passe. Cela permet également de faire l'expérience de différentes façons d'atteindre un même objectif.

Les calculs sont généralement réalisés à l'aide d'un logiciel, tel *Excel*. Ils sont, par le fait même, présentés en annexe en guise de complément au texte de la réponse. Je vous suggère d'utiliser un onglet différent pour chacun des calculs effectués, puis de les désigner individuellement (A, B, … ou 1, 2, …). Afin de permettre au correcteur d'évaluer l'analyse qualitative et l'analyse quantitative dans un même mouvement, **assurez-vous de faire une référence appropriée à l'annexe comprenant vos calculs.** Je vous suggère d'ailleurs d'inscrire brièvement cette référence dès le début de l'analyse du problème ou enjeu concerné. Rappelez-vous aussi qu'un court calcul peut être présenté dans le corps même du texte, entre parenthèses.

Lorsque le calcul s'accompagne de notes explicatives ou d'hypothèses de travail, je vous suggère de les placer sur la même page que le calcul auquel elles se rapportent. Personnellement, je les place à la toute fin pour que le calcul effectué apparaisse dès l'ouverture du fichier. Une courte explication (ex.: 30 %) ou une courte hypothèse (ex.: supposer constant) peut toutefois s'intercaler entre deux lignes de calcul sans altérer l'apparence professionnelle de la réponse.

CAS DFT

Lorsqu'il s'agit d'ajuster des données financières en fonction de l'analyse de diverses questions de comptabilité, le candidat peut effectuer son calcul au fur et à mesure de l'analyse qualitative ou à la toute fin de celle-ci. Pour des raisons d'efficience, je vous suggère tout d'abord de créer le cadre du calcul à effectuer en y listant les postes concernés.

Ce cadre est ensuite rempli au fur et à mesure de l'avancement de l'analyse qualitative. Lorsque la discussion sur un sujet se termine, on reporte alors l'ajustement requis, ainsi que les explications afférentes, dans le calcul présenté en annexe. Cela élimine la nécessité de devoir ultérieurement revenir en arrière afin de retracer quel est l'impact de l'une ou l'autre des questions comptables.

Vous feriez de même dans le cadre du calcul de l'effet cumulatif des anomalies non corrigées, par exemple.

Vous avez probablement déjà compris que l'analyse quantitative doit répondre aux mêmes impératifs que l'analyse qualitative. Elle doit être planifiée dans le but d'inclure essentiellement des idées pertinentes et nouvelles, présentées avec efficience. Les notions exposées au cours des parties précédentes de ce volume s'appliquent donc également à la réalisation des calculs. En conséquence, je vous suggère :

➢ *de ne pas faire de calculs inutiles.* Il est naturel, par exemple de calculer la marge brute d'un état du résultat net présenté en bonne et due forme. Dans la réponse d'un cas, compte tenu du temps limité, un tel sous-total est rarement utile. De même, calculer le Résultat avant impôts, puis le montant des Impôts afin d'obtenir le Résultat net, peut être fait plus rapidement. Prendre le Résultat avant Impôts, puis le multiplier directement par « 1 - taux d'impôt », aboutit au même résultat. Finalement, s'il y a lieu, faites l'addition de tous les ajustements avant de calculer l'impact fiscal. Cela vous évitera d'effectuer un calcul à chacun d'eux. Le même raisonnement s'applique lorsqu'il s'agit d'actualiser des données financières.

➢ *de préciser le sens des chiffres.* Par expérience, je peux vous dire qu'il est facile de s'empêtrer dans les chiffres et de se tromper en faisant l'opération mathématique. Savoir dans quel sens ajuster un poste est une chose, l'identifier de manière à ce que ce soit correctement considéré par le logiciel de calcul en est une autre. Personnellement, pour des raisons de simplicité, j'inscris un « – » devant tous les chiffres qui doivent être soustraits. Par exemple, dans l'objectif de recalculer un résultat net, tout ce qui diminue ce résultat sera précédé par ce signe. De cette manière, la fonction « SOMME » répond facilement et rapidement à la majorité des besoins.

➤ *d'abréger les rubriques utilisées.* Par réflexe, la plupart des candidats prennent le temps – trop même – d'inscrire en détail chacune des rubriques. Ce n'est vraiment pas nécessaire, puisque l'essentiel de l'analyse quantitative concerne le calcul lui-même. Vous pouvez donc – et je vous le suggère fortement – abréger davantage vos mots que dans l'analyse qualitative. Ainsi, « Frais G + A » suffit pour « Frais généraux et administratifs » et « Impôts », ou même « I », remplace « Impôts sur le revenu ». Il serait d'ailleurs inutile de mentionner que les chiffres sont « en milliers de dollars canadiens » s'il en est ainsi dans le cas. (A7)

Naturellement, lorsque les mêmes rubriques servent pour plus d'un calcul, la présentation d'un tableau dans un format comparatif est à envisager. Par exemple, la définition d'un ratio peut servir au calcul de ce ratio pour deux périodes. Il en serait de même pour un calcul de flux de trésorerie sur plus d'un an.

RAPPEL : PRÉÉMINENCE DE LA SUBSTANCE SUR LA FORME

POINT DE VUE

Il faut considérer le fait que le lecteur de votre réponse – en l'occurrence le correcteur – obtient généralement la réponse à évaluer dans le format *pdf*. En d'autres termes, **il voit seulement ce qui est apparent**. Faites l'exercice d'imprimer l'une de vos analyses quantitatives afin de prendre connaissance de ce que le correcteur reçoit. Ou encore, demandez un visuel de l'impression à venir pendant la simulation.

Tout comme moi, vous comprendrez que :

– les pages sont ordonnancées de haut en bas; pas de gauche à droite. Lorsqu'un calcul s'étend sur un grand nombre de colonnes, la partie qui excède la page courante sera présentée plus loin. Les pages d'un même calcul ne sont donc pas automatiquement présentées les unes à la suite des autres.

  SOLUTIONS : – restreindre le nombre ou la largeur des colonnes;
  – utiliser le format « paysage ».

– les formules utilisées n'apparaissent pas. C'est le résultat obtenu qui est visible.

  SOLUTION : précéder la formule d'un signe quelconque et la présenter dans la cellule d'à-côté. Ex.: « '=430+1620+2995 » (p. 81)

N.B. Il faut seulement présenter les formules utiles à la compréhension du lecteur, telle la pondération du bénéfice normalisé dans la détermination de la valeur d'une entreprise. Il n'est pas nécessaire, par exemple de présenter les formules de base utilisées dans le calcul du BAIIA de DFT (p. 74 et 81).

N.B. Il est possible d'utiliser les lettres A,B,C... (colonnes), ainsi que les chiffres 1,2,3... (lignes), dans les formules, puisque ces références apparaissent à l'impression.

– le texte d'une cellule qui excède la largeur de la colonne ne se retrouve pas nécessairement à l'endroit voulu!

➤ *de ne pas encombrer le calcul effectué.* Les chiffres peuvent être arrondis et le symbole « $ » n'est pas nécessaire. Certes, vous pouvez me dire que l'inscription de « 000 » au bout de chaque chiffre se fait rapidement. C'est vrai, mais le fait de dégager la feuille de calculs fait davantage ressortir l'essentiel. Il faut également éviter d'intercaler de trop longues explications dans les calculs.

  N.B. Une autre mesure que le dollar, tel le nombre de litres, par exemple, devrait être signalée; une seule fois, au début de la ligne ou dans le haut de la colonne.

POINT DE VUE

Il peut certainement arriver que la résolution de l'un ou l'autre des problèmes ou enjeux du cas fasse ressortir un élément n'ayant pas été considéré dans un calcul précédemment effectué. L'ajout ultérieur d'une composante supplémentaire peut même entraîner un changement dans l'interprétation du résultat obtenu.

Lorsque la composante est importante,
l'idéal est de prendre le temps d'effectuer le changement : calcul et interprétation.

Par manque de temps, ce n'est toutefois pas toujours possible. Sachez que vous pouvez insérer un chiffre dans un calcul sans pour autant modifier le résultat final. En plaçant, par exemple un « ' » devant le chiffre, ce dernier ne sera tout simplement pas considéré par la formule de calcul. Vous aurez toutefois intégré l'ajustement en question dans l'analyse quantitative.

C'est la compréhension du concept qui compte,

pas le calcul mathématique.

➤ *d'éviter les répétitions.* Il est d'ailleurs très facile de faire des répétitions lorsqu'il s'agit de notes explicatives ou d'hypothèses. Quand la justification d'un ajustement figure dans le texte de la réponse, il n'est pas nécessaire de l'expliquer de nouveau dans l'annexe du calcul. Par exemple, le calcul du montant de 129 000 $ (A11 : 128 751 $) de la remise à reporter en 2013 nécessite une explication qui se développe à même l'analyse qualitative. Nul besoin de rappeler l'essentiel de la discussion en annexe. Faites une courte référence, ou encore, utiliser rapidement la fonction « copier/coller ». Personnellement, j'utilise des lettres en guise de référence aux notes explicatives et hypothèses, tout simplement pour éviter la confusion avec les chiffres. La même référence doit d'ailleurs être utilisée pour tous les postes ou ajustements d'un même sujet.

En outre, il faut minimiser le temps alloué au recopiage des données fournies dans le cas. Quoiqu'indispensable, la colonne rappelant les chiffres non ajustés (p. 74) (A18) n'a pas de valeur comme telle lorsqu'arrive le temps de l'évaluation du calcul.

Il faut identifier le moyen le plus efficient d'atteindre l'objectif visé.

➤ *de ne pas sur-expliquer ce qui est évident.* Dire en mots ce que les chiffres montrent clairement est inutile. Par exemple, dire « Je vais additionner le montant des intérêts et de l'amortissement au Résultat avant impôts afin d'obtenir le chiffre du BAIIA. » n'ajoute rien au calcul proprement dit. Comme l'exemple ci-dessus (p. 81), le calcul est simple et facile à suivre. De même, indiquer « 40 % » entre parenthèses à côté du poste Coût des ventes n'a pas besoin de plus amples explications. Il est inutile d'expliquer la provenance des chiffres qui sont donnés tels quels dans le cas. Vous remarquerez d'ailleurs que le même chiffre est rarement utilisé plus d'une fois, ce qui permet de retracer rapidement ce à quoi il se rapporte.

Partie 7
Analyser un cas simulé

Ne pas perdre de vue les paramètres du cas
Comprendre les idées de la solution proposée
Analyser le guide d'évaluation

« Il y a toujours une explication et la trouver vous aidera
à développer votre compétence dans la résolution de cas.»

traduit de : © Deslauriers Sylvie, *CGA = COMPETENCY*, AB + Publications, 2012, page 42.

Partie 7
Analyser un cas simulé

Dans un objectif d'amélioration continue, il m'apparaît indispensable de procéder à l'analyse en profondeur de chacun des cas simulés. Je crois personnellement qu'il faut consacrer, en moyenne de deux à trois fois plus de temps à l'analyse d'un cas qu'à sa simulation proprement dite. Il faut prévoir, par exemple un temps d'étude post-simulation de 140 à 210 minutes (2 à 3 heures) pour un cas de 70 minutes. Je vous suggère de procéder à l'analyse d'un cas dès que possible après sa simulation. Ce sera encore frais dans votre mémoire. À mon avis, l'idéal serait à tout le moins de lire la solution proposée le jour même de la simulation; le reste du travail pouvant à la rigueur attendre quelques jours.

Un cas s'accompagne habituellement d'une solution « proposée » ou « officielle » qui intègre ou qui présente à part un guide d'évaluation. Cette solution contient l'essentiel des idées pertinentes et nouvelles qui répondent aux diverses demandes du cas. Quant au guide d'évaluation, il explique comment évaluer – ou corriger – la réponse d'un candidat. Bien que ces deux parties soient intrinsèquement reliées, je reviendrai un peu plus loin sur l'analyse du guide d'évaluation.

Ne pas perdre de vue les paramètres du cas

Tel que mentionné dans les parties précédentes, les paramètres du cas servent de guide et de cadre de référence tout au long de la lecture (p. 1) et de la rédaction de la réponse (p. 30). Lorsque vient le temps d'analyser un cas simulé – puis éventuellement de le corriger –, il est important de considérer l'influence de ces particularités sur la résolution des problèmes ou enjeux.

INFLUENCE DES PARAMÈTRES DU CAS SUR LA SOLUTION PROPOSÉE

Paramètre du cas	Exemples (CAS DFT)
Le contexte Quelles sont les informations de base qu'il faut mettre en relief pour mieux comprendre l'environnement de l'entité à l'étude?	DFT œuvre dans le secteur des technologies. (A3) En conséquence, – La nature des activités de DFT est un facteur à tenir compte dans l'évaluation des risques d'audit. (A24) – « L'évaluation » du poste Frais de développement différés (A14, A15) et du poste Stocks (A13) est l'aspect critique à analyser. – Du financement public a été obtenu afin d'aider DFT à développer de nouveaux produits. (A12, A13) – Les frais de développement différés sont amortis sur une courte durée, soit 3 ans. (A13, A18, A20)

**Il faut faire ressortir les particularités
de la solution proposée.**

INFLUENCE DES PARAMÈTRES DU CAS SUR LA SOLUTION PROPOSÉE

Paramètres du cas	Exemples (CAS DFT)
Le rôle Quel est l'angle avec lequel les problèmes ou enjeux doivent être abordés? Quelle est la personnalité que le cas vous demande d'adopter?	L'auditeur doit évaluer l'incidence du nouveau programme de primes sur sa mission d'audit. – L'existence de ce programme augmente le risque d'audit. (A24) – L'appui de la direction sur le BAIIA pour fins du calcul des primes suggère la nécessité d'établir un seuil de signification moins élevé pour les travaux. (A23) – Des procédures supplémentaires doivent être mises en œuvre. (A25 à A30) Le rôle fondamental d'un auditeur n'est pas de se questionner sur le bien-fondé du programme de primes. L'aspect « gestion » de ce programme est d'ailleurs considéré comme étant un enjeu négligeable. (A37)
La demande Quel est le travail à faire? Quels sont les problèmes ou enjeux? Quels sont les sujets importants?	– Tel que demandé, la solution proposée comprend deux grandes sections : comptabilité et audit. – L'ampleur des sommes en jeu quant à leur incidence sur le BAIIA détermine l'importance des sujets à analyser. (Partie 2, p. 21) – Outre la mention du traitement comptable approprié, il faut s'interroger sur son IMPACT financier.

Face à la solution proposée d'un cas :

- Assurez-vous de pouvoir expliquer la présence (ou l'absence) ainsi que l'importance de chaque problème ou enjeu.
- Procédez à l'identification de l'aspect critique de chacun des sujets.
- Faites l'effort de retracer tous les indices justifiant la présence d'un enjeu moins explicite ou indirect, telle la remise en question de l'intégrité de la direction. (A34)
- Remarquez le niveau de profondeur des différents sujets.
- Relevez les inter-relations entre les diverses parties analysées.

Comprendre les idées de la solution proposée

Il est essentiel de lire attentivement la solution proposée afin de profiter de l'occasion pour parfaire vos connaissances des problèmes ou enjeux en cause. Chaque idée, chaque argument et chaque calcul doit être compris, peu importe son importance dans le cas. Les documents de référence, tels les normes comptables et les règles fiscales, doivent être sous la main et régulièrement consultés. Il se peut qu'un candidat ait manqué d'idées, qu'il se soit trompé ou qu'il n'ait pas su, par exemple analyser de manière adéquate la question comptable du financement public reçu. Au fil des simulations, il faut relever ces sujets qui exigent une étude supplémentaire et les inscrire à l'agenda. Il faut également observer de quelle manière les concepts théoriques sont appliqués au contexte particulier du cas.

POINT DE VUE

Certains candidats simulent un cas, puis se rendent directement au guide d'évaluation afin de corriger leur réponse sans plus attendre. Ils ne lisent pas ou lisent très peu la solution proposée, au besoin seulement, afin de prendre connaissance d'un calcul, ou encore, afin de clarifier ce que peut vouloir dire « analyse certaines des procédures d'audit » (A31).

En débutant l'analyse d'un cas par l'application du guide d'évaluation, le point de mire devient l'évaluation de la réponse. En « choisissant » de lire seulement une partie de la solution proposée, dans l'objectif de compléter le guide d'évaluation, certains aspects pourtant fort utiles ne sont tout simplement pas considérés. Les candidats qui procèdent comme tel ne bénéficient pas pleinement de tout ce que la solution peut révéler, limitant ainsi l'apprentissage par l'expérience.

Je vous suggère de débuter l'analyse d'un cas par la compréhension des idées présentées dans la solution proposée. D'une part, cela permet de réviser ou de parfaire des notions déjà apprises.

C'EST UNE EXCELLENTE SOURCE D'IDÉES.

En outre, un sujet de moindre importance dans un cas peut très bien se trouver au premier plan dans la résolution d'un autre. D'autre part, une bonne compréhension de la solution suggérée facilitera grandement l'évaluation ultérieure de la performance de votre réponse.

Il ne faut pas seulement « lire » la solution proposée,

il faut « étudier minutieusement chaque composante ».

La lecture doit être active, remplie de questionnements et de remises en question. Elle doit également être faite de manière interactive avec les informations du cas ou toute autre référence utile. Outre la compréhension des idées émises, l'analyse de la solution proposée doit également vous permettre de développer votre capacité de résoudre un cas de manière appropriée.[1]

Lier la solution aux indices du cas

Les idées énoncées dans la solution proposée ne sont certainement pas le fruit du hasard. Elles dépendent et découlent directement des informations (indices et paramètres) fournies dans le cas. Je vous suggère de faire régulièrement l'exercice de pointer l'une ou l'autre des idées de la solution proposée et d'expliquer comment, à partir du cas, vous auriez pu y penser. En d'autres termes, il faut retracer l'information qui explique la présence de l'idée dans la solution. Cela vous permettra de comprendre comment les idées de la réponse découlent du cas simulé, tout en vous aidant à améliorer la qualité de la lecture du cas suivant. Vous vous apercevrez ainsi que le texte de chaque cas contient indéniablement une foule d'informations pertinentes à la résolution des problèmes ou enjeux.

INFORMATIONS DU CAS

↓

SOLUTION PROPOSÉE

---

1 L'Annexe A illustre la façon d'analyser le contenu de la solution proposée du cas DFT. (A9 à A39)

POINT DE VUE

Les candidats sont fréquemment surpris de constater à quel point le cas contient les informations qui initient la rédaction d'idées pertinentes. Le lien est immuable. En fait, le processus est simple. Lorsqu'un professeur ou un auteur désire que tel ou tel sujet soit développé dans la réponse, il inclut les informations nécessaires dans le cas. Nous avons précédemment mentionné ceci dans la Partie 3 (p. 31) : Sans indice valable provenant du cas, la discussion demeure générale ou théorique.

L'utilisation des informations du cas est indispensable

à l'élaboration d'une réponse appropriée.

EXEMPLES DE LIENS
ENTRE LES IDÉES DE LA SOLUTION PROPOSÉE ET LES INDICES DU CAS

Idées de la solution proposée	Indices du cas
L'analyse du point mort établit le nombre minimal d'unités qu'il faut vendre pour un résultat net nul.	Les coûts fixes du secteur d'activité sont élevés, particulièrement lorsqu'il s'agit d'un nouveau produit.
Il faut identifier, puis analyser les postes pour lesquels la variation est la plus importante. Le calcul de certains écarts complète la discussion.	La présidente, Audrey, cherche à comprendre pourquoi le résultat (bénéfice) réel est inférieur au résultat (bénéfice) prévu alors que les ventes ont augmenté.
– Dans l'intention de manipuler le BAIIA et d'augmenter ses primes, la direction pourrait être tentée « d'inscrire des éléments de charges à l'actif ». (A33) – « Maintien du report des frais de développement afférents à un produit spécifique dont le développement a été abandonné... » (A34)	DFT doit sans cesse réinvestir en R&D pour que ses produits demeurent pertinents et compatibles avec les technologies les plus récentes. (A4)

Vous remarquerez parfois que l'indice du cas est clair et direct, comme la demande de la présidente. Dans d'autres circonstances, l'indice peut faire partie des informations décrivant l'entité du cas, telle la nécessité pour DFT de « sans cesse réinvestir en R&D ». Il arrive aussi qu'une information donnée pour un enjeu puisse être utile dans un contexte différent. Prenons, par exemple la situation où une vérification de la TPS/TVH a entraîné une nouvelle cotisation de 125 000 $ (A6). Outre le traitement comptable de cette cotisation, cet événement peut amener l'auditeur à se questionner sur la qualité de la comptabilité et de la tenue de livres (A24). Finalement, il vous faudra parfois réunir deux ou trois indices situés à des endroits différents du cas pour expliquer le contenu de la solution proposée.

POURQUOI?

C'est la question à se poser dans l'analyse d'un cas.

Intégrer concepts théoriques et indices du cas

Tout au long de votre analyse, je vous suggère de porter une attention particulière aux notions et concepts théoriques auxquels la solution proposée fait référence.

Quels sont les concepts (normes, règlements, lois, principes, etc.)

ayant été utilisés pour résoudre les différents problèmes ou enjeux?

Dans la solution proposée du cas DFT, je fais régulièrement ressortir le concept sous-jacent à l'analyse, tel le concept « quasiment certain » pour le sujet éventualité (A15). Dans certaines circonstances, je prépare un diagramme qui illustre les événements (A12) ou un tableau qui résume les notions (A16).

Vous pouvez également remarquer qu'il n'y a pas – ou très peu – d'exposés strictement théoriques dans la solution officielle d'un cas. Le rappel des normes comptables (en italique) vise uniquement un but pédagogique. Il faut, tel que discuté dans la Partie 3, **intégrer simultanément la théorie au cas**, dans la même phrase ou dans le même paragraphe. Personnellement, afin d'assimiler le processus de rédaction, je fais fréquemment ressortir les informations provenant du cas (en jaune) et les concepts théoriques utilisés (en orange). L'usage de différentes couleurs me permet d'observer facilement la façon dont les idées s'imbriquent les unes aux autres. Naturellement, un soulignement ou signe quelconque, telle une flèche ou une accolade, peut être tout aussi efficace.

EXEMPLES D'INTÉGRATION
DES CONCEPTS THÉORIQUES AUX INFORMATIONS DU CAS

- Le coût de la rémunération du propriétaire est considéré comme excessif, car il comprend des primes totalisant 500 000 $ cette année. Le versement d'une telle rémunération n'est pas une pratique normale de l'entité, et le montant devrait donc être exclus du calcul du bénéfice normalisé.

  bénéfice normalisé : bénéfice ajusté pour éliminer les éléments non récurrents et inhabituels

- À l'heure actuelle, Charité Internationale n'a pas reçu son statut d'organisme de bienfaisance enregistré. Votre don de 2 500 $ n'est donc pas déductible.

  organisme enregistré → don déductible

- Notre collègue, M. Smith, n'a pas respecté le Code de déontologie concernant la protection de l'information confidentielle lorsqu'il a remis le budget de la prochaine année à l'acheteur potentiel.

  Collègue? → Penser au Code de déontologie!

Les exemples ci-dessus illustrent comment les concepts théoriques sont appliqués aux particularités du cas.

L'HABILETÉ PROFESSIONNELLE « INTÉGRATION » EST DÉMONTRÉE.

Il est également possible de faire ressortir l'essentiel des idées véhiculées. La définition du « bénéfice normalisé », par exemple, est brièvement mentionnée. Quant aux relations de cause à effet, elles sont mises en évidence de manière succincte.

POINT DE VUE

L'observation de toute solution proposée nous mène vers une constatation importante :

IL FAUT CONNAÎTRE LA THÉORIE LORSQU'ON RÉDIGE UN CAS.

Un candidat qui ne se rappelle pas, par exemple que les dons de charité sont déductibles seulement s'ils sont remis à des organismes enregistrés, ne pourra pas fournir une réponse appropriée sur cette question.

De plus, il faut savoir choisir quel est l'aspect concerné dans une situation donnée. Dans le cas DFT, par exemple, ce n'est pas la détermination du coût d'acquisition des stocks de Zeus qui pose problème, mais la détermination de la valeur nette de réalisation (A13). La présence d'une discussion sur le premier aspect ne peut compenser l'absence d'une discussion sur le deuxième.

Il faut identifier les notions et concepts théoriques qui s'appliquent au cas.

En conclusion, il y a des façons de faire ou des « techniques » qui peuvent vous aider à améliorer votre performance dans la rédaction de cas. Toutefois, cela ne peut compenser le manque de connaissances. Nous reviendrons sur la manière de retenir les notions et concepts dans le but de favoriser votre réussite dans la Partie 10.

Faire ressortir les idées pertinentes

Vous devez apprendre à faire ressortir les idées pertinentes et nouvelles contenues dans la solution proposée. Puisque celle-ci est rédigée dans un texte continu, présenté sous la forme d'un rapport professionnel, il est normal que le style d'écriture soit plus recherché, voire allongé. Il faut donc en arriver **à identifier les idées qui peuvent être prises en compte par le correcteur** lors de l'évaluation d'une réponse.

La page suivante contient deux exemples où les idées pertinentes et nouvelles d'une solution proposée sont soulignées d'un trait simple. L'exercice de rédaction présenté dans la colonne de droite a pour objectif de faire ressortir les idées de manière plus succincte, dans une rédaction efficiente.

POINT DE VUE

Il existe naturellement d'autres façons de faire ressortir les idées pertinentes et nouvelles d'une solution officielle. Certains candidats vont plutôt placer chaque idée entre parenthèses ou mettre un crochet au début de chacune d'entre elles. Lorsqu'il est possible d'altérer le texte de la solution à l'aide d'un logiciel de traitement de texte, certains candidats vont enlever les mots, les phrases ou, plus rarement, les paragraphes inutiles. Ils obtiennent ainsi une série d'idées qu'ils peuvent plus facilement analyser.

L'exercice de rédaction présenté dans la colonne de droite de la page suivante n'est pas toujours facile à réaliser, particulièrement lorsqu'il s'agit des premières simulations de cas. Je vous encourage toutefois à vous y entraîner **afin d'améliorer votre capacité d'écrire un plus grand nombre d'idées dans un même laps de temps.**

> ## IDÉES PERTINENTES ET NOUVELLES
> ↓
> ## SEUIL DE RÉUSSITE

EXEMPLES D'IDÉES PERTINENTES ET NOUVELLES EXTRAITES D'UNE SOLUTION PROPOSÉE

Idées pertinentes – relevées par soulignage – de la solution proposée	Rédaction efficiente des idées de la solution proposée

Les flux monétaires de LCA ltée :

Au cours des deux dernières années, LCA ltée a subi d'importantes pertes sur ses activités ordinaires (courantes). En 20X4, les pertes ont atteint 3,58 millions de dollars (5,88 millions de dollars en 20X3). Cependant, le résultat (bénéfice net) était de 1,94 million de dollars et, fait encore plus important, les sorties nettes de trésorerie liées aux activités opérationnelles (d'exploitation) étaient de 1,19 million de dollars (30 millions de dollars en 20X3). Cela signifie que la trésorerie s'améliore et qu'elle est inférieure aux pertes opérationnelles (d'exploitation) présentées à l'état des résultats. Les flux de trésorerie provenant des opérations ordinaires (normales) constituent un aspect important à prendre en considération dans l'évaluation de la capacité de LCA ltée à poursuivre son exploitation. La nouvelle émission d'actions envisagée pour 20X5 aura pour effet d'améliorer les flux de trésorerie, mais seulement à court terme.

Recherche et développement – Arès (A14-A15)

« L'abandon du développement d'Arès indiquerait normalement qu'une dépréciation s'impose. Selon IAS 38 *Immobilisations incorporelles*, les conditions pour la comptabilisation d'une immobilisation incorporelle comprennent notamment la faisabilité technique de l'achèvement de l'immobilisation incorporelle et l'intention d'achever celle-ci en vue de la mettre en service ou de la vendre, et la probabilité qu'elle génère des avantages économiques futurs. Ces conditions doivent être remplies à un moment précis, par exemple lors de l'appréciation du projet. Même si le développement pourra servir au moins en partie pour un nouveau produit, Hadès, DFT n'a manifestement pas l'intention de poursuivre le projet Arès. À un moment donné, une appréciation d'Hadès devra être faite pour savoir si les conditions d'IAS 38 sont remplies, et il ne sera pas possible de lier les coûts du projet Arès à ceux du projet Hadès à moins que, dès le départ, certains coûts aient été identifiés comme s'appliquant aux deux produits. En conséquence, les frais de développement de 450 000 $ devraient être sortis du bilan. La sortie du bilan entraîne une augmentation des charges de 450 000 $. »

Flux de trésorerie LCA :

- Les pertes d'exploit. sont IMP depuis 2 ans (X4 : -3,58 et X3 : -5,88). Il y a par contre un résultat positif (bén. net) de 1,94 en X4.
- Il est imp. de considérer les flux des opér. dans l'évaluation de la capacité de LCA à poursuivre son exploitation.
- Pt positif : les flux d'opér. (d'exploit.) s'améliorent depuis 2 ans (X4 : -1,19 et X3 : -30). En X4, les sorties de trésorerie (-1,19) sont moins élevées que la perte d'opération (-3,58).
- L'émission des actions en X5 va améliorer la trésorerie, mais seulement à CT.

passé → futur

Dépréciation des frais de dév – Arès

- On peut présumer que les conditions de la capit. (ex.: faisabilité technique, intention d'achever) étaient auparavant remplies, puisque la somme de 450 000 $ a été inscrite à l'actif.
- Il n'y a toutefois plus d'avantages écon futurs pour le produit Arès, car DFT a décidé d'abandonner son développement.
- Le directeur CROIT QUE ces frais peuvent servir pour le produit Hadès, mais ce n'est pas certain.
- Rien n'indique que les coûts encourus sont communs aux deux produits. Il aurait fallu les identifier comme tel dès le départ.

Arès → Hadès

CONC :
Radier les frais de dév jusqu'à 0 $
Inscrire une charge de 450 $ (diminue le BAIIA)

Remarques : Dans la colonne de droite, les phrases sont complètes, essentiellement construites au temps présent. Les idées sont exprimées de manière claire, précise et directe. Il n'y a pas vraiment de mots inutiles. L'usage de parenthèses est fort utile afin de préciser, par exemple, qu'il s'agit d'une situation de pertes. L'intégration des concepts théoriques aux informations du cas est constante. Finalement, les conclusions sont clairement ressorties. La présence de tirets (–) met en valeur les différentes idées. Il n'est toutefois pas nécessaire de procéder comme tel dans la réponse.

Jusqu'ici, vous avez compris les idées de la solution, relié celles-ci aux informations du cas, fait appel aux concepts théoriques et discerné les idées pertinentes.

Faites également ressortir de quelle manière les idées sont exprimées.

Personnellement, tout au long de la lecture de la solution proposée, je mets en relief les éléments suivants :

➤ *la justification d'une idée, d'un problème, d'un enjeu, d'un sujet, d'une conclusion ou d'une recommandation.* À cet effet, je souligne, entre autres les mots suivants : « car », « parce que », « afin de », « pour », « étant donné que », « puisque », « compte tenu ». Ce faisant, on peut constater que bon nombre d'idées de la solution proposée s'expliquent de cette façon.

Partie 3 page 36

Le mot « CAR... » facilite grandement l'intégration des idées au cas.

➤ *la mention de l'impact ou de la conséquence.* À cet effet, je souligne, entre autres les mots suivants : « donc », « ainsi », « Je recommande / Je conclus », « En conséquence », « de sorte que ». Les endroits où l'impact est exprimé en chiffres sont également relevés.

Le mot « DONC? » rappelle constamment qu'il faut terminer adéquatement toute analyse.

➤ *l'explication concrète de ce qu'il faut faire.* À cet effet, je signale les endroits qui répondent, entre autres aux questions suivantes : « De quelle façon peut-on s'y prendre? », « Comment faire? », « Qui? », « Quoi? », « Quand? », « Combien? », « Où? ».

POINT DE VUE

L'ensemble des commentaires précédents s'appliquent tout autant à l'analyse quantitative qu'à l'analyse qualitative. Il faut prendre le temps **de comprendre les calculs présentés dans toute solution proposée**. Dans la réalisation de cette activité, voici une liste de questions auxquelles il faut répondre.

– Quelle est l'utilité du calcul eu égard à la résolution des problèmes ou enjeux?
   Ex.: L'objectif est de recalculer le BAIIA en fonction des ajustements comptables afin de déterminer si la cible de 14M utilisée dans le calcul des primes est atteinte.

– Quelles sont les hypothèses retenues et pourquoi?
   Ex.: La durée de vie estimée des produits de DFT est de trois ans ou moins. (A18)

– Quels sont les moyens utilisés ou les étapes suivies dans la réalisation du calcul?

– De quelle source proviennent les informations utilisées?
   N.B. Il faut distinguer les chiffres fournis directement dans le cas de ceux ayant été générés par l'analyse.

– De quelle façon a-t-on intégré le résultat obtenu à l'analyse qualitative?
   Ex.: Le calcul du résultat net ou du BAIIA ajusté est utilisé à plus d'un endroit dans la solution proposée. Il fait partie intégrante de l'analyse du parti pris de la direction dans le choix des méthodes comptables (A33 et A34) et sert également à justifier la nécessité de diminuer le seuil de signification (A23).

– Quelles sont les composantes importantes, ainsi que celles de moindre importance? De quelle manière peut-on présenter un calcul raisonnable et approprié dans le temps limité de la résolution du cas?
   Ex.: se référer à la discussion présentée dans la Partie 6 (p. 73 et 74)

– Peut-on réconcilier le résultat obtenu d'une autre manière, en utilisant la méthode indirecte, par exemple?
   Ex.: se référer à la discussion présentée dans la Partie 6 (p. 81)

Examiner la composition de la solution

Outre la compréhension des idées de la solution proposée, tel qu'expliqué précédemment, je vous suggère d'examiner de quelle manière elle est structurée.[1]

Prenez du recul.
Faites ressortir le portrait global de ce qui vous est présenté.

Voici des exemples de ce que vous pouvez examiner.

> *L'ordonnancement des sujets.* Il faut s'assurer de comprendre, du moins *a posteriori*, le positionnement de chacun des sujets, compte tenu des particularités du cas. Essayez de déterminer en quoi consiste une réponse « raisonnable » à partir de la solution proposée. Je vous suggère également de dresser le plan de réponse « idéal » du cas, dans le temps alloué. Quels sont les sujets qu'il faut absolument aborder? Et, de combien de temps dispose-t-on pour analyser les divers problèmes ou enjeux?

Élément à observer	Exemples (cas DFT)
Ordonnancement des sujets Est-ce que la résolution d'un sujet doit précéder celle d'un autre?	– AVANT de déterminer si les stocks doivent faire partie du coût des ventes au résultat net, il faut déterminer à quel moment les produits sont comptabilisés. (A11, A12) – Il faut savoir si les frais de recherche et développement seront inscrits à l'actif AVANT d'aborder la question de l'amortissement. (A13)

> *La démarche systématique de l'analyse.* L'abréviation « ID » peut signaler quel est le sujet à analyser. On peut aussi, tel que présenté fréquemment à l'Annexe A, mettre en évidence l'aspect critique ou l'objectif visé. Il m'apparaît particulièrement important de déterminer ce qui compose le cœur de toute analyse (« ANAL/ÉVAL »). Que devait-on faire? Toute conclusion (« CONC »), opinion ou recommandation (« REC ») doit être ressortie.

Élément à observer	Exemples (cas DFT)

Étapes dans la démarche
(ou aspects considérés)
 	
Quelle est la logique d'analyse?
	– R&D Arès/Hadès :
	  Aspect critique : conditions du report – dépréciation
	    1- dépenses attribuées au produit Arès uniquement
	    2- transfert des dépenses au produit Harès
	    N.B. L'exemple de rédaction de la p. 92 fait clairement ressortir la présence de ces deux aspects.
	– Dans le cadre de l'analyse de l'incidence sur les primes de la direction des ajustements au BAIIA de DFT, il faut expliquer de quelle manière les données financières ont été manipulées. Il faut d'abord savoir comment une telle manipulation peut se faire, puis expliquer, à l'aide d'exemples tirés du cas DFT, ce qui s'est passé eu égard à la cible de 14M. (A33, A34)

---

1 Cette activité peut naturellement être réalisée – du moins en partie – au fur et à mesure de l'une ou l'autre des activités décrites précédemment.

> *La présentation de la solution proposée.* Le but est de prendre connaissance de façons différentes et efficientes de présenter les idées.

Élément à observer	Exemples (cas DFT)
Présentation des idées Existe-t-il une manière plus efficiente de présenter la réponse?	– Tableau intitulé « Procédures et planification pour les principaux aspects présentant un risque qui ont été identifiés ». (A25) – Énumération des diverses façons de manipuler des données financières. (A34) N.B. Il s'agit d'une « LISTE DE(D') … », accompagnée d'exemples tirés du cas DFT.

SOLUTION PROPOSÉE

↓

RÉPONSE RAISONNABLE

↓

SEUIL DE RÉUSSITE

Analyser le guide d'évaluation[1]

L'évaluation de la performance d'un candidat à un cas est en étroite relation avec les compétences qu'il doit démontrer. Chaque guide d'évaluation contient ainsi une liste des compétences (ou des occasions d'évaluation), évaluées la plupart du temps sur une base individuelle en fonction de critères qui leur sont propres. Leur appellation, ainsi que leur nombre, varie en fonction des particularités de chaque cas. On peut comprendre, par exemple, que la compétence Finance se retrouve dans le guide d'évaluation d'un cas où le client se demande « quel prix exiger afin de recouvrer ses coûts de fonctionnement ». De même, la compétence Audit et certification peut se trouver deux fois dans le même cas, pour deux aspects différents. Naturellement, parce que les modalités de la correction sont généralement présentées dans un texte succinct, qui relève seulement les grands critères d'évaluation, il faut régulièrement faire appel à la solution proposée.

Il est indispensable de trouver la justification de chaque composante du guide d'évaluation.

Pour chacune des compétences à évaluer, le guide spécifie les critères nécessaires à l'obtention de chacun des différents niveaux de performance. Avec une telle échelle de mesure, l'atteinte d'un niveau donné implique habituellement que tous les critères nécessaires aux niveaux inférieurs aient été rencontrés. Notons également que les critères d'évaluation s'expriment habituellement de manière à permettre au correcteur de récompenser toute idée pertinente et nouvelle. En d'autres termes, dans le cadre des paramètres du cas, deux candidats peuvent obtenir le seuil de réussite en présentant une réponse différente. Par exemple, dans le cas DFT, le niveau « Compétent » exige, entre autres l'analyse de certaines procédures d'audit (A31). Il va de soi que diverses combinaisons des procédures avancées dans la solution proposée peuvent former une réponse appropriée. Nous reviendrons sur ce point dans la Partie 8.

---

1 L'Annexe A illustre la façon d'analyser le guide d'évaluation du cas DFT (A21-A22, A31-A32, A35-A36, A39).

Lorsqu'il s'agit d'étudier un guide d'évaluation, la première étape est de **faire ressortir la structure**. On s'attarde ainsi à l'organisation du guide en relevant tout d'abord les diverses compétences évaluées. Compte tenu de l'analyse précédente de la solution proposée, il faut s'assurer de comprendre la présence de chacune des compétences (ou occasions d'évaluation) qu'il contient et, dans certaines circonstances, d'en justifier l'absence. On peut constater, par exemple que les considérations éthiques sont suffisamment importantes pour faire l'objet d'une compétence distincte. Il faut d'ailleurs faire constamment ressortir la relation entre les informations du cas (dans le cadre de ses paramètres), la solution proposée et le guide d'évaluation.

Objectif d'analyse	Exemples d'observations
Faire le **lien** entre la structure de la solution proposée et le guide d'évaluation.	– Outre la mention d'une déficience et de son impact sur la gouvernance de l'entité, la solution proposée envisage une ou deux améliorations pour chacune d'elles. Il ne sera pas surprenant de constater que le seuil de réussite exige la présence de solutions qui éliminent ou mitigent les déficiences relevées. – La solution proposée fait constamment état de l'impact du traitement des questions de comptabilité sur le BAIIA. Au seuil de réussite, il faut donc mentionner l'impact sur les états financiers ou sur le calcul des primes – qualitativement ou quantitativement –, du moins pour les sujets importants. (A21)

Il faut par la suite s'assurer de **comprendre de quelle manière <u>chacun</u> des critères d'évaluation s'applique**. Tout comme pour l'analyse de la solution proposée, je vous rappelle qu'il est vital de trouver la justification ainsi que la signification de chaque composante du guide d'évaluation. À mon avis, aucune d'entre elles ne doit être négligée, même si vous jugez qu'il s'agit d'un élément trop complexe ou qui ne vous paraît pas important. Il arrive que des candidats passent outre telle ou telle partie du guide d'évaluation sous prétexte qu'ils l'ont complètement ratée ou, à l'inverse, qu'ils l'ont très bien réussie. L'étude d'un guide d'évaluation n'a pas seulement pour but l'évaluation d'une réponse. Il n'y a pas que le résultat qui compte.

BIEN COMPRENDRE LES FONDEMENTS DU PROCESSUS D'ÉVALUATION FAVORISE LE DÉVELOPPEMENT DE VOTRE CAPACITÉ À DISCERNER CE QUI EST IMPORTANT.

Objectifs d'analyse	Exemples d'observations
S'attarder sur les **mots utilisés** afin de pouvoir expliquer chaque critère du guide d'évaluation. L'action requise a sa signification propre : « aborder », « calculer », « comparer », « énumérer », « essayer », « estimer », « évaluer », « expliquer », « identifier », « tenter de », « traiter », « réaliser », « retraiter », « voir », etc.	– Simplement **aborder** le choix entre vendre les actifs ou les actions permet tout juste de ne pas obtenir le niveau d'évaluation le plus bas. Pour atteindre le niveau juste en dessous du seuil de réussite, il faut **traiter** de l'un ou de l'autre en avançant quelques arguments pertinents. – Le fait de **voir** le parti pris de la direction de DFT en faveur d'un BAIIA plus élevé permet l'obtention du niveau « En voie vers la compétence ». Au seuil de réussite (niveau « Compétent »), il faut **analyser** ce parti pris compte tenu des ajustements à effectuer aux états financiers. (A35)
Identifier les **inter-relations** entre les sections.	– Il faut déterminer le prix de vente de l'entreprise avant de calculer, pour fins de comparaison, l'impact fiscal de la vente des actions ou des actifs. Sans ce lien, il est impossible d'obtenir le seuil de réussite de la compétence Fiscalité. – Il existe un lien indéniable entre l'aspect critique de la question de comptabilité et l'objectif des procédures d'audit à mettre en œuvre. (A25 à A30)
Observer l'usage des deux conjonctions – **et** – **ou** – à différents endroits.	– Au seuil de réussite, il faut analyser les diverses options d'une entreprise en difficulté financière qui désire continuer son exploitation – **et** – élaborer un plan de mise en œuvre. – La façon de corriger la compétence Audit et certification du cas DFT démontre clairement cet aspect. Le niveau « En voie vers la compétence » peut être obtenu de trois différentes façons (A31, A32). Un candidat qui présente une réponse faible dans l'une **ou** l'autre des deux parties de la demande peut donc obtenir ce niveau. Toutefois, au niveau « Compétent », il faut fournir une réponse raisonnable à l'une **et** l'autre des deux parties de la demande.

**Il faut comprendre ce qu'il faut faire
pour atteindre le seuil de réussite.**

Lorsque vous étudiez le contenu d'un guide d'évaluation, je vous suggère DE PORTER UNE ATTENTION PARTICULIÈRE À TOUT CE QUI PEUT FAIRE LA DIFFÉRENCE ENTRE RÉUSSIR OU NON.[1] Il faut pouvoir identifier, de manière raisonnable, quelles sont les idées nécessaires à la réussite de chacune des compétences du guide. Mentionnons aussi que la plupart des réponses de candidats oscillent entre le niveau juste en dessous du seuil de réussite (« En voie vers la compétence ») et le seuil de réussite (« Compétent »). Il faut donc porter une attention particulière aux critères d'évaluation de ces deux niveaux. Je vous encourage naturellement à viser plus haut que le seuil minimal de réussite. De ce point de vue, l'étude des critères requis au niveau supérieur (« Compétent avec distinction ») doit également être réalisée. Qui sait? Ce sera peut-être un critère indispensable à la réussite du cas suivant.

Objectifs d'analyse	Exemples d'observations
Repérer la présence d'un **critère** d'évaluation **déterminant**, **indispensable** ou **inhabituel**.	– Le seuil de réussite exige l'analyse des avantages **et** des inconvénients des **trois** options de financement. N.B. Puisque plus de deux options doivent être analysées – ce qui n'est pas très courant –, il faut revoir les informations du cas afin de comprendre pourquoi il en est ainsi. Il se pourrait aussi que l'analyse des trois options de financement soit évaluée à l'aide de trois occasions d'évaluation distinctes. – Le niveau « Compétent avec distinction » exige du candidat la reconnaissance du fait que certains événements en dehors du contrôle de DFT, telle la prise de stocks à l'entrepôt par Indo-Tech, puissent faire la différence entre le versement ou non de primes à la direction. (A21) N.B. Toute section du guide axée sur des compétences habilitantes (ex.: A33 à A36) doit être consciencieusement analysée.
Examiner la **gradation** nécessaire d'un niveau d'évaluation à un autre.	– Au niveau « En voie vers la compétence », il faut **identifier quelques** questions fiscales, puis **analyser l'une** des questions **importantes**. Au seuil de réussite, il faut **analyser quelques** – remarquez la pluralité – questions fiscales. – Le seuil de réussite requiert l'analyse de **certaines** questions comptables **importantes**. Au niveau supérieur (« Compétent avec distinction »), il faut faire l'analyse de **plusieurs** questions comptables **importantes**. (A21)
Considérer les **commentaires sur la performance** des candidats ou les commentaires des correcteurs.	– « Les candidats n'ont pas fourni de discussion sur le type d'assurance qui pouvait répondre aux besoins des utilisateurs. » Remarque : En d'autres termes, il faut considérer ces besoins pour obtenir le seuil de réussite. – « ...les candidats les plus solides ont fourni une analyse plus approfondie de ces procédures et ont expliqué avec concision les raisons de leur nécessité. » (A30) Remarque : En d'autres termes, la procédure à mettre en œuvre doit découler des risques identifiés.

---

1 La réalisation des divers objectifs d'analyse d'un guide d'évaluation peut résulter d'une analyse individuelle de chacun d'eux ou d'une analyse conjointe, les uns avec les autres.

Partie 8
Évaluer la performance d'une réponse

Distinguer les idées pertinentes et nouvelles
Déterminer le niveau de performance obtenu
Apprécier sa performance

« Le défi est d'évaluer correctement la réponse à un cas – sans sous-évaluer, sans surévaluer. »

Partie 8
Évaluer la performance d'une réponse

L'évaluation de la performance d'une réponse survient lorsque l'analyse de la solution proposée et du guide d'évaluation est terminée. D'emblée, je désire attirer votre attention sur deux choses. Premièrement, la solution proposée ou officielle d'un cas est une « excellente réponse », quasiment parfaite, pour ne pas dire qu'elle l'est. Elle atteint confortablement le seuil de réussite – ou le niveau supérieur – dans toutes les compétences principales. Tous les sujets sont analysés, qu'ils soient importants ou de moindre importance, et les calculs effectués sont complets, un peu comme s'il n'y avait pas de contrainte de temps. Aucun élément important n'est omis. Il va de soi, par exemple qu'un candidat ne peut rivaliser avec la solution proposée du cas DFT (A9 à A36) en seulement 70 minutes!

IL FAUT DÉTERMINER CE QUI EST NÉCESSAIRE AU SEUIL DE RÉUSSITE.

Deuxièmement, face à sa propre réponse, un candidat doit adopter une attitude constructive. L'objectif est de déterminer la valeur des idées écrites, dans un laps de temps donné. FAIRE RESSORTIR VOS FORCES ET VOS FAIBLESSES EST UNE ÉTAPE ESSENTIELLE À L'AMÉLIORATION.

Distinguer les idées pertinentes et nouvelles

Lorsque vous corrigez ou évaluez votre réponse à un cas, il faut tout d'abord faire ressortir les idées qui sont appropriées, c'est-à-dire les idées pertinentes et nouvelles. Tel que discuté dans les parties précédentes, les idées se situant en dehors des paramètres du cas ne sont pas pertinentes (ou sont tout au plus négligeables). Par exemple, le cas DFT demande de présenter une liste de procédures d'audit à mettre en œuvre. Dans la situation où des stocks sont rendus en Inde, une procédure pertinente consiste à « obtenir confirmation d'Indo-Tech quant au montant de stock qu'elle estime conserver à l'entrepôt... » (exactitude, existence) (A27). Par contre, expliquer quels contrôles de protection mettre en place sur ces stocks ne serait pas pertinent. L'amélioration du contrôle interne ne faisant tout simplement pas partie de la demande. Les idées doivent également être exprimées dans le contexte approprié. On ne peut pas, par exemple lire une idée écrite sous l'enjeu Risque financier, comme si elle faisait partie de l'enjeu Risque d'audit, et *vice versa*. Rappelez-vous aussi que les répétitions, les introductions ou les résumés du cas ne sont pas des idées nouvelles.

Il peut arriver qu'une idée, pertinente et nouvelle, ne soit pas explicitement mentionnée dans la solution proposée. Un candidat peut certainement énoncer, par exemple une procédure d'audit qui ne figure pas sur la liste fournie dans la solution officielle (A25 à A30). Or, on le sait, les guides d'évaluation sont habituellement suffisamment flexibles pour permettre la considération de telles idées. Ne perdez néanmoins pas de vue que l'essentiel de ce qu'il y a à dire sur un sujet figure dans la solution proposée.

**Une idée émise dans le cadre des paramètres du cas
est une idée appropriée.**

Je vous suggère de commencer tout d'abord par mettre en évidence les idées de votre réponse qui seront prises en compte dans l'évaluation. Faites également référence à la partie du guide d'évaluation – problème ou enjeu, compétence ou indicateur, critère d'évaluation, etc. – à laquelle elles se rapportent.

Il n'est pas toujours facile de savoir quand une idée écrite est considérée comme étant appropriée. Une phrase rédigée lors d'une simulation est rarement identique à celle de la solution officielle d'un cas. Les idées de la réponse d'un candidat sont également souvent incomplètes ou mal exprimées.

Il faut se demander si l'idée écrite a le même sens que celle véhiculée dans la solution proposée, même si les mots utilisés diffèrent.

EXEMPLES D'IDÉES POUVANT ÊTRE RETENUES (OU NON) DANS L'ÉVALUATION

Idée de la solution proposée	Idée du candidat NON retenue dans l'évaluation	Idée du candidat retenue dans l'évaluation
« Il faut faire enquête sur tout indice de chèque falsifié. »	« Tous les chèques émis doivent être examinés. »	« Il faut examiner davantage les chèques dont le nom ou le montant a été changé. »
L'idée majeure concerne le fait que des <u>chèques falsifiés</u> ont été émis et qu'ils doivent donc faire l'objet d'une <u>enquête particulière</u>.	L'idée d'enquêter sur les chèques falsifiés n'est pas là, puisqu'on réfère à tous les chèques sans exception. L'idée d'examiner les chèques est bonne, mais pas assez adaptée aux circonstances.	L'idée d'examiner les chèques falsifiés est là, puisque le candidat a précisément défini ce qu'il recherche. L'idée importante est donc présente.
« Il faudra présenter un état des flux de trésorerie à la banque. »	« Il faudra faire part de la situation financière à la banque. »	« Il faudra présenter un état des rentrées et des sorties de trésorerie au créancier. »
L'idée majeure concerne <u>l'état des flux de trésorerie</u>. Le candidat doit montrer qu'il a compris la pertinence de cette information pour la <u>banque</u>.	L'idée des flux de trésorerie n'est pas présente. Le terme « situation financière » manque de précision. L'idée de communiquer l'information à la banque est valable, mais ce n'est pas l'aspect le plus important.	Le terme « rentrées et sorties de trésorerie » est un synonyme acceptable à « flux de trésorerie ». L'idée importante est donc présente. Parler du créancier plutôt que de la banque ne fait pas de différence.
« Nous devons communiquer avec l'auditeur précédent au sujet du différend. »	« Il faut communiquer avec l'autre auditeur et discuter de tout point critique avec lui. »	« Il faut communiquer avec l'autre auditeur et discuter de sa position au sujet des immobilisations incorporelles. »
L'idée majeure a trait au <u>différend</u>. Le candidat doit montrer qu'il saisit la nécessité de discuter de celui-ci avec <u>l'auditeur précédent</u>.	L'idée de discuter du différend actuel n'est pas présente, car l'expression « tout point critique » ne fait référence à rien de particulier. L'idée de communiquer avec l'auditeur est valable, mais n'est pas suffisamment justifiée.	En parlant de la position de l'autre auditeur au sujet des immobilisations incorporelles, le candidat fait directement référence au différend. L'idée importante est donc présente.

Remarque : L'usage de synonymes est acceptable, pourvu que l'idée majeure soit présente dans le texte.

POINT DE VUE

Lorsqu'ils évaluent leur réponse à un cas, certains candidats ne font pas suffisamment la différence entre **ce qu'ils savent**, **ce qu'ils ont pensé** et **ce qu'ils ont écrit**. Je rencontre couramment des candidats qui disent avoir bien réussi un cas… sans avoir même relu leur propre réponse! Ils déterminent leur résultat en se basant uniquement sur le « souvenir » de ce qu'ils ont fait pendant la simulation! En procédant comme tel, le candidat surévalue souvent son résultat ou dispose d'excuses pour justifier une contre-performance comme suit : « J'ai voulu dire ceci… », « J'y ai pensé, mais j'ai oublié d'écrire cela… » ou « Je vais sûrement l'écrire la prochaine fois! ».

Il va de soi que je n'endosse pas cette façon de faire. Premièrement, il m'apparaît difficile de se rappeler de tout ce qu'on a écrit. Deuxièmement, il arrive fréquemment que l'idée écrite ne transmette pas assez clairement la pensée. Connaître une idée et savoir l'exprimer de manière appropriée sont deux choses différentes. Finalement, l'interprétation d'un tel résultat, qui manque d'objectivité, n'est pas très utile. Lors de l'évaluation officielle d'un cas, le candidat n'a pas l'opportunité d'expliquer ce qu'il veut dire, de compléter ses idées ou de montrer toute l'étendue de sa connaissance au correcteur.

**Seules les idées écrites sont évaluées,
peu importe ce que le candidat pense ou sait.**

En identifiant les idées pertinentes et nouvelles de votre réponse, je vous suggère de faire ressortir tout commentaire pouvant se révéler utile. On peut, par exemple indiquer ce qui manque pour compléter une idée, barrer le texte inutile, établir une relation de cause à effet, dessiner un schéma ou remarquer que la conclusion est trop générale. À cette fin, l'usage de la commande « suivi des modifications » d'un logiciel de traitement de texte est particulièrement utile.

EXTRAIT DE LA RÉPONSE COMMENTÉE D'UN CANDIDAT
CAS DFT

Subvention 800K

*subv pour R + D
↓
donc parler des 2…*

intro inutile

- La subvention est directement pour les frais de recherche engagés. Il faut se demander si la ctb est correcte, compte tenu qu'ils sont directement inscrits aux produits. *Problème mal identifié! Il faut analyser la subvention, pas la ctb de R&D.*

THÉORIQUE

- La ctb de la subvention doit uniquement se faire si l'entreprise est assurée de respecter les 6 critères nécessaires.

- [1-] Une subvention peut être ctb en augmentation des produits ou bien en diminution de l'immobilisation en question. *OK*

*impact incomplet
↓
penser au BAIIA*

- Étant donné que [2-] la subvention est directement pour les frais de développement qui ont été ctb à l'actif, donc [3-] respect des 6 critères, la subvention doit aller en diminution de l'actif afin de présenter une image plus fidèle des actifs pour les utilisateurs. *crédit OK débit?*

GÉNÉRAL

OK PROC: Obtenir le contrat de la subvention afin de valider le respect des clauses et ainsi s'assurer du bon traitement ctb.

N.B. Il y a trois idées pertinentes et nouvelles dans la section Comptabilité (1-, 2-, 3-); une idée dans la section Audit.

Voici une liste d'abréviations ou de symboles pouvant être utilisés afin de faciliter l'analyse de votre réponse, ou encore, d'accélérer la correction de celle de l'un de vos collègues.

- « CAR » pour la justification d'une idée. Il est utile de signaler la présence, mais surtout l'absence, d'une telle justification.

- « CONC » pour conclusion et « REC » pour recommandation. Il s'agit de désigner les idées qui sont des commentaires globaux ou des actions à entreprendre. On peut aussi utiliser le mot « DONC ».

- « CONT » pour contraire ou contradictoire. On relève ainsi les endroits où le candidat contredit une idée précédemment avancée.

POINT DE VUE

Les candidats se demandent souvent si le fait d'écrire une « fausse » idée nuit lors de l'évaluation d'une réponse. Par exemple, un candidat peut écrire quelque chose comme : « Vous n'avez pas besoin d'emprunter, car le solde de vos résultats non distribués (bénéfices non répartis) est très élevé. ». Or, on sait que ce solde n'a pour ainsi dire rien à voir avec le niveau de la trésorerie.

Il faut tout d'abord comprendre que nous sommes tous un peu nerveux quand on simule un cas. Il arrive à tout le monde – même aux candidats qui atteignent le niveau d'évaluation supérieur – d'écrire une idée, disons un peu bizarre. Il faut dire aussi que la présence d'une ou deux idées malencontreuses ne dérangera pas vraiment l'évaluation du correcteur. Il n'en tiendra tout simplement pas compte.

Par contre, si leur nombre démontre que le candidat manque de connaissances ou de jugement professionnel, cela va probablement influencer l'évaluation du sujet ou de la compétence concernée.

- « INC » pour incomplet. On peut ainsi signaler que l'analyse manque de profondeur, qu'une idée est incomplète, ou encore, que l'argument est subtil à l'excès.

- « +/– » pour plus ou moins clair ou exact ou « W » pour faible (ou « *weak* »). Cela permet de pointer les idées qui ne seront probablement pas retenues dans l'évaluation, par manque de précision ou de cohérence.

- « GEN » pour « général » ou « dump » pour « *dumping* » de la théorie sans application aux particularités du cas. Vous le savez déjà, il faut intégrer simultanément la théorie au cas.

- « Ⓡ » pour répétition de la même idée. Une idée répétée, même en des mots différents, n'est pas prise en compte deux fois dans l'évaluation.

POINT DE VUE

Chaque compétence (ou occasion) doit faire l'objet d'une évaluation individuelle.
Un candidat peut très bien réussir la compétence Finance, mais avoir beaucoup de difficultés avec la compétence Stratégie et gouvernance, ou *vice versa*.

Il est nécessaire de faire attention au contexte dans lequel les idées sont écrites

afin d'identifier à quelle partie du guide d'évaluation elles se rapportent.

- « + » ou « pour » et « – » ou « contre » pour signaler les arguments qui constituent des avantages ou des inconvénients. Cela facilite l'évaluation en mettant en évidence la teneur et l'équilibre de l'argumentation dans l'analyse.

- 1-, 2-, 3-, etc. ou a, b, c, etc. Ces annotations servent à indiquer le nombre d'idées (ex.: procédures d'audit) ou le nombre d'arguments avancés sur un sujet particulier (ex.: p. 102).

- « NP » ou « N/A » pour « non pertinent » ou « non applicable ». Cela signifie que l'idée, la phrase, le paragraphe ou la page est inutile, compte tenu des paramètres du cas.

Déterminer le niveau de performance obtenu

La plupart des guides d'évaluation présentent succinctement les critères à rencontrer à chacun des niveaux de performance. Lorsque le guide est très sommaire, en sortir un *modus operandi* n'est pas une chose facile. Il faut alors déterminer ce qui est suffisant, voire « raisonnable », pour réussir chaque compétence (occasion d'évaluation). J'ai présenté un peu plus tôt (Partie 7, p. 92) l'exercice de faire ressortir les idées pertinentes et nouvelles de la solution proposée. Cela est certainement utile ici. En général, au seuil de réussite, on peut dire qu'un candidat doit avoir écrit la majorité – pas la totalité – des idées importantes de la solution proposée dans sa propre réponse. Cette balise indique le niveau de profondeur à atteindre.

Dans l'objectif de déterminer le plus exactement possible ce qui est requis au seuil de réussite, je suggère deux étapes. Il faut tout d'abord s'assurer d'avoir sous la main la liste des sujets ou aspects faisant partie d'une compétence ou d'une occasion d'évaluation donnée, classés en fonction de leur importance. Il faut par la suite s'assurer d'avoir fait ressortir la démarche d'analyse utilisée (ID/P – ANAL/ÉVAL – CONC/REC) pour la résolution de chacun d'eux.

Il faut identifier les aspects critiques et les concepts clés, puis faire ressortir les étapes, s'il y a lieu.

Le seuil de réussite exige la considération appropriée de ce qui est fondamental à l'analyse.

DÉMARCHE DANS LA RÉDACTION DU SUJET « SEUIL DE SIGNIFICATION » DU CAS DFT

SEUIL DE SIGNIFICATION (A23, A24)	
ID :	déterminer si le calcul préliminaire du seuil demeure valable
ANAL :	évaluer la nécessité de réviser le seuil
	– impact des ajustements comptables sur le résultat net / BAIIA
	– utilisateurs : direction s'appuie sur le BAIIA pour le calcul des primes
REC :	fixer autre seuil / établir seuil pour travaux / revoir seuil après la date de clôture

Bien que ce ne soit pas nécessaire de présenter une réponse aussi complète que la solution proposée, il faut tout de même considérer la nature et le nombre d'idées qu'elle contient. Pour le sujet « Seuil de signification », deux aspects figurent dans l'analyse : l'impact des ajustements comptables ET l'intérêt accru des utilisateurs, en l'occurrence la direction, sur le BAIIA. Il est clair qu'une certaine profondeur d'analyse est nécessaire. À mon avis, une réponse « raisonnable » doit à tout le moins aborder chacun de ces deux aspects importants. Certes, une bonne analyse de l'un pourrait compenser une certaine faiblesse de l'autre, mais je demeure sur la position qu'il faut aborder les deux aspects pour que le sujet « Seuil de signification » soit considéré comme étant réussi. En d'autres termes, seulement dire que « Le seuil doit être abaissé étant donné le nouveau programme de primes basé sur le BAIIA. » ne suffit pas.

Pour chacun des sujets ou chacune des parties d'une compétence (opportunité d'évaluation) donnée, je vous suggère de répondre par OUI ou par NON à la question suivante :

« Est-ce que j'ai écrit un nombre raisonnable d'idées pertinentes et nouvelles sur l'essentiel du sujet? »

En cas de doute, abstenez-vous de répondre « oui ».

Lorsque tous les sujets et aspects importants ont été évalués de manière individuelle, il faut ensuite prendre du recul et considérer l'ensemble de ce qui est requis dans la section d'évaluation donnée. Personnellement, lorsque je dois corriger une compétence comprenant l'analyse de plusieurs sujets ou aspects, je prépare un compte rendu succinct de la performance.

COMPTE RENDU DE L'ÉVALUATION DE LA COMPÉTENCE « AUDIT ET CERTIFICATION » DU CAS DFT

Opportunité d'évaluation : Audit et certification (A23 à A32)			
PLANIFICATION DE L'AUDIT :	ID	ANAL (théorie/cas)	CONC
– Seuil de signification	√	+/–	√
– Évaluation des risques	√	√	√
– Stratégie	√		
PROCÉDURES À METTRE EN ŒUVRE :	Assertion/Risque(s)	Procédure(s)	
– Produits sur CIP			
– Produits relatifs à Indo-Tech	√		
– Stock expédié à Indo-Tech	√	+/–	
– Financement public			
– R&D – ARÈS	√		
– R&D – ZEUS			
– Stock – Zeus	√	√	
– Cotisation TPS/TVH			
– Dépréciation du matériel			

√ : réussi

L'enjeu Audit et certification du cas DFT comprend deux parties : la planification de l'audit et les procédures à mettre en œuvre. On présente par la suite, à partir de la solution proposée, la liste des sujets pouvant être analysés. Les sujets/aspects les plus importants sont mis en évidence par la couleur bleu.

Le fait de pouvoir contempler le portrait global de ce qui a été réussi ou non,

pour une compétence donnée, facilite l'évaluation de la performance.

Dans l'exemple ci-dessus, on constate d'emblée que le candidat a bien identifié la plupart des risques spécifiques (ou assertions) importants. On note toutefois qu'il n'a pas su déterminer quelles sont les procédures à mettre en œuvre. Il a négligé cette partie de la demande, ou encore, il a tout simplement eu de la difficulté à élaborer des procédures concrètes et précises.

Il pourrait aussi arriver que chacune des parties importantes de cet enjeu fasse l'objet d'une occasion d'évaluation distincte. Si telle est la structure du guide d'évaluation, le candidat ci-dessus pourrait atteindre le seuil de réussite pour l'aspect Planification de l'audit, mais ne pourrait vraisemblablement pas dépasser le niveau « Compétence minime » pour l'aspect Procédures à mettre en œuvre.

Un tel compte rendu de l'évaluation doit toutefois être utilisé avec jugement. **Le processus d'évaluation ne résulte pas d'une simple addition mathématique du nombre de crochets obtenus.** Les correcteurs se retrouvent fréquemment face à des idées « +/– » complètes, « +/– » claires ou « +/– » exactes. Il ne faut jamais oublier que c'est la « qualité » de la réponse du candidat qui entre en ligne de compte. Un candidat qui fournit de très bonnes procédures pour deux sujets parmi les plus importants devrait obtenir une meilleure évaluation que celui qui fournit un grand nombre de procédures inappropriées. Lorsque le correcteur doit se demander si chacune des procédures qu'il lit est suffisamment bonne pour être considérée, cela influence certainement l'évaluation finale.

EXTRAIT DE L'ÉVALUATION DE LA COMPÉTENCE « AUDIT ET CERTIFICATION » DU CAS DFT

Compétence : Audit et certification (A31, A32)

...

En voie vers la compétence – Le candidat mentionne certaines _{INC} questions relatives à la planification de l'audit (seuil de signification, risque, etc.) et essaie d'élaborer des procédures d'audit pertinentes, OU analyse les questions relatives à la planification de l'audit, OU analyse certaines des procédures d'audit.	43,0 %
Compétent – Le candidat analyse certaines des questions relatives à la planification de l'audit et certaines des procédures d'audit. ^{INC}	48,3 %

bien fait — *OK* (annotations manuscrites)

Les deux parties de la demande sont incomplètes.

...

ÉVALUATION : « En voie vers la compétence »

CAS DFT

L'extrait ci-dessus tiré du cas DFT – et il en serait de même pour tout autre cas – soulève une question fort légitime. Que signifie le mot « certaines »? La plupart des candidats vont d'ailleurs se demander « Combien de procédures faut-il écrire pour obtenir le seuil de réussite »?

Je vous le dis d'emblée, la réponse n'est pas fixe.

Il y a sûrement un nombre minimal de procédures à fournir, mais il faut tenir compte des circonstances. Je peux vous dire que les procédures qui comptent doivent être concrètes, précises, et découler des risques spécifiques pertinents. Il y a cinq secteurs de risques importants. Personnellement, si je corrigeais ce cas, j'exigerais environ quatre « procédures appropriées » dans trois secteurs différents. Toutefois, un candidat présentant trois excellentes procédures au lieu de quatre pourrait aussi atteindre le seuil de réussite. C'est une question de jugement professionnel.

La question fondamentale est la suivante :

« Est-ce que le candidat démontre suffisamment (quantité et qualité) sa compétence lorsqu'il s'agit d'analyser l'incidence des questions de comptabilité sur les procédures à mettre en œuvre? ».

Diverses combinaisons de procédures permettent de démontrer cette compétence!

> **Une bonne compréhension de la solution proposée
> facilite l'application du guide d'évaluation.**

POINT DE VUE

J'insiste régulièrement sur le fait qu'il faut s'attarder davantage sur les problèmes, enjeux ou sujets importants. On peut alors se demander de quelle façon les idées pertinentes et nouvelles sur des sujets de moindre importance sont considérées dans l'évaluation. Elles ont, par définition même, une valeur moins élevée. De telles idées peuvent contribuer à la réussite en complétant ou en rehaussant la qualité d'une réponse. Elles peuvent, à la rigueur, justifier l'obtention d'un niveau inférieur au seuil de réussite. La résolution de sujets de moindre importance ne remplace toutefois pas la nécessite d'élaborer plus en profondeur sur les sujets importants.

Les idées n'ont pas toutes le même poids ou la même valeur dans l'évaluation.

**C'EST ESSENTIELLEMENT LA PERFORMANCE OBTENUE
DANS LA RÉSOLUTION DES PROBLÈMES OU ENJEUX IMPORTANTS
QUI DÉTERMINE LA RÉUSSITE D'UN CAS.**

Je vous suggère de commencer l'évaluation de la performance d'une réponse en examinant les critères du niveau inférieur au seuil de réussite. Puisque la majorité des candidats obtiennent au moins ce niveau, c'est plus encourageant. Par la suite, après avoir bien compris la signification de chacun des critères du seuil de réussite, on peut examiner s'ils sont rencontrés. Personnellement, je souligne toute partie ayant été réussie ou presque réussie, que le seuil de réussite soit atteint ou non.

Dans l'application du guide d'évaluation, je vous suggère également de :

> ➤ *tenir compte des objectifs de la compétence – des attentes.* La plupart des guides d'évaluation vont signaler en peu de mots ce que la compétence (occasion d'évaluation) désire essentiellement mesurer. Cela permet d'établir rapidement ce qui est indispensable à la réussite. Par exemple, on peut trouver la mention suivante : « Le candidat conseille ses clients au sujet des opportunités de planification fiscale. » Il est alors clair que ce sont les « opportunités » qui sont évaluées. Un candidat qui présente le traitement fiscal sans analyser les possibilités qui s'offrent au client ne peut espérer atteindre le seuil de réussite pour cette compétence particulière.

> ➤ *tenir compte du niveau d'évaluation visé.* Vous savez déjà que le seuil de réussite (niveau « Compétent ») est le niveau critique, puisqu'il fait la différence. Il est certainement avisé d'adopter une attitude un peu plus sévère lors de l'évaluation des critères de ce niveau. Les idées « +/– » claires ou exactes, par exemple, ne sont pas ou sont très peu considérées. On peut se permettre d'être un peu plus généreux lorsqu'on évalue un niveau inférieur, mais pas lorsque la réussite d'une compétence est en jeu.

> **La montée d'un niveau inférieur à un autre peut être légèrement teintée de facilité.**

> **Il faut par contre faire preuve de rigueur dans l'évaluation du seuil de réussite.**

AU SEUIL DE RÉUSSITE, VOTRE RÉPONSE DOIT OFFRIR UNE VALEUR AJOUTÉE.

Est-ce que les idées émises vont au-delà des notions de base?

Avez-vous identifié l'aspect critique ou fondamental se trouvant au cœur de l'analyse?

Est-ce que votre réponse est d'une profondeur suffisante?

Un candidat qui ne fait qu'énoncer des idées générales, qui résume les informations du cas, qui présente peu d'idées dans son analyse, qui s'attarde sur les aspects de moindre importance ou qui n'utilise pas les concepts appropriés ne peut espérer réussir une compétence.

Dans l'application du guide d'évaluation, je vous suggère également de :

> *lire les commentaires des correcteurs ou des examinateurs*, lorsque l'information est disponible. Fort souvent, ces commentaires viennent préciser le guide d'évaluation en soulignant les faiblesses, oublis et erreurs des candidats. Par exemple, on pourrait lire que : « Les candidats n'ont pas appliqué leurs connaissances au contexte particulier d'une clinique médicale. » Cela signifie qu'un candidat qui présente une réponse trop générale, qui ne tient pas compte des particularités propres à ce genre d'entité, n'atteindra probablement pas le seuil de réussite.

> *tenir compte de la performance des autres candidats*, lorsque l'information est disponible. En fait, sous toutes réserves, il faut réaliser que la performance des autres candidats a une certaine influence sur l'évaluation de votre réponse. Par exemple, supposons que la plupart des candidats n'ont pas vu le sérieux problème de trésorerie de l'entité, alors que vous avez abordé le sujet. La « valeur » de vos idées s'en trouve accrue par le fait que peu de candidats y ont pensé. L'inverse est également possible. En d'autres termes, une même idée, reprise dans deux cas différents, n'aura pas nécessairement la même valeur dans l'évaluation.

POINT DE VUE

Plusieurs candidats ne vont tout simplement jamais voir quels sont les critères nécessaires à l'obtention du niveau supérieur « Compétent avec distinction ». Pour eux, il n'y a que le seuil de réussite qui est intéressant, ou encore, ils se disent que « De toute manière, c'est presque impossible à atteindre! ». Que ce soit vrai ou non ne rend pas l'exercice inutile pour autant. Qui sait? Cela sera peut-être un critère indispensable à l'atteinte du seuil de réussite dans le prochain cas.

J'ai la même opinion lorsqu'il s'agit d'une compétence mal réussie par la plupart des candidats. Il m'apparaît inutile de se dire que « Puisque personne n'a abordé cette compétence, je n'ai pas besoin de l'étudier. »

La difficulté de réussir une compétence
n'invalide pas l'utilité d'en analyser le contenu.

QUALITÉ
+
PROFONDEUR
↓
SEUIL DE RÉUSSITE

Apprécier sa performance

À juste titre, le premier réflexe de tout candidat est d'évaluer s'il a réussi le cas simulé. Il est indéniable que l'obtention du seuil de réussite aux diverses compétences (opportunités d'évaluation) d'un guide d'évaluation démontre la qualité d'une performance. Je désire toutefois vous rappeler que la rédaction de cas est un processus d'apprentissage continu qui s'étend sur plusieurs mois. Les résultats obtenus lors des premières simulations sont habituellement faibles. Il n'est pas rare de manquer carrément une compétence, de ne pas cibler ce qui doit être fait ou ce qui est important ou d'avoir tout simplement oublié les concepts théoriques pertinents!

Je vous demande de relativiser vos résultats, puisque le niveau de performance obtenu ne révèle pas tout. La réussite d'une simulation ne veut pas nécessairement dire qu'on a tout compris et qu'il est inutile de simuler d'autres cas. Il arrive fréquemment que le seuil de réussite soit obtenu de justesse, parfois même un peu par inadvertance. **Il faut éviter l'excès d'optimisme.** En contrepartie, un faible résultat ne signifie pas qu'on ne connaît rien et que l'on ne sera jamais capable de réussir un cas. **C'est un excès de pessimisme.** En fait, il faut voir son résultat comme étant un message constructif, avec impartialité. L'objectif est d'évaluer des idées et des aptitudes, pas la valeur d'une personne. Nuance.

POINT DE VUE

Je vous suggère **d'analyser la réponse de tous les cas que vous simulez**, qu'ils aient été bien réussis ou non. Certes, il est normal d'effectuer une analyse plus détaillée des cas qui vous ont occasionné des difficultés, particulièrement s'il y en a deux ou trois d'affilée. Ne négligez pas pour autant ceux que vous avez bien réussis. Puisqu'il y a toujours quelque chose qui peut être mieux fait, leur analyse vous aidera à améliorer vos performances futures.

IL N'Y A PAS DEUX CAS IDENTIQUES :

CHACUN CONTIENT SES SURPRISES ET SES NOUVEAUTÉS.

Dans l'appréciation de la performance d'une réponse, je vous suggère de considérer les éléments suivants :

> *les particularités du cas.* Certains contextes, problèmes ou enjeux sont plus difficiles à résoudre que d'autres. Par expérience, je sais que les candidats ont davantage de difficulté à résoudre un cas portant sur les organismes sans but lucratif, par exemple. Il en est de même des rôles inhabituels. Lorsque l'un des sujets ou que l'une des compétences du cas est difficile à cerner ou à analyser, l'obtention d'un niveau inférieur au seuil de réussite peut être un bon résultat en soi.

> *la performance des autres candidats ainsi que les commentaires des correcteurs.* Qu'on le veuille ou non, le positionnement par rapport au groupe est une référence importante dans notre domaine. Par exemple, lire que « En général, les candidats ont su proposer des procédures claires et valables pour répondre aux risques. » (A30) est une information à considérer. Le candidat qui ne réussit pas à répondre de manière appropriée à cette partie de la demande place le niveau « Compétent » hors de portée (revoir p. 105 et 106).
> Certes, il faut progresser en fonction d'objectifs individuels, mais il faut également viser l'obtention de résultats au-dessus de la moyenne.

➢ *vos forces et faiblesses personnelles.* Chaque cas est distinct et chaque individu présente des forces et des faiblesses qui lui sont propres. Ainsi, l'aisance personnelle face à certains contextes, rôles ou sujets peut influencer la performance. Un candidat peut être fort compétent en audit, mais être démuni face à une mission d'examen, par exemple. Dans cette situation, l'obtention du niveau juste en dessous du seuil de réussite n'est pas nécessairement une mauvaise nouvelle. L'inverse pouvant être vrai pour un collègue.

Lorsque vous avez évalué le niveau de performance de chacune des compétences d'un cas, je vous suggère d'analyser votre réponse sous différentes facettes. Il faut examiner ce qui s'y trouve et ce qui manque. Les candidats ayant pris le temps d'annoter leur réponse au fil de la correction, tel que suggéré précédemment, ont déjà une bonne idée de ce qui peut être ressorti de cette analyse. Le mot « général » inscrit à plusieurs endroits, par exemple, révèle le manque d'intégration. Quant à l'abréviation « REC », elle rappelle au candidat qu'il a su terminer adéquatement ses analyses. Je vous suggère de prendre le temps de vous questionner sur chacun des six thèmes correspondant aux six premières parties du présent volume.

L'objectif est d'identifier les faiblesses – ainsi que les forces – de votre réponse

afin de pouvoir éventuellement trouver des moyens pour les mitiger ou les éliminer.

EXEMPLES D'ANALYSE DE LA PERFORMANCE

Lecture et annotation d'un cas	*Est-ce que les paramètres du cas ont été bien identifiés dès le départ?* Ex.: EH NON. Le fait que l'entité soit quasiment à sa capacité maximale de production est une contrainte inhérente à l'analyse.

Est-ce que le plan de réponse a été correctement établi, puis suivi? Ex.: +/–. Certains sujets ont été analysés avec trop de profondeur sans égard à leur importance. Il n'y a pas assez de sujets différents abordés.	Planification de la réponse

Rédaction d'idées pertinentes	*Est-ce que les concepts théoriques sont intégrés aux particularités du cas?* Ex.: PAS ASSEZ! Les concepts théoriques pertinents ne sont pas suffisamment explicites (trop de « W »).

POINT DE VUE

Il est fort révélateur **de calculer le nombre d'idées pertinentes et nouvelles d'une réponse**; pas le nombre de phrases ou de paragraphes, mais le nombre d'idées. Si une réponse contient, par exemple seulement 8 ou 9 « bonnes » idées, vous comprendrez qu'il est difficile de réussir un cas de 70 minutes. Certes, le nombre d'idées nécessaires pour atteindre le seuil de réussite dépend de la difficulté du cas et de la qualité des idées émises. Toutefois, en se basant sur la solution proposée du cas DFT, il m'apparaît difficile, voire impossible, de réussir ce cas sans avoir au moins présenté de 25 à 30 « bonnes » idées. (Annexe A)

Il est également intéressant **de relever où sont situées les idées pertinentes et nouvelles**. Un candidat pourrait ainsi remarquer qu'il écrit, en moyenne, deux bonnes idées par sujet. C'est trop peu pour des sujets importants. Il pourrait aussi se rendre compte qu'il perd du temps à résumer le cas avant l'analyse.

Est-ce que j'ai perdu du temps dans la présentation de ma réponse? Ex.: OUI. Les idées sont trop souvent répétées (trop de « R »), par le biais de synonymes.	**Rédaction** **d'idées** **nouvelles**

Présentation **efficiente** **des idées**	*Ai-je exprimé mes idées par des phrases succinctes, mais complètes?* Ex.: OUI. Rapport bien structuré. Présentation ordonnée des divers sujets.

Est-ce que le calcul peut être présenté de manière plus efficiente? Ex.: À TRAVAILLER! L'analyse quantitative est tellement détaillée que l'analyse qualitative n'est pas terminée. Il faut mieux équilibrer la réponse!	**Calculs** **appropriés**

Dans le processus d'appréciation de la performance d'une réponse, la tendance naturelle est de faire ressortir « ce qui ne va pas ». Je vous suggère de prendre le temps **de faire ressortir les points forts ET les points faibles**. Personnellement, je commence par les points forts, en guise de motivation. Il y en a toujours, quel que soit le résultat obtenu. C'est aussi une bonne idée d'identifier ce qui s'est amélioré depuis la dernière fois.

EXEMPLES DE « POINTS FORTS À RETENIR »

– Excellente application des connaissances dans la résolution de l'enjeu Fiscalité.

– Problème non explicite du manque de trésorerie bien établi dès le départ.

– Quelques (ou plusieurs) bons liens d'intégration aux informations du cas.

La liste des faiblesses relevées lors de l'analyse d'une réponse est souvent plus longue, particulièrement pour les premières simulations de cas.

Il faut insister davantage sur les faiblesses qui ont empêché l'accès au seuil de réussite.

Dressez tout d'abord votre liste de faiblesse sous la forme de choses à faire lors de la prochaine simulation. Par la suite, essayez de trouver par quel moyen concret vous pouvez améliorer la situation. Quelle solution pourrait contrecarrer telle ou telle faiblesse?, ou encore, Quel exercice peut-on faire pour se pratiquer à mieux résoudre un cas?

Il ne suffit pas de « savoir quoi faire »,
il faut « être capable de le faire ».

EXEMPLES DE « POINTS FAIBLES À AMÉLIORER »

– Présenter moins de détails superflus dans la liste des arguments.

Exercice : reprendre le texte en barrant tout ce qui est inutile, puis calculer le nombre d'idées.

– Établir correctement l'ordonnancement des sujets, comme retraiter l'état des résultats avant de commenter la performance financière de la société.

Solutions : – prendre le temps de planifier la réponse.
– considérer les liens entre les sujets.

– Donner davantage de profondeur aux sujets plus importants.

Exercice : procéder à l'ajout d'idées à la réponse actuelle ou réécrire de nouveau certaines parties du cas, dans un temps limité, afin de comprendre ce qu'est une réponse appropriée.

FAIBLESSE

SOLUTION / EXERCICE

POINT DE VUE

Il est stimulant et enrichissant de procéder régulièrement à l'échange de réponses entre collègues. Le fait de demander à quelqu'un d'autre de déterminer, puis de commenter le niveau de performance obtenu (ex.: p. 102 et 106), en lui rendant le même service en contrepartie, offre plusieurs avantages.

➢ *Cela permet de prendre connaissance d'une façon différente de rédiger.* La démarche d'analyse d'un collègue peut être mieux structurée ou sa rédaction plus efficiente. En outre, un autre candidat-correcteur peut signaler ses difficultés à comprendre les idées véhiculées ou à reconnaître les chiffres utilisés dans les calculs.

➢ *L'évaluation est plus objective.* Lorsqu'il s'agit d'évaluer leur propre réponse, certains candidats sont soit trop sévères, soit trop généreux. Un correcteur indépendant évalue plutôt ce qu'il lit – NOIR SUR BLANC – et non tout ce que l'auteur d'une réponse sait ou a voulu dire. En l'occurrence, une autre personne peut soulever différents « Points forts à retenir » et « Points faibles à améliorer ».

N.B. Lorsque votre réponse est corrigée par quelqu'un d'autre, je vous suggère tout de même de l'évaluer afin de confronter les deux résultats.

➢ *Cela permet l'échange constructif d'idées.* Outre la correction d'une réponse, la formation d'un groupe de travail dans l'objectif d'analyser une solution proposée permet aux candidats impliqués d'échanger différents points de vue. La révision des paramètres du cas, la compréhension des aspects plus complexes ou la détermination de ce qu'est une réponse raisonnable peut être débattue en groupe. En outre, un candidat peut corriger la réponse d'un cas pour tous ses collègues, y compris la sienne, de manière à mieux comparer les différentes façons de réussir le même cas. À tour de rôle, chacun des membres du groupe pourra réaliser cette tâche.

Partie 9
Acquérir des connaissances et de l'expérience

Faire ressortir l'essentiel du(des) cas simulé(s)
Évaluer sa progression dans le temps
Effectuer une analyse comparative des cas simulés

« Il y a sûrement des faiblesses que je ne vois pas,
alors je dois à tout le moins m'occuper de celles que je vois. »

Partie 9
Acquérir des connaissances et de l'expérience

Je considère que la résolution de cas est l'un des plus grands défis des études en comptabilité. D'une part, cela exige la prise en compte de connaissances multi-sujets dans un contexte particulier; contexte qui diffère d'un cas à l'autre. D'autre part, le processus d'apprentissage s'étend sur une longue période, voire plusieurs mois, pour aboutir sur l'écriture d'examens universitaires ou d'examens professionnels.

IL EST ESSENTIEL D'EFFECTUER UN SUIVI DES CAS SIMULÉS

AFIN DE CONSOLIDER LES ACQUIS.

Faire ressortir l'essentiel du(des) cas simulé(s)

Dans le processus d'apprentissage par cas, il est fréquent de revenir sur un cas auparavant simulé. On peut désirer revoir, par exemple de quelle manière un sujet a été analysé, ou encore, on peut vouloir comparer entre eux les différents cas portant sur des entreprises en difficulté financière. Dans cette optique, prendre quelques minutes pour faire ressortir les éléments particuliers et déterminants de chacun des cas simulés est un temps bien investi. Je vous suggère donc de cumuler vos observations de manière pratique et succincte, dans un même fichier, afin de pouvoir retracer rapidement l'information recherchée. On peut ainsi classer les différents cas simulés par catégories, d'après le rôle ou le travail à faire.

« Informations sur un cas »

La page suivante présente un exemple de ce que j'appelle la fiche « Informations sur un cas ». De longueur variable, selon les besoins, son contenu est de nature factuelle, puisqu'il rappelle ce qui caractérise le cas. La partie supérieure contient des informations de base telles que la **Date de la simulation** et la référence du **Cas** (nom, provenance ou numéro). La rubrique **Ma performance** rappelle brièvement votre résultat à chacune des compétences de la simulation en relation avec celle des **Autres candidats** (lorsque connue).

La fiche contient par la suite les paramètres du cas : **Contexte**, **Rôle** et **Demande**. Le **Contexte** rappelle les particularités du cas qui influent sur la résolution des problèmes ou enjeux. Il peut s'agir, entre autres d'un facteur clé de succès, des objectifs ou comportements de la direction, d'une politique de l'entité ou d'une contrainte. La **Demande** est plus ou moins la répétition des phrases du cas qui spécifient le travail à faire, dans le cadre du **Rôle** à jouer. Il m'apparaît préférable d'utiliser les mots exacts du cas afin d'établir avec le plus d'objectivité possible le lien avec la solution proposée. En outre, comme pour le cas DFT, on peut y faire ressortir le fait que le rôle d'auditeur est « standard ».

La **Structure de la solution** vient mettre en évidence les parties ou les étapes de la résolution de certains problèmes ou enjeux. Dans l'exemple issu du cas DFT, on souligne le fait que l'analyse des procédures à mettre en œuvre peut être effectuée à l'aide d'un tableau. De même, on peut faire ressortir la démarche suivie dans la résolution (ID/P – ANAL/ÉVAL – CONC/REC) de sujets inhabituels ou plus complexes.

Les fiches d'informations rappellent
l'essentiel des cas simulés.

EXEMPLE[1] D'UNE FICHE « INFORMATIONS SUR UN CAS »

Date de la simulation : 14/06/X2   **Cas :** DFT (70 minutes)

Ma performance :   **Autres candidats :** (A21, A31, A35)

Comptabilité : Compétent (C)   EVC : 36,7 % – C : 61,5 %
Certification : En voie vers la compétence (EVC)   EVC : 43,0 % – C : 48,3 %
Compétences habilitantes : En voie vers la compétence   EVC : 16,0 % – C : 52,9 %

Contexte :

IFRS – programme de primes – parti pris de la direction – secteur technologies

Rôle :

Auditeur – procédures d'acceptation et planification initiale achevées

Demande ou Travail à faire :   « standard »

– COMPTABILITÉ (questions comptables)

   IAS 18 : remise (transaction unique/liée) – IAS 18 : constatation des produits (transfert de propriété 60 jours) – IAS 20 : subventions – IAS 2 : stocks – IAS 38 : frais de développement (dépréciation) – IAS 37 : actif éventuel (éventualité) – IAS 16 : perte de valeur (matériel) – IAS 19, IAS 37 : primes (obligation)

– CERTIFICATION (planification de l'audit + procédures à mettre en œuvre)

   Seuil (% résultat, révision, travaux, nouveaux utilisateurs, erreurs non corrigées)
   Risques (nouveaux événements, programme de primes)
   Stratégie
   Procédures (réalité, exactitude, exhaustivité, séparation périodes, classement, évaluation)

– ENJEU MOINS EXPLICITE – COMPÉTENCES HABILITANTES

   IMPACT des ajustements et erreurs sur la PRIME de la direction

   (manipulation des états financiers, intégrité de la direction)

– SUJET SECONDAIRE (primes, rémunération, tableau de bord)

Structure de la solution :

Élément	Assertion	Risques spécifiques	Procédures

Analyse du parti pris de la direction :

   ID :   relever la présence d'un parti pris possible de la direction
   ANAL : examiner les ajustements comptables dans leur ensemble (manipulation)
   CONC : conclure sur le comportement de la direction (impact)

Autres observations :

   BIAIS DE LA DIRECTION : BAIIA > 14M

      À considérer tout au long de la réponse!

   Société ouverte : – IFRS (A9)
                 – présence d'un conseil d'administration (A34)
                 – rémunération de la direction : options sur actions ou actions (A38)

   ...

---

1   Nombre d'observations additionnelles mentionnées dans le présent volume pourraient être ajoutées.

La dernière section de la fiche d'informations permet l'ajout de toute **Autre observation** découlant de votre analyse personnelle du cas. On peut, par exemple indiquer les inter-relations entre les sujets du cas, inscrire le rappel d'un critère important qui bloque l'accès au seuil de réussite (ex.: incidence des questions de comptabilité sur les états financiers projetés ou sur le calcul des primes (A21), justification de la nécessité d'améliorer la gestion de la trésorerie), ou encore, mentionner les implications d'une particularité du cas sur la solution (ex.: société ouverte, regroupement avec un autre organisme d'ici six mois).

POINT DE VUE

En remplissant la fiche « Informations sur un cas », il ne faut pas perdre de vue que l'objectif est de faciliter tout retour éventuel au cas simulé. Il faut donc être clair, succinct et précis, en relevant seulement ce qui est essentiel. À cette fin, l'exemple du cas DFT contient, entre autres la référence à la norme sous-jacente à l'analyse de chaque question de comptabilité. Il contient aussi la liste des aspects discutés dans le cadre du sujet Seuil de signification.

L'usage de « mots-clés » facilite le repérage de l'information.

Il est également préférable de choisir les mêmes mots de référence d'un cas à l'autre et, naturellement, de choisir des mots qui vous sont familiers. Certains candidats vont écrire le mot « biais », alors que d'autres vont préférer l'expression « parti pris ». L'important est de s'y retrouver. Je vous suggère d'ailleurs, dès vos premiers cas, d'adopter un système de classement qu'il vous est facile d'appliquer et de reconnaître.

Prenez le temps de maintenir votre fichier d'informations à jour!

Outre la préparation d'une fiche d'informations sur un cas, je vous suggère également de faire le point sur votre performance. Tel que mentionné dans la Partie 8, il s'agit d'une étape essentielle à l'amélioration par la pratique.

« Performance à un cas simulé »

La page suivante présente un exemple de ce que j'appelle la fiche « Performance à un cas simulé ». De longueur variable, son contenu est de nature personnelle, puisqu'il fait ressortir les points essentiels de votre performance. Ce compte rendu succinct vous permettra d'évaluer votre progression au fil du temps afin de pouvoir fixer des objectifs d'amélioration d'une simulation à l'autre. Le classement de ces fiches par ordre chronologique permet un meilleur suivi.

De prime abord, vous devez noter les **Notions à réviser**, car il arrive souvent que le fait de ne pas maîtriser pleinement les concepts théoriques nuise à la résolution des problèmes ou enjeux. Par la suite, lister les **Idées faciles oubliées** vous permettra de prendre conscience du niveau de langage approprié. Les **Difficultés rencontrées** en cours de rédaction doivent être exprimées en termes clairs. Un candidat peut se rendre compte, par exemple qu'il a eu de la difficulté à commencer un calcul, et que cela lui a fait perdre un temps précieux. Résoudre cette difficulté ne sera peut-être pas une chose facile, mais le fait de la reconnaître est déjà un bon début. En fait, à la suite de la simulation d'un cas, posez-vous toujours la question suivante : « Où ai-je rencontré le plus de difficulté? ».

L'une des parties importantes à la réflexion est de faire ressortir les **Points forts À RETENIR** et les **Points faibles À AMÉLIORER**. En outre, vous pouvez y lister les moyens, exercices ou trucs à mettre en place afin de mitiger ou éliminer toute faiblesse relevée. D'**Autres observations** peuvent également être ajoutées sur cette fiche, selon vos besoins. On peut finalement isoler les **Questions en suspens**, lorsqu'un élément de la solution proposée ou du guide d'évaluation, par exemple, n'a pas été compris.

EXEMPLE[1] D'UNE FICHE « PERFORMANCE À UN CAS SIMULÉ »

Date de la simulation : 14/06/X2   **Cas :** DFT (70 minutes)

Ma performance :   **Autres candidats :** (A21, A31, A35)

Comptabilité : Compétent (C)   EVC : 36,7 % – C : 61,5 %
Certification : En voie vers la compétence (EVC)   EVC : 43,0 % – C : 48,3 %
Compétences habilitantes : En voie vers la compétence   EVC : 16,0 % – C : 52,9 %

Notions à réviser :

IAS 18 : Critères de comptabilisation de transactions identifiables séparément ou liées.

Idées faciles oubliées :

La subvention! Le cas mentionne clairement à quoi se rapporte la subvention : actif ou résultat. Il est facile de faire la connexion!

Difficultés rencontrées :

Répartition du temps entre les sujets. Trop de temps passé sur la comptabilité et pas assez sur la certification.

Pas évident de cibler l'aspect critique à discuter. Ex.: dépréciation R&D ou stocks de Zeus.

Points forts À RETENIR :

– Toutes les analyses se terminent par une conclusion ou une recommandation.

– La révision de la planification de l'audit tient compte des NOUVEAUX événements.

– Bon usage des informations du cas. Excellente intégration.

Points faibles À AMÉLIORER :

– Mieux faire ressortir les sujets importants afin d'avoir le temps de fournir une réponse raisonnable sur chaque problème ou enjeu important.

– Apprendre à élaborer des procédures concrètes et utiles. « Regarder si la subvention de 800 000 $ a été encaissée » ne répond pas aux risques d'audit particuliers à la situation.

– Bien identifier quel est le problème à discuter (ID) avant de me lancer dans l'analyse. Avec Indo-Tech, le problème, c'est la constatation des produits, pas les stocks!

Autres observations :

Faire attention aux erreurs de lecture! Le cas décrit la subvention reçue pour la R&D sans faire référence à un projet ou produit particulier. Il ne faut donc pas penser que la subvention concerne le produit Zeus sous prétexte qu'on en parle au paragraphe d'avant, ni que cela concerne le produit Arès sous prétexte qu'on en parle au paragraphe d'après.

Ne pas remettre en question le fait que 75 % des frais sont attribués aux dépenses de R&D différés!

Il est important d'identifier et d'utiliser les concepts comptables appropriés dans l'analyse des questions comptables. Ex.: « séparation des périodes » dans la constatation des produits.
...

Questions en suspens :

Pourquoi doit-on se demander si DFT a une obligation juridique ou implicite de payer des primes s'il est clair que le BAIIA sera inférieur à 14 M?

---

1   Nombre d'observations additionnelles mentionnées dans le présent volume pourraient être ajoutées.

Évaluer sa progression dans le temps

À la suite de l'analyse de chacune de vos simulations, je vous suggère de fixer des objectifs d'amélioration ou d'apprentissage. Par expérience, il semble que l'idéal soit d'établir tout au plus trois objectifs à la fois. Cela permet une meilleure concentration des efforts.

IL FAUT ÊTRE RÉALISTE DANS LA DÉTERMINATION DES POINTS À AMÉLIORER.

ON NE PEUT PAS TOUT RÉGLER EN MÊME TEMPS.

Quelles sont les faiblesses qui freinent l'amélioration de votre performance? Quelles sont les difficultés rencontrées pendant la simulation du cas? Qu'est-ce qui vous a empêché d'obtenir le seuil de réussite? Dans la détermination de vos objectifs, il faut être conscient que les faiblesses que vous désirez atténuer n'ont pas toutes la même importance. Ainsi, le fait de comprendre exactement ce que les mots de la demande signifient ou impliquent est certainement plus important que de diminuer la longueur de ses phrases. Certes, il faudra éventuellement travailler sur ce dernier aspect, mais chaque chose en son temps.

**Persévérez!,
malgré les embûches!**

Dès qu'il a quelques simulations à son actif, il est normal qu'un candidat veuille évaluer s'il fait des progrès. Il faut toutefois savoir que l'évaluation par compétences rend cette tâche difficile puisqu'un long moment – voire plusieurs mois – peut s'écouler avant qu'un candidat réussisse à atteindre le seuil de réussite. Il n'est d'ailleurs pas rare d'observer une certaine progression pendant quelques simulations, à laquelle succède une période de stagnation.

Ce n'est pas vraiment évident de statuer sur une quelconque amélioration, même après quelques simulations.

De plus, chaque cas est unique. Le prochain cas peut grandement surprendre par sa mise en contexte ou par la façon dont les problèmes ou enjeux sont résolus. La rédaction de cas est un processus un peu plus compliqué que l'apprentissage de l'aspect technique d'un sujet, tel le calcul d'un gain ou d'une perte de change. La réussite ultime d'une simulation de cas requiert un bon entraînement qui comprend la pratique de cas et l'évaluation objective de chacune de ses performances.

POINT DE VUE

LA COURBE D'APPRENTISSAGE DE LA RÉSOLUTION DE CAS N'EST PAS LA MÊME POUR TOUS.

Disons aussi qu'il est assez rare que la progression soit régulière ou constante. Pour la majorité des candidats, la progression vers la réussite se fait plutôt par à-coups. Une série de cas offrant une performance mitigée sera soudainement suivie d'une certaine amélioration. Arrive alors une contre-performance au cas suivant venant malheureusement ébranler toute idée du progrès. En d'autres termes, un candidat peut atteindre – confortablement de surcroît – le seuil de réussite dans deux cas de suite pour la compétence Audit et certification, par exemple, mais obtenir un niveau inférieur dans le cas suivant. Toutefois, croyez-moi sur parole, les acquis des simulations antérieures finissent toujours par se concrétiser.

C'est plus long pour certains candidats, et plus court pour d'autres.

Il faut également savoir qu'il est toujours possible d'améliorer sa performance dans la résolution de cas. L'obtention du seuil de réussite à chaque compétence (occasion d'évaluation) ne signifie pas nécessairement que tout est parfait.

Il y a et il y aura TOUJOURS quelque chose qui pourrait être mieux fait et qui pourrait faire la différence au prochain cas.

La comparaison de la performance obtenue d'un cas à l'autre permet l'identification des contextes, des rôles ou des sujets avec lesquels vous éprouvez davantage de difficulté. Un candidat peut se rendre compte, par exemple qu'il ne réussit pas bien tous les cas portant sur un organisme sans but lucratif. Une telle constatation soulève l'urgence de corriger cette faiblesse en révisant les concepts particuliers à ce genre d'entité tout en s'entraînant à mieux les appliquer. Un autre candidat peut réaliser qu'il est maladroit lorsqu'il s'agit d'analyser la comptabilisation des produits. Il peut alors recenser tous les cas qui contiennent ce sujet afin de les étudier dans un même mouvement.

L'une des caractéristiques inhérentes à l'évaluation par compétences est que le nombre de niveaux de performance du guide d'évaluation n'est pas très élevé. De plus, tel que mentionné à la Partie 8 (p. 107), la plupart des candidats obtiennent soit le seuil de réussite, soit le niveau juste en dessous. En conséquence, il arrive fréquemment que des candidats aient l'impression de « stagner » au niveau « En voie vers la compétence » pendant plusieurs mois, et parfois même jusqu'à l'examen officiel! Il est alors plus difficile de demeurer motivé, particulièrement lorsque le candidat se dit incapable d'être « Compétent ». Faire constamment référence au mot « Compétent » en tant que critère d'évaluation est péjoratif en soi.

Il existe différentes façons d'évaluer la progression de votre performance. Dans un premier temps, on peut considérer les compétences comme un tout et préparer un graphique illustrant l'évolution vers la réussite. On pourrait, par exemple placer certaines rubriques de la fiche Performance à un cas simulé dans un tableau comparatif qui fait plus facilement ressortir les profils et tendances.

On pourrait aussi, par exemple calculer le ratio qui suit par cas, par groupe de cas ou par période.

$$\frac{\text{nombre de compétences au seuil de réussite}}{\text{nombre total de compétences}}$$

Le ratio ainsi obtenu (axe des « y ») est placé dans un graphique relevant chacun des cas ou groupe de cas simulés (axe des « x »), par ordre chronologique.

Dans un deuxième temps, on peut procéder à l'évaluation de la progression des résultats obtenus, compétence par compétence ou sujet par sujet. Un candidat pourrait s'attarder davantage sur les compétences jugées les plus importantes, telles la comptabilité et la certification, ou retenir celles qui lui occasionnent davantage de difficulté. Pour une compétence donnée, cela lui permet d'ailleurs de comparer les critères du guide d'évaluation des différents cas simulés.

En guise d'encouragement, je vous suggère d'utiliser une gradation simple pour les niveaux autour du seuil de réussite, telle que : faible, moyen ou fort. Il y a parfois très peu de différence entre l'obtention d'un niveau « En voie vers la compétence » FORT et l'obtention d'un niveau « Compétent » faible.

EXTRAIT DU TABLEAU « RÉSULTATS PAR COMPÉTENCE »
INFORMATION FINANCIÈRE (COMPTABILITÉ)

Cas	Ma performance	Mes observations	Mes objectifs d'amélioration
BUMP 21/02/X2	EVC – faible	– présentation inappropriée de l'analyse. – difficulté à présenter mes idées de manière structurée.	→ réviser les immobilisations incorporelles! → présenter plus clairement mes recommandations. Les commencer par un verbe à l'infinitif!
MAX 3/05/X2	EVC – moyen	– trop long résumé des normes. + recommandations correctes et justifiées. – manque de temps pour traiter de tous les sujets importants.	→ intégrer simultanément la théorie aux indices du cas au lieu de la résumer dans un paragraphe distinct. → minimiser les répétitions inutiles du cas.
DFT 14/06/X2	C – un peu faible	+ façon d'analyser un sujet grandement améliorée! – manque de précision quant à l'aspect critique à discuter.	→ bien identifier quel est le problème (ID) avant de me lancer dans l'analyse.

N.B. Le contenu du tableau varie d'un candidat à l'autre, selon les besoins.

POINT DE VUE

Voici le témoignage d'un candidat :

« Pour chaque cas simulé, je faisais le suivi de ma performance pour chacune des compétences (ou indicateurs) à l'aide d'un logiciel (*Excel*). Je pouvais ainsi faire le triage des données par compétence. Je mettais particulièrement en évidence les situations où je me situais sous la moyenne ou sous le seuil de réussite. Cela m'a énormément aidé, car j'ai pu identifier les compétences et sujets qui m'occasionnaient davantage de difficulté, et observer l'amélioration dans le temps. J'ai donc pu redoubler d'efforts sur les points critiques. Avant de faire cela, je voyais que mes résultats étaient globalement adéquats, mais je ne voyais pas clairement les endroits où j'avais des faiblesses. »

Il est finalement possible de concevoir un tableau qui contient essentiellement une liste de questions auxquelles il faut répondre ou une liste d'objectifs à rencontrer. Chacune des colonnes suivantes fait référence à un cas particulier, présenté par ordre chronologique. Au fil des simulations, le candidat devrait, du moins à moyen terme, constater une amélioration. Tel que mentionné précédemment dans ce volume, il vous faudra éventuellement identifier le moyen à mettre en œuvre ou l'exercice à réaliser afin de pallier à toute faiblesse relevée ou objectif non rencontré.

FAIBLESSE
↓
OBJECTIF
↓
MOYEN(S)

Se dire « Je ferai mieux la prochaine fois. »

N'EST PAS UN OBJECTIF ASSEZ CONCRET.

EXTRAIT DU TABLEAU « SUIVI DES OBJECTIFS D'APPRENTISSAGE »

Objectifs d'amélioration	BUMP (21/02/X2)	MAX (3/05/X2)	DFT (14/06/X2)
Identifier tous les problèmes ou enjeux importants	non (2/4)	presque tous	OK
Répartir adéquatement le temps entre les divers aspects ou sujets	+/−	acceptable	NON! (section audit trop courte)
Ne pas perdre de temps avec la présentation des calculs	passable (reproduire les chiffres de l'année précédente est inutile)	S/O	perte de temps à expliquer la provenance des chiffres utilisés
Intégrer les concepts théoriques aux informations du cas	NON (texte trop général)	MIEUX	bien fait (mieux identifier l'aspect critique)
Ne pas résumer ou répéter le cas avant l'analyse	+/−	bien	PARFAIT!

N.B. N'hésitez pas à faire ressortir ce qui va bien. *Comptabilisez vos Succès!*

Effectuer une analyse comparative des cas simulés

Lorsque vous avez complété quelques simulations de cas, il devient alors possible de confronter le contenu des uns à celui des autres **afin de faire ressortir les ressemblances et les différences**. Bien que l'ensemble des particularités de chaque cas soient uniques, certains contextes, rôles, problèmes ou enjeux reviennent plus d'une fois. L'objectif d'une analyse comparative des cas simulés est de prendre conscience de ce qui se répète et de ce qui est distinct, et pourquoi. Il existe des points de repère ou des règles de conduite, souvent implicites, qu'il faut reconnaître. Éventuellement, les observations qui découleront de toute analyse comparative devraient être conservées de manière à être relues, bonifiées et retenues. Nous reviendrons sur la création de fiches-info à la Partie 10.

Comparer les rôles

Tel que mentionné dès la Partie 1, le rôle détermine l'angle avec lequel les problèmes ou enjeux doivent être abordés. Il détermine la personnalité ou les attitudes que vous devez adopter, le temps de la résolution d'un cas. Dans cette perspective, je vous suggère d'étudier les différents rôles attribués dans les cas que vous avez simulés. Prenons, par exemple les cas typiques qui demandent, du moins en partie, d'agir en tant qu'auditeur externe. Vous remarquerez facilement que les normes comptables, les normes d'audit, ainsi que le Code de déontologie servent de référence de base. On doit, à moins d'avis contraire, s'y référer et s'y conformer. Ce qu'il faut également remarquer, c'est qu'un auditeur ne discute généralement pas de gestion, à moins qu'une demande à cet effet soit expressément établie.

CAS DFT

On peut facilement confirmer cette dernière remarque lorsqu'on examine la solution proposée du cas DFT. Ainsi :

– Il n'est pas approprié de mentionner ou de discuter du fait qu'une marge de 40 % sur des composants du secteur des technologies ayant une durée de vie de trois ans est faible. Il faut utiliser ce pourcentage dans les calculs; pas le remettre en question.

– L'évaluation du nouveau programme de primes est un enjeu négligeable. Il n'est pas nécessaire d'aborder cette question pour réussir le cas. (A37)

– On s'attarde essentiellement sur la comptabilisation des événements, telle la constatation des produits suite au transfert du stock en Inde. Le bien-fondé d'une telle pratique d'affaires n'est pas à discuter.

Je désire vous faire remarquer que ce que suggère les propos précédents n'est pas erroné. Ce n'est tout simplement pas pertinent eu égard au rôle – compte tenu de la demande – du cas.

Le candidat qui écrit de telles idées ne perd pas de points.

Il perd du temps!

> **RÔLE**
>
> ↓
>
> **ATTITUDES À ADOPTER**

Outre le rôle typique ou standard de l'auditeur externe, le comptable professionnel est appelé à aider son employeur ou son client de diverses manières. Il peut, par exemple se voir accorder le mandat d'émettre un rapport sur le respect de dispositions réglementaires. Son rôle peut également se restreindre à la préparation de documents pour le comité d'audit ou à l'élaboration de contrôles internes. Lorsqu'il s'agit de rôles inhabituels, effectuer l'analyse comparative des cas simulés est une activité un peu plus difficile à réaliser, mais d'autant plus utile.

RELEVER LES RESSEMBLANCES ET LES DIFFÉRENCES
PERMET DE COMPRENDRE COMMENT SE CONSTRUIT UNE RÉPONSE.

CET EXERCICE ACCÉLÈRE LA VITESSE DE RÉACTION
PAR LE DÉVELOPPEMENT DE LA CAPACITÉ D'ADAPTATION.

EXEMPLES D'OBSERVATIONS
RESSEMBLANCES DANS LES ATTITUDES À ADOPTER SELON LE RÔLE À JOUER

Rôle à jouer	Ressemblances dans les attitudes à adopter
Conseiller en gestion	– Il faut penser « affaires », c'est-à-dire aux flux de trésorerie, au coût de revient réel ou standard, à la contribution marginale, etc. – On doit tenir compte des besoins ou des préférences des parties prenantes, des incertitudes ou des risques, ainsi que des contraintes. – Les normes comptables sont peu utiles, sauf lorsqu'elles ont une incidence indirecte sur une situation de gestion (ex.: impact de la comptabilisation d'un contrat de location sur le ratio d'endettement).
Spécialiste à qui on demande d'arbitrer un différend quant au calcul des redevances d'un auteur **OU** **Spécialiste** à qui on demande d'évaluer les dommages subis à la suite d'un retard de construction	– Les clauses du contrat sont la référence de base; clauses qui peuvent suivre les normes comptables ou faire référence à un autre mode de calcul. On doit donc être ouvert à l'usage d'autres règles (ex.: comptabilité de trésorerie, coût standard, juste valeur) et le démontrer dans la résolution du cas. – S'il n'y a pas de clause précise ou s'il y en a une qui est vague, il faut tout d'abord regarder si l'une des clauses actuelles peut être utilisée. Par exemple, si le contrat mentionne qu'aucune provision pour retours sur ventes ne doit être prise en compte, on pourrait en déduire qu'il en est de même pour les escomptes sur ventes. – Dans d'autres circonstances, il faut exercer son jugement professionnel et chercher « l'esprit » du contrat afin d'établir une base de référence. Par exemple, dans l'objectif « d'évaluer les dommages subis par le report du début des activités », les coûts déjà encourus de la publicité annonçant la date d'ouverture du restaurant peuvent être réclamés.

L'analyse des cas passés favorise la réussite des cas futurs.
Par contre, rien ne garantit que le futur sera le reflet du passé.

POINT DE VUE
Il faut effectuer tout exercice d'analyse et de comparaison des cas
afin de comprendre ce qui se passe.
L'objectif n'est surtout pas d'apprendre des phrases « par cœur » pour les reproduire
telles quelles dès qu'un cas « ressemble » à l'un ou l'autre des cas précédents.

Utilisez vos connaissances et votre expérience

en vous adaptant, avec jugement et flexibilité, à chaque cas.

EXEMPLES D'OBSERVATIONS
DIFFÉRENCES DANS LES ATTITUDES À ADOPTER SELON LE RÔLE À JOUER

Rôle à jouer	Différences dans les attitudes à adopter
Membre du conseil d'administration à qui on a demandé de commenter les résultats financiers	– Il doit effectuer son analyse d'un point de vue externe, en tenant compte des diverses parties en présence, tels les actionnaires et les créanciers. – Il doit expliquer les termes utilisés aux autres membres (non-initiés) qui ne sont pas dans le domaine de la comptabilité ou qui n'ont pas d'expérience en gestion.
Contrôleur à qui on a demandé de commenter les résultats financiers	– Il doit effectuer son analyse d'un point de vue interne, en tenant compte des objectifs et préférences, telle l'amélioration de la productivité. Il fait ressortir l'évolution de la performance. – S'il s'adresse à des gens à l'interne, il n'a pas besoin d'expliquer certains termes comptables. On peut d'ailleurs supposer que ces derniers ont de l'expérience en gestion.

CAS

↓

ANALYSE + RÉFLEXION

↓ ↓ ↓

RESSEMBLANCES / DIFFÉRENCES

↓

OBSERVATIONS

↓

JUGEMENT

Comparer les demandes

Tout au long du présent volume, j'ai régulièrement souligné la nécessité de s'en tenir à ce qui est demandé. Vous l'aurez certainement compris, il s'agit d'une condition incontournable à la réussite d'un cas. Dans le cadre de l'analyse comparative des cas simulés, il est indispensable de s'interroger sur le lien entre ce qui est demandé et le contenu ou la structure de la solution proposée.

Lorsque je désire faire ressortir les **ressemblances** d'un cas à l'autre, j'exprime souvent mes observations de la manière suivante :

« QUAND IL Y A..., IL FAUT PENSER À (AUX)... »[1]

La reconnaissance de ce genre de relation qualifiée de « cause à effet » vous permettra de déceler ce qui revient fréquemment dans les cas afin de le retenir pour les prochaines simulations. En outre, cela vous permettra également de déterminer plus rapidement l'impact de la demande ou du travail à faire, ou encore, de considérer l'influence des indices du cas sur la rédaction de la réponse.

EXEMPLES D'OBSERVATIONS
RESSEMBLANCES RELEVÉES D'UN CAS À L'AUTRE

Quand il y a...,	il faut penser...
un investissement à évaluer	aux risques et opportunités de l'investissement.
un contrôle diligent à planifier	à établir le seuil de signification à un niveau très bas, quasiment « dollar pour dollar ».
des actionnaires sans contrôle	à ce qui pourrait leur porter préjudice (ex.: opérations entre personnes liées (apparentées)).
un créancier qui menace de rappeler son prêt	– à mettre en doute la continuité d'exploitation; – à inscrire le prêt dans le passif courant (court terme).
une entreprise en difficulté financière	aux flux de trésorerie.
un programme de primes à la direction	– à la possibilité que les données financières soient manipulées; (A33) – aux facteurs contrôlables. (A37)

POINT DE VUE

Une telle liste d'observations, facile à préparer, peut rapidement s'allonger au fil de vos simulations. Je vous suggère dès le départ de les trier. On peut ainsi isoler les liens de cause à effet par sujet (ex.: comptabilité de management, fiscalité) ou placer à part ceux qui découlent des particularités du cas (ex.: entreprise de service, opérations conclues à l'étranger).

---

1 D'autres formulations semblables peuvent être tout aussi efficaces, telles que « Lorsqu'on remarque/constate que..., il ne faut pas oublier de... », ou encore, « La présence de... signifie que... ».

Il m'apparaît particulièrement utile de relever, puis d'expliquer toute différence dans la composition des idées pertinentes des solutions proposées. Il arrive, par exemple que la démarche d'analyse ne soit pas la même pour deux cas, alors qu'*a priori*, la demande ou l'information fournie paraisse semblable. Il faut alors CHERCHER POURQUOI IL EN EST AINSI, ce qui n'est pas toujours un exercice facile. Cela requiert tout d'abord une excellente compréhension des cas simulés. En outre, il faut être attentif à toute différence résultant de la confrontation de deux cas ou plus offrant des caractéristiques similaires. Finalement, il n'est pas toujours évident de trouver l'explication d'une **différence** relevée. Il s'agit parfois d'une légère nuance pouvant se trouver n'importe où dans le texte du cas.

EXEMPLES D'OBSERVATIONS – DIFFÉRENCES RELEVÉES ENTRE DEUX CAS

	Différence relevée	Explication
Cas A :	Il faut envisager diverses méthodes, puis justifier le choix de celle qui sera retenue pour évaluer l'entreprise convoitée.	Mention spécifique au cas B : « Les deux parties se sont entendues pour que le prix d'acquisition soit égal à trois fois le résultat (bénéfice) normalisé moyen des deux dernières années. »
Cas B :	Il n'est pas nécessaire de justifier d'autres méthodes, celle basée sur le résultat (bénéfice) normalisé passé doit être retenue.	
Cas C :	Il n'est pas nécessaire de discuter de la comptabilisation des frais de développement.	Mention spécifique au cas C : « Les frais de développement n'ont pas encore été dépensés. Ils concernent un projet qui prendra forme dans quelques mois. »
Cas DFT :	Il faut discuter de la comptabilisation des frais de développement. (A14)	
Cas E :	Il faut discuter des clauses à renégocier dans le cadre du renouvellement du bail.	Mention spécifique au cas F : « La signature du renouvellement du bail est imminente, puisque le vice-président, finances a déjà réglé toutes les questions pertinentes avec le bailleur. »
Cas F :	Il ne faut pas discuter du renouvellement du bail, même si l'échéance approche.	

POINT DE VUE

Vous remarquerez que je privilégie grandement la préparation de tableaux dans le cadre de l'analyse comparative des cas simulés.

Cette approche dynamise l'activité d'apprentissage.

La nécessité de structurer les observations dans un tableau aboutit sur l'obtention d'une information concise.

Il sera ultérieurement plus facile de réviser le travail effectué.

Partie 10
Se donner les moyens de réussir

Faire ressortir les structures d'analyse
Construire des fiches-info
Faire ressortir les concepts théoriques

« Le défi est de reconnaître les similitudes, sans en faire des certitudes. »

Partie 10
Se donner les moyens de réussir

La Partie 9 a mis en évidence l'utilité de faire ressortir l'essentiel de chacun des cas simulés pour ensuite les confronter les uns aux autres par une analyse comparative. Une telle réflexion planifiée permet d'aller au-delà de la solution proprement dite d'un cas. Disons qu'il ne suffit pas de comprendre les idées émises sur le choix de l'une ou l'autre des options de financement offertes à l'entité, par exemple. Il faut aussi comprendre d'où vient la nécessité d'aborder cet enjeu, établir comment il se positionne par rapport au reste de la solution, puis dégager l'approche utilisée pour sa résolution. L'analyse des cas simulés peut certainement vous amener à établir un grand nombre d'observations judicieuses. La présente partie présente plusieurs moyens pouvant être mis en œuvre afin de retenir ces observations et favoriser votre réussite.

Faire ressortir les structures d'analyse

Je vous suggère de relever les structures d'analyse rencontrées au fil de vos simulations de cas. Qu'est-ce qui constitue le cœur de l'analyse ou de l'évaluation d'un problème ou enjeu? Quelles sont les étapes faisant partie de la démarche de résolution? Quels sont les différents aspects d'un sujet?

**Il est possible de faire ressortir les grandes lignes ou les grandes sections
QUI PEUVENT FAIRE PARTIE DE LA RÉPONSE D'UN CAS.**

Le fait de rencontrer plus d'une fois le même problème, enjeu ou sujet met fréquemment en évidence des façons de faire qui sont similaires d'un cas à l'autre. Vous remarquerez facilement, par exemple que la structure d'analyse de la planification d'un audit est habituellement la suivante : Évaluation des risques – Seuil de signification – Stratégie – Secteurs de risques et procédures. (A25 à A30)

Dans le cadre de cette activité, on peut d'ailleurs, *a priori*, utiliser la structure de base qui suit; structure qui s'ajuste aux situations rencontrées.

Identification du Problème (ou Déficience)	« ID/P »	« P »
Analyse/Évaluation (qualitative ou quantitative)	« ANAL/ÉVAL »	« A »
Conclusion ou Recommandation	« CONC/REC »	« R »

EXEMPLE DE STRUCTURE D'ANALYSE[1]

Enjeu : doute sur la capacité de la société à poursuivre son exploitation

Structure d'analyse :

→ Identification de l'enjeu – habituellement non explicite – à l'aide des indices du cas

→ Conclusion sur la capacité de l'entité à poursuivre son exploitation

→ Calcul des flux de trésorerie futurs (lorsque données financières disponibles)

→ Aspects qualitatifs – compte tenu du rôle
   Ex.: Incidence sur le travail ou le rapport de l'auditeur
   Ex.: Moyens de financement envisagés ou Restructuration financière envisagée

→ Conclusion justifiée par l'analyse

---

1 Autres exemples de situations pouvant faire l'objet d'une structure d'analyse : Acquisition d'une entreprise (point de vue de l'acheteur, point de vue du vendeur), Démarrage d'une entité, Planification d'un contrôle diligent, Préparation d'une demande de financement ou Analyse d'un projet d'investissement.

L'exemple présenté ci-après met en évidence la manière dont l'enjeu « Évaluation des procédures de contrôle interne » est habituellement résolu. Le nombre d'observations et l'ampleur des explications peuvent naturellement varier d'un candidat à l'autre. Certains vont seulement faire ressortir les points critiques alors que d'autres vont joindre des exemples concrets appuyant leurs observations. Les situations où une structure d'analyse semblable peut être utilisée ont aussi été relevées (ex.: analyse des risques d'affaires). On y trouve également une façon différente de présenter la réponse lorsqu'il s'agit de questions de moindre importance, ou encore, lorsqu'il y a peu à dire.

EXEMPLE DE STRUCTURE D'ANALYSE

Enjeu : Évaluation des procédures de contrôle interne

Structure d'analyse :	Déficience (ou Problème)	« P »
	Conséquences de la déficience (ou Impact)	« I »
	Recommandation d'amélioration justifiée	« R »

Observations :

→ Il n'y a généralement pas d'option à envisager avant de recommander.
  On indique la déficience (et ses conséquences), puis on y remédie en tenant compte, le plus souvent possible, des informations du cas : personnes en place, pièces justificatives, montant en cause, etc.

→ Il faut expliquer la nature de la déficience ou justifier son existence à l'aide des informations du cas.

  Ex.: Comme il n'y a pas de limite quant aux montants qu'il peut engager (P), le secrétaire a effectué d'importants achats sans l'autorisation des propriétaires (I).

→ Il faut toujours recommander concrètement (QUOI FAIRE) et précisément (COMMENT FAIRE) l'amélioration à mettre en place. Qui? Quoi? Quand?

  Ex.: Je recommande que tous les achats excédant une limite préétablie, disons de 1 000 $, soient approuvés par l'un des propriétaires (R).

→ ...

La structure PEUT également être utilisée lorsqu'il faut :

  – analyser les risques financiers ou les clauses d'une convention entre actionnaires
  – commenter les contrôles liés au système informatique
  – évaluer la structure de gouvernance ou les processus décisionnels

Remarque : On peut adopter la structure de réponse qui suit pour des questions de moindre importance. Chacune des parties de l'analyse y est présentée, mais le texte définitif est plus court.

  Titre (Identification de la déficience (P))

  Recommandation justifiée (R) par un ou deux arguments. La justification (« car ») correspond alors à la conséquence de la déficience (I) dorénavant éliminée.

Mise en garde : La structure P-I-R ne peut être adoptée pour tout enjeu quel qu'il soit.

Afin de ne pas oublier l'une ou l'autre des parties de l'analyse, il est possible de faire référence à un code de rédaction, telles les lettres P-I-R. Pendant la résolution d'un cas, un tel code est un aide-mémoire utile, puisqu'il rappelle constamment au candidat de mentionner l'impact (I) de chacune des déficiences (P) relevées. CE GENRE DE CODE DOIT TOUJOURS ÊTRE APPLIQUÉ AVEC JUGEMENT. Il ne doit pas, par exemple entraîner la répétition inutile des mêmes idées. Donner l'impact d'une déficience pour ensuite répéter la même idée en guise de justification de la recommandation est une perte de temps. En outre, vous le savez déjà, il faut constamment demeurer dans le cadre des paramètres du cas.

POINT DE VUE

Les diverses structures d'analyse que vous établissez au fil de votre apprentissage vous permettent de déterminer plus rapidement la marche à suivre dans une situation donnée. Je vous suggère d'ailleurs, tel que mentionné dans la Partie 2 (p. 28), de prendre le temps de le faire à l'étape de la planification de la réponse. Puisque les cas doivent être résolus dans un temps limité, il s'agit d'un avantage non négligeable.

LES STRUCTURES D'ANALYSE SONT DES GUIDES.

Prendre note, par exemple qu'il faut habituellement discuter du financement à la suite de l'analyse d'un projet d'investissement, peut vous rappeler de considérer cet aspect.

Cette observation est un point de départ, à utiliser avec discernement.

Il peut certainement arriver que le cas suivant mentionne que « L'entreprise a décidé d'utiliser ses surplus investis dans des placements pour financer le projet. ». Cette information doit changer votre plan de réponse, puisque l'enjeu Financement est alors une question réglée.

TOUTE STRUCTURE D'ANALYSE
DOIT ÊTRE AJUSTÉE AUX PARTICULARITÉS DU CAS.

EXEMPLE – AJUSTEMENT COMPTABLE

Comprendre ce qui a été fait
↓
Déterminer ce qui doit être fait
↓
AJUSTEMENT COMPTABLE
(A10 à A18)

JUGEMENT PROFESSIONNEL

EXEMPLE – ÉTAPES À CONSIDÉRER DANS L'ANALYSE

Sujet : Manque d'éthique d'un collègue

1- Tenter de communiquer avec lui

2- Informer l'Ordre professionnel

3- Consulter un conseiller juridique, s'il y a lieu

N.B. Faire référence au Code de déontologie

Y penser? OUI
Imposer une discussion? NON
Prenez garde aux automatismes!

Construire des fiches-info

Dès les premières simulations, il faut adopter un système de classement qui cumulera au même endroit toutes les observations établies au fil de l'apprentissage. Afin de constituer un registre d'informations de taille raisonnable, facile à consulter, je vous suggère de créer des fiches-info. Leur contenu, fréquemment mis à jour et relu, s'adapte aux circonstances ainsi qu'à vos besoins. Vous pouvez, par exemple préparer des fiches sur l'une ou l'autre des particularités du contexte des cas simulés.

EXEMPLE – EXTRAIT D'UNE FICHE-INFO[1]

Contexte : Organismes sans but lucratif

Caractéristiques :

→ L'objectif premier n'est pas de réaliser des profits → équilibre budgétaire

→ Organisme de bienfaisance enregistré? → AUCUN impôt à payer

→ Pas de titres de capital pouvant être transférés

- pas d'actionnaires (seulement des membres)
- financement externe par subventions/apports/emprunts

→ États financiers doivent obligatoirement être audités

- restriction « standard » sur l'exhaustivité des apports reçus en argent
- possibilité de rapport sur le respect de dispositions légales/réglementaires

→ Gouvernance : équipe de direction et conseil d'administration

→ Importance des contrôles internes → tenue des comptes, apports par dons

→ Faire la différence entre les apports affectés et les apports non affectés

→ Utiliser les normes comptables pour les organismes sans but lucratif

→ ...

Cet exemple de fiche-info présente succinctement l'essentiel de ce qui caractérise les « organismes sans but lucratif ». Les idées y sont consignées au fur et à mesure que le candidat simule des cas dans ce contexte. L'ordre dans lequel ces idées sont présentées n'est d'ailleurs pas nécessairement important. Lorsque le candidat aura à résoudre un cas portant sur un organisme sans but lucratif, il pourra considérer les caractéristiques qu'il a ressorties afin de l'aider à présenter une réponse complète et intégrée.

Il faut dire que les fiches-info peuvent être davantage détaillées que l'exemple ci-dessus. Certains contextes sont plus récurrents que d'autres, ce qui permet l'obtention d'une liste plus extensive d'observations. En outre, un candidat pourrait décider d'approfondir davantage une situation avec laquelle il a des difficultés, qui est inhabituelle ou qui est complexe.

CARACTÉRISTIQUES / OBSERVATIONS

FICHES-INFO

---

1 Autres exemples de contexte pouvant faire l'objet d'une fiche-info : Société en nom collectif, Premier appel public à l'épargne, Entreprise à tarifs réglementés, Exploitation d'une franchise ou Société ouverte/fermée.

Une fiche-info peut comprendre, entre autres :

- La liste des cas simulés qui utilisent le même contexte comme toile de fond;
- Une référence aux normes, règlements, lois, principes, etc. concernés;
- Un compte rendu des ressemblances et des différences entre les cas simulés;
- La(les) structure(s) d'analyse relevée(s);
- Un bref rappel des idées ou des inter-relations souvent rencontrées qui peuvent s'exprimer comme suit « Quand il y a…, il faut penser à… »;
- Des exemples concrets provenant des cas simulés;
- Un rappel des aspects plus difficiles à analyser, y compris ceux qui sont implicites;
- Tout truc susceptible d'améliorer l'efficience de la rédaction.

À la page suivante, vous trouverez un exemple plus élaboré de fiche-info : « Planification d'un mandat d'audit ».[1] Cette fiche contient bon nombre d'observations qu'un candidat peut émettre au sujet de la situation ou du contexte en titre; elles ne sont certes pas exhaustives. D'une part, il faut comprendre que le contenu de ces fiches est tributaire des cas simulés. D'autre part, il dépend aussi de ce que le candidat a pu observer de ses diverses analyses. Naturellement, un travail sérieux et rigoureux trouve sa pleine utilité dans la pertinence des observations qui sont ainsi consignées.

Planifier des rencontres avec d'autres candidats

Il est très bénéfique de planifier des rencontres avec d'autres candidats qui ont un parcours semblable au vôtre afin de partager vos connaissances et votre expérience. C'est motivant, et rassurant, particulièrement lorsque le processus d'apprentissage est long. À mon avis, l'idéal est de former une équipe de deux à cinq personnes où chacun peut améliorer et compléter ses propres analyses en échangeant avec les autres.

Une équipe peut se rencontrer, par exemple pour analyser la solution proposée et le guide d'évaluation d'un cas plus difficile ou plus complexe. Le fait de prendre connaissance d'une façon différente de voir les choses permet la confirmation et la bonification de vos observations personnelles. L'un de vos collègues peut vous expliquer pourquoi un tel sujet est de moindre importance, par exemple, ou répondre à toute « question en suspens ». En outre, tel que mentionné précédemment (Partie 8, p. 112), l'évaluation commentée de votre réponse par un autre candidat permet l'obtention d'un compte rendu plus objectif de votre performance.

> **POINT DE VUE**
> Il est certainement tentant de se simplifier la vie en prenant tout simplement les fiches-info d'un autre candidat. Je n'endosse pas ce moyen d'obtenir l'information. La construction de fiches est le fruit d'une réflexion individuelle qui me paraît indispensable à l'apprentissage. À point nommé, il est fort utile de comparer ses notes et observations avec des collègues. Toutefois, afin d'en retirer pleinement les bénéfices, un travail individuel préalable doit être réalisé.
>
> **Partager pour bonifier? Oui!**
>
> **Prendre sans s'impliquer? NON!**

---

1   Autres exemples de situations pouvant faire l'objet d'une fiche-info : Arbitrage entre deux parties, Passage d'une mission d'examen à une mission d'audit (ou *vice versa*), Transfert de l'entreprise familiale à la génération suivante, Situation de fraude ou Évaluation du travail d'un autre auditeur.

EXEMPLE D'UNE FICHE-INFO PAR CONTEXTE

Contexte :   Planification d'un mandat d'audit

Structure d'analyse :   Appréciation des risques

Seuil de signification

Stratégie d'audit

Secteurs de risque et procédures

Observations :

→ Les facteurs qui sont considérés dans l'appréciation des risques, incluant les procédures analytiques, découlent directement des informations du cas.

La plupart du temps, ces facteurs concernent des événements NOUVEAUX, c'est-à-dire qui sont apparus au cours de la période courante ou qui sont particuliers à l'entité.

Exemple : Puisque les opérations au comptant sont beaucoup plus nombreuses, il se peut que la piste d'audit soit minime, voire inexistante. Le risque que les produits soient sous-évalués est donc plus élevé.

Lorsque l'audit a déjà été planifié, il faut METTRE À JOUR cette planification en tenant compte des événements NOUVEAUX survenus depuis cette planification. (A23 à A30)

→ Il faut toujours terminer l'appréciation des risques par une conclusion claire et précise quant au niveau de risque du mandat d'audit.

Remarque : La plupart du temps, ce niveau est élevé. RESTER ALERTE!

→ La détermination d'un seuil de signification est influencée par la perception des besoins d'informations financières des utilisateurs des états financiers.

SEUIL → UTILISATEURS

Exemple : La possibilité que les états financiers servent maintenant aux autorités étrangères nous amène à établir le seuil de signification à un niveau plus bas que l'an dernier.

Exemple : Il est prudent de fixer un seuil de signification moins élevé pour les éléments ayant une incidence sur le BAIIA, car la direction s'appuiera sur ce montant pour calculer les primes. (A23)

→ La discussion sur la stratégie d'audit n'est habituellement pas très longue. À tous les coups, elle tient compte du contrôle interne de l'entité. En fait, il faut chercher à lier la discussion de la stratégie aux indices du cas.

Exemple : (A25)

nouvelle cotisation TPS/TVH → qualité de la tenue de livres → stratégie

→ Les procédures d'audit pertinentes sont en relation directe avec les risques relevés. Elles doivent être claires, concrètes, et tenir compte des informations du cas.

« Pour s'assurer de..., il faut... »

Exemples : voir cas MAX, cas DFT (A25 à A30), etc.

→ ...

> **Échanger des idées entre collègues dynamise l'apprentissage.**

Personnellement, je considère que les rencontres d'équipe sont particulièrement utiles lorsqu'il s'agit d'effectuer une analyse comparative des cas simulés. Faire ressortir les particularités, les ressemblances et les différences devient plus facile. Le fait de considérer différents points de vue permet l'enrichissement et la consolidation de vos acquis personnels, ce qui est particulièrement utile lorsqu'un examen officiel se pointe. Je vous suggère d'ailleurs d'échanger sur des contextes, rôles ou demandes pour lesquels vous détenez peu d'informations. La création de fiches-info par contexte découle de l'expérience passée. La tendance consiste alors à s'attarder naturellement sur les situations récurrentes.

> **Une situation n'ayant jamais été rencontrée auparavant peut se trouver au cœur du prochain cas.**

Il m'apparaît formateur de s'imaginer des situations inhabituelles ou des scénarios inédits, puis de se questionner sur ce que cela implique.

> **« ET SI... » ou « SUPPOSONS QUE... »**

EXEMPLES DE SITUATIONS INHABITUELLES OU DE SCÉNARIOS INÉDITS

> – Dans la plupart des cas, le risque d'audit de l'exercice courant est plus élevé. Comment réagir dans la situation inverse où le risque d'audit serait plus faible que l'exercice précédent?
>
> – Votre rôle consiste à représenter l'État. Comment planifier et effectuer un mandat d'audit qui consiste à vous assurer du bien-fondé des dépenses réclamées dans le cadre d'un programme de subvention publique (aide gouvernementale)?
>
> – Les créanciers d'une entité en difficulté financière viennent tout juste d'accepter une proposition concordataire. Quelle est l'incidence sur la comptabilité, l'audit, la fiscalité et la gouvernance de l'entité?

Le but de l'exercice est d'envisager l'existence d'autres possibilités. Certes, on ne peut pas tout prévoir, mais on peut à tout le moins apprendre à faire face à une situation qui requiert une approche différente. En d'autres termes, on peut **développer sa capacité d'adaptation**. Quand on prend le temps d'y penser, le fait que le risque d'audit soit plus faible que l'exercice précédent n'est pas une situation si compliquée. La plupart des idées vont s'exprimer à l'inverse de ce qui est « habituel ». Toutefois, dans le temps limité de la résolution d'un cas, faire face à une situation inhabituelle peut être déstabilisant.

> **Savoir comment faire appel à ses connaissances et expériences antérieures est un atout.**

> ## NOUVELLE SITUATION
> ## ↓
> ## RÉACTION ADAPTÉE

Faire ressortir les concepts théoriques

Parmi les nombreuses raisons justifiant l'utilisation de cas dans l'apprentissage de la comptabilité, savoir appliquer les connaissances acquises est l'une d'entre elles. Un cas, c'est un outil pédagogique qui présente un scénario unique (contexte, rôle, demande) servant de prétexte à l'évaluation de vos compétences. Cela comprend, il va de soi, la maîtrise des différents concepts étudiés tout au long de votre formation. Or, vous en conviendrez, la quantité et la diversité des sujets au programme n'est pas négligeable. Il faut, à mon avis, se trouver des moyens pour retenir l'essentiel des notions et concepts étudiés afin de pouvoir plus facilement déterminer « quand » et « comment » s'en servir.

Il est parfois permis de consulter certaines références (normes comptables, règles fiscales ou autre) pendant la résolution d'un cas. Toutefois, dans un temps limité – voire serré –, il faut être conscient qu'une telle consultation doit demeurer occasionnelle, particulièrement lorsqu'il s'agit de résoudre de courts cas. Ce n'est certainement pas le moment « d'apprendre » de nouvelles choses.

Il est indispensable de maîtriser les connaissances de base de notre domaine.

On dit d'ailleurs bien souvent qu'il est préférable de connaître les concepts de base de tous les sujets importants au programme que de maîtriser en profondeur seulement la moitié d'entre eux.

CAS DFT

Prenons l'exemple de l'accord conclu avec Indo-Tech (A5).

La problématique se situe au niveau de la « comptabilisation des produits des activités ordinaires – vente de biens » (A11, A12). Une fois cela établi, le candidat doit déterminer quel est l'aspect critique à analyser, compte tenu des informations du cas. Il doit par la suite décider à quel(s) concept(s) théorique(s) faire référence. Un candidat ayant préalablement fait ressortir la liste des concepts clés du sujet concerné pourra, dans sa tête, les revoir rapidement afin de choisir ce qui est approprié. Avec l'expérience, le processus est quasiment instantané.

Dans le cas DFT, il faut discuter du « transfert des risques et avantages inhérents à la propriété ». Une discussion sur « la nécessité d'évaluer les produits de façon fiable », par exemple, serait inappropriée dans les circonstances.

Un candidat doit donc tout d'abord se rappeler des différents concepts sous-jacents à la comptabilisation des produits afin d'effectuer un choix éclairé sur ce qui est pertinent. Puisqu'il s'agit de concepts de base, il ne devrait pas avoir à relire l'IAS 18 en cours de route. En outre, le candidat doit s'assurer de connaître les termes avec précision, puisque dire par exemple que « les stocks n'ont pas changé de mains », ne veut pas nécessairement dire la même chose que « les risques reliés à la propriété n'ont pas été transférés ».

La compréhension et l'assimilation des connaissances est indispensable à la réussite d'un cas. Tel que mentionné à la Partie 7 (p. 91), avoir développé une bonne technique dans la résolution des cas est une bonne chose, mais cela ne compense pas le manque de connaissances. Il faut donc connaître :

- les **différents aspects d'un sujet** afin de pouvoir identifier précisément quel est l'aspect critique en jeu.
- les **modalités d'application** pour pouvoir correctement s'en servir.

POINT DE VUE

Bien connaître le matériel mis à votre disposition est un atout certain pendant la résolution d'un cas. Un candidat qui a besoin de préciser sa pensée ou qui a besoin de confirmer quelles sont les exceptions à la règle doit pouvoir le faire rapidement. Il doit ainsi connaître la nomenclature ou la Table des matières des références dont il dispose afin d'aller droit au but. Il faut se rappeler, par exemple qu'une transaction unique peut parfois comprendre des éléments identifiables séparément (A10, IAS 18 par. 13).

Il est compréhensible de ne pas se rappeler de tout,

mais il est nécessaire de déterminer, puis de trouver ce que l'on cherche.

Un candidat qui ne voit pas, par exemple que le nouvel immeuble pourrait être considéré comme un bien de remplacement au niveau fiscal, ne pourra certainement pas effectuer une analyse appropriée de ce sujet. Il discutera alors des règles fiscales de base concernant la disposition de biens sans se préoccuper du reste. Sa réponse incomplète n'atteindra probablement pas le seuil de réussite.

Préparer des résumés sur les sujets étudiés est une activité qui varie grandement d'un candidat à l'autre, en fonction de leurs besoins et de leur personnalité. Certains font des résumés très détaillés alors que d'autres n'écrivent que quelques phrases. Certains candidats résument systématiquement tous les sujets au programme alors que d'autres vont le faire de manière sporadique. Peu importe votre façon de faire, je vous suggère et vous recommande fortement de :

PRENDRE LE TEMPS DE FAIRE RESSORTIR, EN QUELQUES TIRETS,

LES CONCEPTS THÉORIQUES DES SUJETS IMPORTANTS AU PROGRAMME.

Ces concepts doivent être énoncés de manière succincte et précise, par quelques mots-clés, afin de mettre en évidence les différents aspects d'un sujet. Par expérience, je peux vous dire que **c'est l'un des moyens les plus efficaces pour retenir l'information.**

EXTRAIT D'UNE FICHE-INFO PAR SUJET

Sujet : Contrôle interne

→ OBJECTIFS :

information financière fiable
prévention et détection des erreurs et des fraudes
sauvegarde des actifs

→ autorisation des opérations

→ séparation des fonctions
3 aspects : autorisation, contrôle de l'actif, enregistrement

→ contrôles physiques

→ traitement de l'information

→ documentation et rapports

→ analyse avantages-coûts de l'implantation d'un contrôle

→ respect des directives, des politiques, des lois

→ ...

EXTRAIT D'UNE FICHE-INFO PAR SUJET

Sujet : Les stocks (IAS 2)

→ DÉFINITION : détenus en vue de la vente – cours normal
(+ stocks en cours de production + matières premières et fournitures nécessaires)

→ ÉVALUATION : au plus faible du coût et de la valeur nette de réalisation (VNR)

→ COÛTS : pour amener les stocks à l'endroit et dans l'état où ils se trouvent

coûts d'acquisition	coûts de transformation	coûts exclus
– prix d'achat – droits de douanes – taxes (non récupérables) – transport – manutention – autres coûts directs MOINS : rabais, remises	coûts directs (MP, m-œuvre) + coûts indirects (frais généraux production) FIXES et VARIABLES ↓ affectation systématique FGF : fondé sur capacité normale FGV : utilisation effective N.B. niveau réel OK si proche	– déchets anormaux (MP, m-œuvre) – coûts de stockage – généraux administratifs – commercialisation – frais généraux non affectés (variation de production) ↓ CHARGES

→ MÉTHODES DE DÉTERMINATION DU COÛT :
Biens fongibles : Premier entré premier sorti OU Coût moyen pondéré
même méthode pour stocks même nature ou usage similaire
Projet spécifique sur commande, PAS fongibles : Identification spécifique du coût
N.B. méthode du prix de détail/méthode du coût standard : OK si résultats proches du coût

→ VALEUR NETTE DE RÉALISATION = prix vente - coûts d'achèvement - coûts de vente
– fondée sur éléments probants les plus fiables disponibles à la date de clôture
→ considérer influence événements APRÈS confirmant conditions en fin de période
→ habituel : élément par élément OU regroupement d'éléments similaires
– si augmentation claire de la VNR → reprise jusqu'au coût initial (plus faible de...)

→ CHARGES : – stock vendu → coût ventes → même période que produits
– dépréciation en charges → dans période où elle se produit
– reprise → diminue coût ventes → dans période où elle se produit

→ AUTRES : construction (IAS 11), produits agricoles (IAS 41), coûts d'emprunt (IAS 23)

Cet exemple fait clairement ressortir les principaux concepts théoriques par l'usage d'une couleur différente. Les explications sont claires et brèves; les grandes sections de la norme sont relevées. Certains mots ou expressions pourraient certainement être davantage abrégés.

Un tableau résume de manière structurée ce qui compose le coût des stocks. Le candidat qui le construit peut ainsi comprendre plus facilement le concept : « pour amener les stocks à l'endroit et dans l'état où ils se trouvent ». Un autre candidat pourrait tout simplement passer outre cet aspect, mais s'attarder davantage sur l'affectation des coûts de fabrication aux stocks, par exemple. Tel que mentionné régulièrement dans ce volume, il faut que toute activité d'apprentissage, quelle qu'elle soit, vous soit PERSONNELLEMENT UTILE.

Les exemples précédents de fiches-info par sujet contiennent tous les deux un rappel succinct des concepts théoriques. C'est l'objectif recherché. Naturellement, certains candidats élaborent davantage en y ajoutant des explications, des exemples ou des références supplémentaires. Quoi qu'il en soit, **assurez-vous d'identifier clairement quels sont les concepts clés afin de pouvoir rapidement les consulter.**

Par expérience, je peux vous dire que les fiches-info par sujet peuvent être particulièrement bonifiées au fil de votre apprentissage :

> *par l'ajout d'exemples tirés des cas simulés.* L'analyse de cas vous permet d'identifier ou de confirmer la validité des concepts théoriques relevés. Vous pouvez noter quels sont les concepts qui reviennent plus souvent que les autres, tel les « avantages économiques futurs » lorsqu'il s'agit d'immobilisations incorporelles (A14). Cela vous permet aussi d'examiner de quelle façon les différents concepts sont appliqués dans la résolution d'un cas. Pour des sujets qui vous occasionnent davantage de difficulté, je vous suggère de prendre en note les exemples rencontrés au fil de votre apprentissage. Un candidat ayant de la difficulté à analyser les situations impliquant la présence de parties liées, par exemple, pourrait examiner dans un même mouvement tout ce qui s'est dit sur ce sujet dans les cas précédents.

EXTRAIT D'UNE FICHE-INFO – PROCÉDURES D'AUDIT SUR LES STOCKS

Assertion d'audit (soldes de comptes en fin de période)	Exemples de procédures d'audit sur les stocks (CAS)
existence	– examiner les rapports produits par les consignataires pour déterminer si le solde des marchandises en consignation est plausible. (NIP) – obtenir les quantités achetées ainsi que les quantités consommées pour calculer le stock qui manque. (CP)
droits et obligations (détient ou contrôle)	– identifier, lors du dénombrement, les articles vendus par mise de côté en contrepartie d'un acompte afin de... (NIP) – examiner les documents relatifs aux stocks en transit pour...
exhaustivité (ce qui doit être enregistré l'a été)	– communiquer avec Stockage Sécu dès que possible pour obtenir confirmation du montant au 30 septembre. (DFT, A27) – passer en revue les rapports de vente produits par les consignataires pour s'assurer que les stocks vendus ont été exclus du dénombrement physique. (NIP)
évaluation et imputation (bons montants, correctement enregistrés)	– examiner des contrats de vente récents pour déterminer la valeur nette de réalisation. (MAX) – se renseigner auprès de la direction et des installateurs au sujet de la désuétude technique de ces pièces pour... (PS) – comparer le prix réduit que DFT pourrait demander au coût comptabilisé pour le stock de ce produit afin de nous assurer qu'il est comptabilisé au plus faible du coût et de la valeur nette de réalisation. (DFT, A29) – comparer les factures d'achat aux prix de vente ultérieurs, car... – repérer les articles désuets ou à rotation lente lors du dénombrement afin de... (MAX)

N.B. Dans les cas simulés, on peut remarquer que l'assertion « évaluation » est celle qui est le plus souvent analysée.

POINT DE VUE

Quel est le meilleur moment pour construire des fiches-info?

L'idéal serait de faire ressortir les concepts clés des sujets fondamentaux tout au long de vos études en comptabilité. Toutefois, la plupart des candidats prennent conscience de la nécessité de revoir les connaissances précédemment étudiées lorsqu'ils commencent à simuler des cas multi-sujets.

Je vous suggère de préparer des fiches-info sur les sujets qui reviennent régulièrement dans les cas, qui sont complexes, qui sont « en vogue », qui vous paraissent plus difficiles ou pour lesquels peu d'écrits existent à l'heure actuelle.

Le choix des sujets dépend aussi de vos forces et de vos faiblesses. Un candidat qui a, par exemple beaucoup de difficulté à résoudre les questions fiscales, fera davantage de fiches-info sur cette matière.

La création de fiches-info par sujet fait partie intégrante du processus de révision des connaissances.

➢ *par la préparation de schémas ou de tableaux.* Lorsqu'il est possible de présenter l'information de manière plus visuelle, n'hésitez surtout pas. D'une part, résumer les concepts en quelques traits ou quelques lignes exige une solide compréhension des sujets. D'autre part, **il est plus facile d'étudier ou de mémoriser un schéma ou un tableau**. Il est d'ailleurs plus rapide – et souvent plus efficace – de faire appel à l'image ainsi créée pendant la résolution d'un cas.

EXEMPLE DE TABLEAU

particularités \ financement à long terme	emprunt obligataire	actions rachetables au gré du détenteur	actions ordinaires
caractéristiques habituelles (échéance, garantie, durée, etc.)			
traitement comptable et présentation aux états financiers			
traitement fiscal – coût du financement (intérêts, dividendes, etc.)			
traitement fiscal – remboursement du capital			

ANALYSE DES CAS SIMULÉS

↓

BONIFICATION DES FICHES-INFO

EXEMPLES DE TABLEAU

normes internationales d'information financière (obligation du public)	normes comptables pour les entreprises à capital fermé

On pourrait, par exemple résoudre le cas DFT (A9 à A17) en faisant plutôt appel aux normes comptables pour les entreprises à capital fermé afin de faire ressortir les différences.

traitement comptable – d'un produit – d'une charge	incidences fiscales – Quand est-ce imposable? – Quand est-ce déductible?

mission d'audit	mission d'examen

**Faire appel aux concepts appropriés,
au bon moment,
est indispensable à la réussite.**

POINT DE VUE

Les fiches et tableaux que vous préparez sont d'excellentes sources d'information, régulièrement mises à jour, lues et relues. L'information colligée contient le résultat de vos analyses, complétées au fur et à mesure de vos expériences en simulation de cas. J'insiste sur le fait que ce fichier est très important.

Il contient les derniers documents que vous lirez juste avant un examen officiel.

C'est votre actif le plus précieux!

Il m'arrive couramment de constater que des candidats préparent des fiches-info qu'ils ne relisent pas. On peut certes dire qu'une partie de l'apprentissage se fait en même temps que la construction des fiches. Toutefois, relire régulièrement ses fiches est un excellent moyen de les mémoriser afin d'y faire appel au moment voulu. Prévoyez, par exemple trois périodes de vingt minutes par semaine à cet effet.

**Ne soyez pas dans l'attente perpétuelle
du « bon moment » pour effectuer la lecture de vos fiches!**

Conclusion

Voici ma réponse à diverses questions posées par des candidats au fil de leur apprentissage par cas :

Q1 : *J'écris régulièrement des examens d'une durée de quatre heures qui comprennent trois cas. Dans quel ordre dois-je les faire?*

R1 : Lorsqu'un examen comprend plus d'un cas, ceux-ci sont habituellement indépendants les uns des autres. Dans ces circonstances, les faire dans l'ordre ou non de leur présentation ne fait pas de différence.

IL FAUT RÉSOUDRE CHACUN DES CAS,

EN RESPECTANT LE TEMPS ALLOUÉ.

Personnellement, dès la réception d'un examen, je regarde très rapidement deux choses : le contenu et la durée de chaque cas qu'il contient. Je préfère débuter par le cas avec lequel je me sens le plus à l'aise afin de créer un climat de confiance.

Je ne résous habituellement pas le cas le plus court en dernier. C'est que le temps est souvent un peu plus serré vers la fin d'un examen ou d'une simulation. Cela ne devrait toutefois pas arriver, puisque le temps alloué à chaque cas doit être respecté. Disons que seulement 3 minutes de retard à chacun des deux premiers cas signifie 6 minutes de moins pour le dernier. Le dommage est plus grand lorsqu'il s'agit d'un cas de 70 minutes, comparé à un cas de 90 minutes.

Q2 : *Lorsque je prépare la structure de ma réponse, j'inscris à côté de chaque sujet le temps prévu à leur résolution (ex.: « 11h20-11h25 » ou « 5 minutes »). Est-ce que cela dérange le correcteur?*

R2 : Je vous encourage certainement à prendre le temps d'établir un plan de réponse, du moins mentalement. Il faut déterminer ce qui est essentiel et planifier comment résoudre les problèmes ou enjeux dans le temps alloué.

Je comprends que l'écriture détaillée de la répartition des minutes entre chacun des sujets puisse être utile, mais cela prend du temps. Il faut s'assurer que cela est profitable dans les circonstances. La détermination du temps par problème ou enjeu, qui intègre la résolution de plusieurs sujets, peut suffire.

Quant au correcteur, cela ne le dérange pas vraiment. Lorsqu'une idée « n'a pas de valeur » comme telle aux fins de l'évaluation d'une réponse, elle n'est tout simplement pas considérée. Bien que cela enlève un peu de professionnalisme au rapport, cela ne pénalise pas la performance d'un candidat.

Q3 : *J'écris plein d'idées dans mes réponses que je ne retrace pas dans les solutions officielles. Comme elles sont bonnes, je les considère dans mon évaluation. Êtes-vous d'accord?*

R3 : Pas vraiment.

Il faut déterminer la valeur de ces « bonnes » idées. C'est qu'il est facile d'écrire des idées qui sont valables en soi, mais qui ne comptent pas. Le cas peut demander une liste de contrôles internes, par exemple. Si la réponse contient plutôt une liste de contrôles de gestion, ce n'est pas la même chose. Même si les contrôles de gestion de la réponse sont de « bonnes » idées, cela ne répond pas à la question. En conclusion, le correcteur d'une réponse ne considère pas toutes les idées émises, mais seulement celles qui sont **pertinentes et nouvelles**.

EST-CE QUE L'IDÉE S'INSCRIT

DANS LE CADRE DES PARAMÈTRES DU CAS?

Q4 : *J'ai de la difficulté à structurer ma réponse. Je commence avec des sujets que je considère comme étant importants, pour me rendre compte en cours de route qu'ils ne le sont pas. De plus, il m'arrive souvent de présenter les sujets moins importants au début. Est-ce que cela influence négativement l'évaluation de ma réponse?*

R4 : En règle générale, dans la résolution d'un cas, les sujets importants sont analysés en premier, suivis de ceux de moindre importance. Dans le contexte où le temps est limité, les sujets peu importants sont tout simplement mis de côté. Par le fait même, les sujets les plus importants, présentés au début de chaque problème ou enjeu, sont analysés avec davantage de profondeur.

L'ÉTABLISSEMENT D'UN PLAN DE RÉPONSE,

PAR ÉCRIT OU MENTALEMENT,

EST UN GUIDE UTILE À LA RÉDACTION.

Lorsqu'un candidat se rend compte qu'il a mal évalué l'importance d'un sujet pendant la rédaction de la réponse, il doit s'ajuster dès qu'il s'en rend compte. S'il est en train d'analyser trop longuement un sujet de moindre importance, il doit abréger la discussion. Certains candidats s'entêtent tout de même à terminer leur discussion en bonne et due forme. Ce n'est pas une bonne idée.

Un correcteur prend en compte la profondeur de l'analyse effectuée, peu importe son emplacement dans la réponse. En d'autres termes, ce n'est pas vraiment l'endroit où est placé un sujet qui compte, mais l'importance qui lui a été accordée dans la réponse. Vous comprendrez que le fait de réaliser sur le tard, par exemple que la survie de l'entité est en jeu, n'invalide pas les idées émises sur cet aspect.

N.B. La fonction « copier/coller » facilite le déplacement du texte.

Q5 : *Mes phrases sont trop longues. Je prends trop de temps pour écrire ce que je veux dire.*

R5 : Il va falloir faire des efforts afin d'arriver à exprimer des idées qui soient à la fois complètes et succinctes. L'objectif visé est d'écrire davantage d'idées : pertinentes et nouvelles. Prendre une réponse et y enlever tout ce qui est inutile est un exercice qui peut t'aider. Tu peux aussi t'exercer à rédiger de nouveau une ou deux sections particulièrement manquées d'un cas.

Il est souvent possible de réduire la longueur du texte sans altérer le contenu, comme suit :

– « Le 4 000 $... » *est préférable à :* « Le montant de 4 000 $... ».

– « On peut...» *est préférable à :* « Il pourrait être envisageable de... » .

– <u>Allocation de retraite :</u> (sous-titre)

   est préférable à : « Tout d'abord, je vais discuter de la possibilité de verser une allocation de retraite. »

Q6 : *Je dois revoir ma façon d'aborder les calculs. Quand j'en fais, ils sont toujours trop longs!*

R6 : En particulier dans un court cas, il faut d'emblée planifier ses calculs en allant à l'essentiel. Quelle est l'utilité du calcul? Quelles sont les composantes importantes? Nul besoin d'un calcul parfait, mais d'un calcul permettant d'appuyer l'analyse ou de justifier la conclusion. Je te suggère de fixer ton regard **sur ce qui peut faire une différence**. Lorsqu'un ajustement ou une composante fait une différence dans l'interprétation du résultat obtenu, il faut le considérer. Quant aux autres ajustements, leur absence d'influence les rend moins importants.

UN CALCUL INCOMPLET, MAIS SUFFISANT,

PEUT RÉPONDRE À L'OBJECTIF RECHERCHÉ.

Q7 : *Certains cas présentent un exemple de réponse d'un candidat à la suite de la solution proposée. Comment analyser un tel exemple de réponse réelle?*

R7 : Les exemples ainsi fournis sont habituellement des réponses de candidats qui atteignent le seuil de réussite dans toutes les compétences (occasions d'évaluation). Cela montre ce qu'un candidat peut « raisonnablement » faire dans le temps alloué. Ces réponses ne contiennent toutefois pas toutes les idées valables pouvant être avancées dans la résolution des problèmes ou enjeux.

IL Y A PLUS D'UNE FAÇON D'OBTENIR LE SEUIL DE RÉUSSITE.

Que faut-il regarder?

- *La profondeur de l'analyse.* Combien de sujets ont été abordés? Combien d'idées ont été émises? Comment a-t-on réparti le temps entre l'analyse qualitative et l'analyse quantitative?

- *La qualité des idées.* Quels sont les concepts théoriques utilisés? Quelle est la nature des conclusions ou recommandations? Quels sont les liens d'intégration?

- *La présentation des idées.* Quel est l'ordonnancement des problèmes ou enjeux? De quelle manière a-t-on structuré les analyses?

Q8 : *Lorsque je simule un cas, il m'arrive souvent de dépasser le temps alloué à sa résolution, car je veux savoir si je peux répondre à toutes les questions demandées. Je manque souvent de temps pour terminer un cas.*

R8 : D'emblée, il faut savoir que le temps manque à peu près toujours pour finir un cas à notre convenance. C'est particulièrement vrai lorsqu'il s'agit d'un court cas.

Cela est plus difficile pour certains candidats, mais il faut absolument apprendre à respecter les consignes du cas simulé. L'évaluation de la performance obtenue dans des conditions plus « favorables » que ce qui est prévu est d'ailleurs parti prisée. Il n'y aura pas d'extension du temps lors d'un examen officiel.

IL EST INDISPENSABLE DE DÉVELOPPER SA CAPACITÉ

DE RÉPONDRE À UN CAS DANS LE TEMPS ALLOUÉ.

En contrepartie, particulièrement lors des premières simulations, il arrive que des candidats terminent la rédaction d'un cas avant l'heure limite. Dans cette situation, arrêter l'exercice avant la fin n'est pas une bonne idée. Certains candidats en profitent alors pour justifier une contre-performance comme suit : « Je n'atteins pas le seuil de réussite, mais j'ai terminé vingt minutes plus tôt. »

IL FAUT UTILISER AU MIEUX

LE TEMPS ALLOUÉ À LA RÉSOLUTION D'UN CAS.

Chaque idée compte et, tel que mentionné dans ce volume, l'écriture d'un plus grand nombre d'idées favorise la réussite. Lorsqu'un candidat dispose d'un surplus de temps pendant la résolution d'un cas, il peut chercher à bonifier sa réponse, comme suit :

- *Prendre du recul* afin de pouvoir détecter la présence d'un enjeu moins explicite. Prendre en considération les profils, les tendances, les incohérences, les parti pris, les similitudes, les irrégularités, les comportements inhabituels, etc.

- *Reprendre la liste des sujets importants* afin de s'assurer qu'ils ont tous été analysés avec suffisamment de profondeur. Il est souvent possible d'intercaler une ou deux idées qui ne modifient pas la recommandation ou la conclusion. Par la suite, si le temps le permet, on peut faire une brève analyse de sujets de moindre importance.

- *Réviser les calculs* afin de s'assurer qu'ils comprennent les composantes importantes. Si le temps le permet, des composantes de moindre importance peuvent être ajoutées sans altérer le résultat final.

Q9 : *Est-ce une bonne idée de simuler de nouveau un cas que j'ai déjà fait auparavant?*

R9 : Rarement.

L'aspect « nouveauté » qui caractérise chaque cas a disparu. L'identification d'un enjeu moins explicite ou la détermination de l'aspect critique des sujets à traiter, par exemple, sont déjà connues. La performance obtenue à une telle simulation de cas n'est tout simplement pas représentative de ta capacité de résoudre des problèmes ou enjeux dans un scénario donné.

LA CAPACITÉ D'ADAPTATION AUX PARTICULARITÉS DU CAS

EST UNE APTITUDE À DÉVELOPPER.

Le candidat qui désire simuler un cas qu'il connaît déjà doit au préalable s'interroger sur son objectif. Lorsque le but recherché est d'améliorer l'efficience dans la rédaction d'idées, cela peut se justifier. Un candidat peut ainsi vouloir se pratiquer à rédiger une solution « appropriée » dans le temps alloué. Il peut aussi vouloir rédiger de nouveau une section qu'il a particulièrement manquée ou s'exercer à générer rapidement un calcul demandé. Dans ces situations, le candidat reprend l'une ou l'autre des parties de la simulation; pas la totalité.

Lorsque le cas n'a pas été analysé ou lorsque plusieurs mois se sont écoulés entre les deux simulations, cela réduit naturellement les inconvénients de simuler de nouveau le même cas.

Q10 : *Afin de ne pas être en panne d'idées et de mieux structurer ma réponse, j'utilise systématiquement l'approche P-I-R (Problème-Impact-Recommandation) pour tous les sujets.*

R10 : Je ne suis pas d'accord.

L'usage d'une telle structure implique que la partie « analyse » de chaque sujet discuté consiste à chercher quel est l'impact du problème relevé. Cela ne peut certainement pas convenir à toutes les situations.

TOUTE STRUCTURE D'ANALYSE,

QUELLE QU'ELLE SOIT,

DOIT ÊTRE UTILISÉE AVEC DISCERNEMENT.

Dans l'analyse d'une question de comptabilité, par exemple, il faut habituellement 1- identifier l'aspect critique en jeu (ID), 2- discuter du traitement comptable pouvant être retenu (ANAL) et 3- recommander le traitement comptable approprié (REC). Dans certaines circonstances, l'impact sur les données financières, tel le BAIIA dans le cas DFT (A10 à A22), fait partie de la solution. Un candidat qui considère par contre que l'impact d'une transaction est le cœur de l'analyse présentera une réponse incomplète ou inappropriée.

L'expérience acquise par la résolution et l'analyse des cas passés doit favoriser la réussite des cas futurs, pas l'entraver.

ANNEXE A

Technologies DFT ltée (DFT)

CAS DFT

(70 minutes)

Technologies DFT ltée (70 minutes) a

IFRS

Technologies DFT ltée (DFT) est une société ouverte du secteur des technologies. Sa date de clôture est le 30 septembre, et elle a adopté les Normes internationales d'information financière (IFRS) l'an dernier. Kin Lo est associé chez Hi & Lo, le cabinet comptable nouvellement nommé auditeur de DFT en juillet pour l'exercice se terminant le 30 septembre 2012. L'ancien auditeur de DFT a pris sa retraite. Kin a rencontré la chef des finances, Anne Rather, pour recueillir des informations sur l'entreprise, et il a achevé les procédures d'acceptation de la relation client et la planification initiale de l'audit.

FAIT!

Nous sommes le 12 septembre 2012. Vous, CPA, travaillez chez Hi & Lo. La semaine dernière, Kin vous a remis les notes prises lors de sa rencontre initiale avec Anne (Annexe I). Vous avez rencontré Anne il y a quelques jours pour faire le tour des événements survenus chez DFT depuis sa rencontre avec Kin. Votre entretien est résumé à l'Annexe II. Anne vous a donné les projections à jour des résultats au 30 septembre 2012 (Annexe III).

CTB
↓
RÉSULTAT
↓
BAIIA
↓
PRIMES

Kin vous demande de préparer un mémo résumant les questions de comptabilité importantes, et d'analyser leur incidence sur la planification de l'audit de fin d'exercice et les procédures à mettre en œuvre. Il s'intéresse surtout aux questions affectant le résultat, car la direction prévoit un exercice plus rentable que les précédents. La direction participe à un nouveau programme de primes fondé sur le bénéfice avant intérêts, impôts et amortissement (BAIIA). La prime commence à s'accumuler lorsque le BAIIA excède 14 millions $.

AUDIT

BIAIS ?

FOCUS 14M

b

```
8 juil      →      10 sept
  ↓                   ↓
notes               notes              NOW
Annexe I          Annexe II    →     12 sept   →   F/E : 30 sept
                    ↓
              ÉVÉNEMENTS
               NOUVEAUX
                    ↓
               Annexe III
```

---

a Au fil de la lecture, les indices pertinents du cas ont été surlignés en jaune alors que tout ce qui concerne la demande a été surligné en vert. Les commentaires qu'un candidat peut écrire sur le texte du cas sont écrits en bleu.

N.B. Puisque les annotations ne servent qu'au candidat, les mots et expressions sont abrégés. On remarque ainsi : « F/E » (fin d'exercice), « CTB » (comptabilité), « M » (millions), « RENC » (rencontre), « OBJ » (objectif), « R&D » ou « R+D » (recherche et développement), « SUBV » (subvention), « TX » (taxes), « FPA » (frais payés d'avance), « IMP » (important), « PROD » (produits), « amort » (amortissement) », etc.

b Un bref schéma de la ligne de temps permet de visualiser rapidement le cheminement des événements. Cela est particulièrement utile dans la présente situation, puisque le cas DFT contient bon nombre de références à l'une ou l'autre de ces dates.

ANNEXE I

NOTES PRISES LORS DE LA RENCONTRE INITIALE DE KIN ET ANNE — JUILLET 2012

Connaissance de l'entreprise

DFT fabrique des composants électroniques pour la téléphonie et la câblodistribution avec ou sans fil. Malgré des ventes trimestrielles assez variables en raison des fluctuations de la demande, la société a connu une forte croissance ces dernières années. Elle doit sans cesse réinvestir en recherche et développement (R&D) pour que ses produits demeurent pertinents et compatibles avec les technologies les plus récentes.

***

ZEUS L'un des nouveaux marchés en pleine croissance dans son secteur est celui de la création d'équipement pouvant convertir les signaux analogiques en signaux numériques. L'équipement permet aux entreprises de maximiser leurs transmissions par la bande passante de l'infrastructure existante. DFT prévoit que Zeus, un nouveau produit qui cible ce marché et devrait être le premier du genre à être commercialisé, sera prêt d'ici la mi-août. *30 sept*

Un nouveau programme de primes a été instauré au début de l'exercice 2012 pour motiver la direction à contribuer à la rentabilité en innovant et en développant de nouveaux produits. *OBJ*

Planification

Le seuil de signification est actuellement estimé à 434 000 $, soit 5 % du résultat net avant impôts préliminaire de 8 681 000 $. *À RÉVISER!*

Comptabilisation des produits a

Composants : La plupart des produits ont trait à la vente de composants. Ils sont comptabilisés lorsque les composants sont expédiés, dans l'hypothèse où le recouvrement est raisonnablement certain. DFT vise une marge moyenne de 40 %. b

Services : DFT génère aussi des produits sur contrats d'ingénierie ponctuels (CIP), qu'elle prévoit être de 1,5 million $ à la date de clôture. Des clients paient DFT pour de la R&D visant des composants complémentaires à des composants existants de DFT. Le plus souvent, DFT n'est pas tenue d'aller au-delà de la phase d'ingénierie initiale; les produits sur CIP sont donc comptabilisés dès l'achèvement des travaux sur le composant en cause. DFT vise une marge de 60 %. b

---

a Les informations de cette page sont de nature factuelle, car elles décrivent les activités ainsi que le type de produits de DFT. On ne peut pas, pour le moment, déterminer quels seront les sujets à discuter. Au fil de la lecture, il sera utile de signaler la catégorie de produits : Composants ou Services.

b La marge des deux types de produits de DFT est une information à relever, puisque tout « ajustement » éventuel au poste Produits entraînera également un ajustement au Coût des ventes.

RISQUE AUDIT

ANNEXE II RENC #2

NOTES PRISES PAR CPA LORS DE SA RENCONTRE AVEC ANNE — LE 10 SEPTEMBRE 2012

Un certain nombre d'événements survenus depuis juillet ont entraîné des modifications des résultats projetés pour l'exercice se terminant le 30 septembre 2012. ***

PRODUITS
↙ ↘
CTB AUDIT
IMP

Indo-Tech composants

DFT a négocié dès le début de 2012 avec Indo-Tech (Indo), un client important établi en Inde. L'accord décrit ci-dessous a été signé. a

DFT et Indo ont passé un contrat avec Stockage Sécu, un tiers non lié exploitant un entrepôt en Inde. Indo a communiqué à DFT ses besoins prévus de production par composant et les dates où les composants devront être en entrepôt. DFT doit s'assurer que les composants arrivent à temps. Les stocks gardés à l'entrepôt appartiennent à DFT. Stockage Sécu doit informer DFT lorsque Indo prend des composants à l'entrepôt. La propriété est transférée à Indo lorsqu'elle prend les stocks. Les stocks ne doivent jamais rester dans l'entrepôt plus de 60 jours. Passé ce délai, ils sont considérés comme vendus à Indo et doivent être isolés pour qu'Indo les prenne dès que possible.

VALEUR 1,5M — Un stock de composants d'une valeur minimale de 1,5 million $ devait être à l'entrepôt le 30 juin, mais Indo n'a rien pris à l'entrepôt avant le 2 août. DFT n'a pu comptabiliser le montant de 1,5 million $ en produits qu'à ce moment-là. Comme DFT n'avait pas inclus la OK vente dans ses projections faites le 8 juillet, celle-ci a été incluse dans les projections révisées.
VALEUR 1,85M — Depuis le 2 août, DFT a vendu pour 1,85 million $ de plus de composants, qu'elle a expédiés à l'entrepôt. Selon les besoins prévus d'Indo, DFT n'expédiera plus de composants avant la fin de l'exercice. Indo n'a encore rien pris du stock de 1,85 million $ livré à l'entrepôt, ? vendu mais DFT croit qu'elle le fera et a comptabilisé les produits. b $

PRODUITS
↙ ↘
CTB AUDIT

Contrat d'ingénierie ponctuel (CIP) services

DFT a comptabilisé en tout 2,5 millions $ en produits sur CIP. Ce montant dépasse les attentes, parce que DFT a eu 1 million $ de produits sur CIP supplémentaires en juillet.

Le client a accepté de payer le prix normal pour le CIP uniquement parce que DFT a consenti pour l'exercice 2013 une remise de 225 000 $ sur la vente de composants qu'elle vendrait habituellement 750 000 $. Sur l'ensemble du contrat, les produits sur CIP de 1 million $ ont 225 000 / 1M été inclus dans les projections de l'exercice en cours parce que le travail a été achevé avant l'échéance du 15 septembre 2012. $

----

a Puisque l'accord « a été signé », il serait inutile de relever les points faibles de cet accord, puis de suggérer des améliorations. Il est trop tard pour changer quoi que ce soit. Dans un rôle d'auditeur externe, ce n'est de toute façon pas une bonne idée.

b Les montants de 1,5M et de 1,85M représentent la « valeur » des stocks, c'est-à-dire le prix de vente ou le montant des produits. En général, lorsqu'il s'agit de stocks, on fait plutôt référence au coût d'acquisition. Il faut donc faire attention aux termes utilisés afin d'effectuer correctement l'ajustement requis. On peut d'ailleurs considérer qu'il s'agit d'un indice en soi dans l'identification du sujet d'analyse.

ANNEXE II (suite)

NOTES PRISES PAR CPA LORS DE SA RENCONTRE AVEC ANNE — LE 10 SEPTEMBRE 2012

IMP

RISQUE AUDIT

Zeus (A4-2) composants

R&D – ZEUS
↙ ↘
CTB AUDIT

En raison notamment de l'importance accordée au CIP décrit ci-dessus et de difficultés techniques imprévues, la mise au point du nouveau produit, Zeus, a été retardée. Il est probable que DFT ne réalisera en tout que pour 200 000 $ de ventes de Zeus d'ici la fin de l'exercice. Elle aura probablement pour 400 000 $ d'unités en stock à cette date. Toutefois, la production vient juste de commencer. De plus, à cause du retard, un concurrent a mis en marché un produit similaire avant DFT. DFT n'est donc plus sûre de pouvoir vendre Zeus au prix prévu. $

IMP

Recherche et développement a

SUBV
↙ ↘
CTB AUDIT

DFT reporte et amortit les frais de développement admissibles. Le report cesse lorsque le produit est prêt pour la mise en marché, et les coûts sont amortis sur la durée de vie estimée du produit, en général trois ans ou moins. DFT a pu obtenir du financement public pour la R&D. Les fonds reçus au titre des subventions, qui totalisent 800 000 $, n'étaient pas prévus dans les projections de juillet et sont maintenant inclus dans les produits. Environ 75 % des frais de développement correspondants sont encore inclus dans les frais de développement différés. $

R&D – ARES
↙ ↘
CTB AUDIT
↓
HADÈS

DFT a maintenant abandonné le développement d'un de ses produits, Arès, pour lequel elle avait encore environ 450 000 $ en frais de développement différés. Le directeur de la R&D de DFT croit cependant que le développement effectué pourra servir pour un nouveau produit, Hadès. DFT continue donc à différer les frais de développement. $

Autres points b

TX – FPA
« +/– »

Une vérification de la TPS/TVH a finalement été achevée fin août 2012. Cela a entraîné une nouvelle cotisation de 125 000 $. DFT a payé le montant immédiatement pour ne pas encourir de pénalité, mais l'a comptabilisé en charges payées d'avance. Comme elle juge que la nouvelle cotisation est incorrecte, elle fait appel. $

CTB : matériel
« ≠ IMP »

DFT a subi une perte de valeur de 100 000 $ sur du matériel de production qui devient obsolète. Cette perte de valeur a été incluse dans l'amortissement des immobilisations. $

PRIMES

Selon les projections révisées de septembre, Anne croit que tous ceux qui sont visés par le programme toucheront une prime. Elle comptabilisera donc un montant estimé de 300 000 $ avant la date de clôture et doit ajuster les projections. À VOIR! $

---

a Il faut faire attention ici. Le cas n'indique pas quel(s) projet(s) a(ont) bénéficié du financement public de 800 000 $. Les informations concernant le produit Zeus sont peut-être présentées dans la paragraphe précédent, mais cela ne justifie pas l'établissement d'un quelconque lien. Il faudrait que ce soit clairement écrit.

b Le titre « Autres points » laisse croire que les éléments qui suivent sont de moindre importance ou peu importants. Il faut tout de même prendre le temps de lire un cas jusqu'à la dernière ligne! Dans le dernier paragraphe, le fait qu'Anne – et, indirectement la direction – « croit » qu'une prime sera versée est un indice à ne pas négliger.

ANNEXE III *PRIMES*

RÉSULTAT NET PROJETÉ POUR L'EXERCICE SE TERMINANT LE 30 SEPTEMBRE 2012
(en milliers de dollars canadiens)

PROJECTIONS ↓ CHERCHER ERREURS

	Projections initiales au 30 sept. 2012, (établies le 8 juillet 2012)	Note	Ajustements de DFT	Note	Projections ajustées au 30 sept. 2012, (établies le 10 sept. 2012)
Produits	55 374 $	1	3 850 $	5	59 224 $
Coût des ventes	31 942	2	1 930	5	33 872
Marge brute	23 432		1 920		25 352
Charges d'exploitation					
R&D	3 991	3	–		3 991
Ventes et marketing	2 622		–		2 622
Frais généraux et administratifs	7 824	4	100	6	7 924
Intérêts	314		–		314
Total des charges d'exploitation	14 751		100		14 851
Résultat avant impôts	8 681		1 820		10 501
Impôts sur le résultat (30 %)	2 604		546	7	3 150
Résultat net	6 077 $		1 274 $		7 351 $

PROD 55 374 + 1 500 + 1 850 + 1 000 + 800 - 1 300 = 59 224
COÛT 31 942 + 900 + 1 110 + 400 - 480 = 33 872

BAIIA (pour le calcul des primes)   À déterminer

10 501 + 314 + amort? VS 14M

5 045

Notes *(montants également en milliers de dollars canadiens)*
Notes des projections initiales (en date du 8 juillet) : *ANN I*

1) Le montant comprend des ventes prévues de 1 500 $ pour le nouveau produit Zeus. Les coûts correspondants sont inclus dans le coût des ventes.
2) Le coût des ventes comprend le coût de Zeus et l'amortissement projeté de 430 $ au titre des actifs liés à la production.
3) Les frais de recherche et développement comprennent l'amortissement projeté de 1 620 $ lié aux frais de développement différés.
4) Les frais généraux et administratifs comprennent l'amortissement projeté de 2 995 $ lié aux immobilisations.

IMP **Modifications apportées aux projections (en date du 10 septembre) :** *ANN II*

5) Produits et coût des ventes
   - *INDO* Pour Indo, augmentation de 3 350 $ des ventes (1 500 $ + 1 850 $) et de 2 010 $ (900 $ + 1 110 $) du coût des ventes (sur la base d'une marge brute de 40 %). Pour les nouveaux produits sur CIP, augmentation de 1 000 $ des ventes et de 400 $ du coût des ventes (sur la base d'une marge brute de 60 %). Aucun montant comptabilisé pour les ventes de composants, car elles n'auront lieu qu'en 2013.
   - *SUBV* Les subventions publiques de 800 $ ont été comptabilisées en produits.
   - *ZEUS* Pour Zeus, réduction de 1 300 $ des ventes et de 480 $ du coût des ventes (sur la base d'une marge brute de 40 %) à cause d'une diminution des ventes projetées.
6) La perte de valeur liée au matériel de production est de 100 $. *« ≠ imp »*
7) La provision pour impôts a été ajustée de 546 $.

EXEMPLE DE NOTES DE LECTURE

CONTEXTE

société ouverte → IFRS   NOW : 12 sept 12 − F/E: 30 sept

technologies   → ventes variables / forte croissance (4-1)
                      → invest R&D
                      → durée vie produit : 3 ans ou moins (6-2)
                              désuétude rapide

NOUVEAU programme primes
     → BAIIA > 14M   BIAIS?
          obj : innov / dével nouv prod (4-3)
          ctb 300 $ prime? (6-6)

marge : composants 40 %
          services 60 %

COMMENTAIRES :

– Lorsqu'on prend un peu de recul et qu'on regarde les pages A5 et A6 dans un même mouvement, on remarque la présence régulière du symbole « $ ». Il s'agit d'un signal en soi à l'effet qu'il est possible de corriger les données financières ajustées de l'Annexe III (établies le 10 septembre 2012).

– Il faut prendre le temps d'analyser le contenu de l'Annexe III avant de planifier la résolution du cas. Puisque cette annexe contient plusieurs notes explicatives, il faut axer sur l'essentiel. Nous pouvons remarquer que les notes se séparent en deux parties : la première est datée du 8 juillet (Annexe I) et la deuxième du 10 septembre (Annexe II). Ces deux dates correspondent aux deux rencontres ayant eu lieu avec Anne. Puisque la dernière rencontre porte sur les ÉVÉNEMENTS NOUVEAUX de la période, son contenu est plus important.

– À l'Annexe III, la réconciliation du chiffre de produits, ainsi que celui du coût des ventes, a été faite au fil de la lecture du cas (Annexe II). Mieux comprendre « ce qui a été fait » facilitera la discussion de « ce qui doit être fait ». Cela permet aussi de visualiser rapidement l'effet net de chacun des ajustements.

On peut également réaliser que la plupart des ajustements se situent au niveau des produits. L'ajustement du coût des ventes, à 40 % ou à 60 %, n'est qu'une formalité.

Finalement, inscrire les chiffres les uns à la suite des autres fait ressortir plus clairement le fait qu'ils amènent à peu près tous une augmentation du résultat net.

– À l'Annexe III, il est possible de faire un bref calcul – mentalement ou par écrit – afin de déterminer si la cible de 14M est atteinte. Puisque Anne « croit que » la direction touchera une prime (A6), vous ne serez pas surpris de constater que le BAIIA projeté excède 14M.

Vous savez déjà, compte tenu de l'ampleur des montants en cause, qu'un traitement comptable différent de l'une ou l'autre des questions de comptabilité importantes fera une différence sur le versement (ou non) de primes.

Après tout, vous êtes en train de résoudre un cas!

GUIDE D'ÉVALUATION a
TECHNOLOGIES DFT LTÉE
OCCASIONS D'ÉVALUATION (COMPÉTENCES)

Il faut faire ressortir les concepts pertinents, pas nécessairement reproduire les normes.

simulation de cas
↓
objectif pédagogique

Les guides ont été élaborés pour les candidats à l'EFU. Par conséquent, il se peut que la solution suivante ne rende pas compte de toutes les complexités d'une situation réelle. Les Annales de l'Évaluation uniforme ne constituent pas une source de PCGR faisant autorité.

Par ailleurs, les renvois aux chapitres du Manuel de l'ICCA inclus dans la solution suggérée visent uniquement un but pédagogique. Même si l'on s'attend à ce que les candidats appliquent les normes du Manuel dans leur analyse des questions d'information financière et de certification, on ne s'attend pas à ce qu'ils citent directement le Manuel. Il est rappelé aux candidats que, s'ils décident d'inclure des citations du Manuel, il n'en sera tenu compte dans l'appréciation de leur réponse que si la citation est intégrée à une analyse significative des données pertinentes du cas.

OBJECTIF
↓
application des normes

À : Kin Lo, associé
De : CPA
Objet : Mémo concernant DFT b

CITATION DES NORMES COMPTABLES
≠
ANALYSE DE LA QUESTION

Vous trouverez ci-joint mon mémo décrivant les questions de comptabilité pertinentes pour Technologies DFT ltée (DFT). J'ai également indiqué l'incidence de ces questions sur notre audit et sur les procédures que nous avons planifiées. Vous avez dit que vous vous intéressiez surtout à l'incidence des questions affectant le résultat en raison du nouveau régime de rémunération de la direction fondé sur le BAIIA. Un certain nombre des questions dont je traite ci-dessous affectent les intérêts, les impôts, l'amortissement ou des éléments inclus dans le résultat avant impôts. J'ai donc expliqué l'incidence de ces questions sur le BAIIA dans le contexte du calcul des primes.

Ce premier paragraphe est une introduction qui ne contient aucune idée pertinente ou nouvelle.

Le ton utilisé dans le deuxième paragraphe montre bien le fait que l'on s'adresse à l'associé, soit le supérieur immédiat, et non au client.

Je crois que vous devrez parler des primes avec Anne dès que cette dernière sera disponible. Lors de notre entretien, elle m'a dit croire que les membres de la direction toucheront leur prime, et elle prévoit donc comptabiliser un montant estimatif à cet égard. D'après mes projections révisées concernant le résultat, il se pourrait que le seuil de bénéfice ne soit pas atteint, de sorte que les membres de la direction ne toucheraient pas de primes. J'ai par ailleurs formulé des commentaires concernant le nouveau programme de primes. c

ASPECT CLÉ mis en évidence dès le départ
↓
NOUVEAU programme de primes

---

a Dans ce guide d'évaluation, les informations provenant du cas sont surlignées en jaune, tandis que les concepts théoriques sont surlignés en orange. Les commentaires qu'un candidat ou qu'un professeur pourrait formuler au fil de l'analyse de cette solution proposée sont écrits en bleu. Les commentaires des correcteurs, intégrés au guide d'évaluation, sont en caractère gras/italique. Plusieurs abréviations sont utilisées afin d'alléger les annotations : « ID » (Identification du problème/enjeu/sujet), « ANAL » (analyse), « REC » (recommandation), « CONC » (conclusion), « ÉF » (états financiers), « VNR » (valeur nette de réalisation), « G+A » (généraux et administratifs), etc.

b Les rubriques « À, De, Objet » servent d'introduction au mémo demandé. Personnellement, tel qu'expliqué dans la Partie 2 (p. 26), je rappelle brièvement les grandes lignes de la demande dans l'Objet du rapport. Cela remplace le contenu du premier paragraphe ci-dessus. J'inscrirais également « Date : 12 septembre 2012 ». Dans le cadre de l'audit de fin d'exercice du 30 septembre, il m'apparaît important de situer sa position dans le temps. Cela permet, par exemple de planifier adéquatement l'obtention des éléments probants sur l'existence des actifs.

c Bien que ce paragraphe soit placé au début de la solution, le lien à l'annexe de calcul pourrait tout de même y être présenté afin d'appuyer les propos avancés.

DEMANDE : analyse des questions de comptabilité importantes

OCCASION D'ÉVALUATION/INDICATEUR n⁰ 1
Information financière

RAPPEL : seuil à 434 000 $

Occasion d'évaluation/Indicateur principal n⁰ 1 *(V-2.2, V-2.3)*

Le candidat présente une analyse appropriée des questions de comptabilité.

Le candidat montre sa compétence en Information financière.

Étant une société ouverte canadienne, DFT est tenue de communiquer l'information financière selon les IFRS, qu'elle a déjà adoptées. J'ai relevé un certain nombre de questions de comptabilité, dont plusieurs affecteront considérablement les résultats projetés de l'exercice, ce qui aura une incidence directe sur le montant des primes et pourrait donner lieu à des anomalies significatives dans les états financiers.

questions comptables
↓
résultats projetés
↓
montant des primes
↓ ↓ ↓
anomalies significatives

Comptabilisation des produits

1- remise CIP
2- stocks Indo
3- subventions

1-
de moindre importance

CONC

Contrat d'ingénierie ponctuel (CIP)

Les CIP représentent une source importante de produits. DFT a comptabilisé en tout 2,5 millions $ en produits sur CIP. Selon IAS 18 *Produits des activités ordinaires*, il était approprié de comptabiliser le premier 1,5 million $ de produits sur CIP parce que DFT ne semblait pas avoir d'autres obligations au-delà des travaux d'ingénierie initiaux et que les produits étaient donc entièrement acquis. a

2 aspects :
– 1,5 M
– 1 M supp

Le candidat qui ne se rappelle pas de cette particularité de la norme comptable peut toutefois se servir de ses connaissances générales et du « bon sens ». Il est logique de considérer que la remise s'applique à la fois à la période courante et à la période subséquente.

Cependant, le plus récent contrat diffère des CIP précédents. En juillet, DFT a obtenu un CIP de 1 million $. La différence est que le client a accepté le prix normalement demandé pour le CIP uniquement parce que DFT lui a consenti une remise de 225 000 $ sur la vente de composants habituellement vendus 750 000 $ dans l'exercice 2013. Les produits sur CIP n'auraient pas été gagnés sans cette concession de la part de DFT. Ils sont donc liés à la vente future de composants. Selon le paragraphe 13 d'IAS 18, les transactions sont considérées comme liées et devraient être traitées comme un tout :

DONC

ASPECT CRITIQUE : DEUX TRANSACTIONS LIÉES

*« [...] dans certaines circonstances, il est nécessaire d'appliquer les critères de comptabilisation à des éléments d'une transaction unique identifiables séparément afin de refléter la substance de cette transaction. Par exemple, lorsque le prix de vente d'un produit comprend un montant identifiable au titre de services ultérieurs, ce montant est différé et comptabilisé en produits des activités ordinaires sur la période au cours de laquelle le service sera exécuté. À l'inverse, les critères de comptabilisation sont appliqués à **deux ou plusieurs transactions regroupées lorsque celles-ci sont liées de telle façon que leur incidence commerciale ne peut être comprise sans faire référence à l'ensemble des transactions considérées comme un tout.** Par exemple, une entité peut vendre des biens et, dans le même temps, conclure un accord distinct visant à racheter ces biens à une date ultérieure, niant de la sorte l'effet réel de cette transaction ; dans ce cas, les deux transactions sont traitées conjointement. »*

---

a La comptabilisation de la première partie des produits CIP, au montant de 1,5M, ne pose aucun problème particulier. Puisque le traitement comptable à suivre est clair, une conclusion justifiée à l'aide de la théorie et des informations du cas suffit.

REC claire et précise

Une partie de la remise devrait être appliquée aux produits sur CIP puisque le montant facturé est déterminé conjointement avec le prix d'autres éléments (la vente de composants) de la transaction. La valeur brute totale de la vente est de 1,75 million $ (1 million $ pour le CIP plus 750 000 $ pour les composants). a Comme DFT a accordé une remise de 225 000 $ sur la vente de composants afin d'obtenir l'ensemble du contrat, une partie de la remise devrait être imputée aux produits sur CIP. En conséquence, une partie des produits sur CIP de 1 million $ qui aurait autrement été comptabilisée devrait être différée.

DONC? IMPACT ÉF

séparation des périodes

hypothèse simple : prorata

Le pourcentage du contrat exécuté avant la fin de l'exercice est de 57 % si on se fonde sur des produits de 1 million $ divisés par 1,75 million $. DFT devrait donc imputer 57 % de la remise à la partie CIP du contrat en différant 57 % de la remise de 225 000 $ (128 571 $). b

$$1 / 1,75 \text{ M} = 57 \%$$

Un calcul simple et court est intégré dans le corps même du texte.

lien d'intégration CTB – AUDIT

La réduction des produits est importante, mais elle n'est pas significative pour l'audit des états financiers (voir le recalcul du seuil de signification). La réduction nette aura une incidence directe sur le calcul des primes.

CTB : IMP, car 250 / 1 000
AUDIT : pas significatif, 129 < 434

POINT DE MIRE ↓ 2012

CONCEPT : substance sur la forme ↓ deux transactions comme un tout

(La plupart des candidats n'ont pas vu que la remise était liée à la vente future de composants et qu'elle devait être prise en compte dans le cadre de la transaction générant une partie des produits sur CIP de 1 million $. Ils se sont plutôt arrêtés au fait que la remise n'avait pas été comptabilisée et qu'elle devait être reflétée dans les états financiers de l'exercice considéré. Les candidats ayant le mieux réussi ont saisi la substance sous-jacente du contrat et compris que les deux transactions de vente devaient être considérées comme un tout. Ils ont également appliqué leurs connaissances techniques aux données de la simulation. Ces candidats ont réparti la remise adéquatement entre 2012 et 2013 sur une base rationnelle.)

répartition? ↓ base rationnelle

2-
IMP

Indo-Tech (Indo)   accord en vigueur → respect des modalités

L'accord conclu avec Indo est structuré de telle sorte que les produits sont acquis soit lorsque Indo prend possession des stocks, soit lorsque les stocks sont restés dans l'entrepôt du tiers plus de 60 jours. Par suite de cet accord, la totalité du stock d'une valeur de 1,5 million $ qui a été expédié au 30 juin pourrait être comptabilisée au 30 septembre, même si Indo ne l'avait pas pris le 2 août. Selon IAS 18, il est approprié de comptabiliser ces produits. c

2 aspects : – 1,5 M – 1,85 M

CONC

---

a Il faut bien comprendre que DFT a deux types de produits : Composants et Services (A4) et que les contrats d'ingénierie ponctuels (CIP) font partie des Services. On prévoyait 1,5M de ces produits à la date de clôture; la balance des produits d'environ 50-55M (A7) étant pour les Composants.

Or, il y a eu 1M de produits supplémentaires CIP (Services) au prix habituel EN 2012 à cause d'une remise qui sera accordée EN 2013 sur la vente de Composants. Il faut donc attribuer à chacun des exercices la juste part de la remise de 225 000 $ qui lui revient.

b

ce que DFT prévoit faire		
produits	2012	2013
services	1 000 000	–
composants	–	750 000

ce qui devrait être fait		
produits	2012	2013
services	871 429 *	–
composants	–	878 571

* 1 000 000 - 128 571

N.B. C'est la répartition du montant entre les deux exercices qui change; le total des produits est toujours de 1,75M.

c La comptabilisation du stock d'une valeur de 1,5M ne pose aucun problème particulier. Puisque le traitement comptable à suivre est clair, une conclusion justifiée à l'aide de la théorie et des informations du cas suffit.

QUESTION À ANALYSER : CONSTATATION DES PRODUITS

Cependant, l'autre stock de 1,85 million $ livré à l'entrepôt ne pourra être comptabilisé en produits à moins qu'Indo ne le prenne d'ici le 30 septembre, <u>car</u> le délai de 60 jours ne sera pas encore écoulé depuis son arrivée à l'entrepôt (nous ignorons les dates exactes d'expédition et d'arrivée, mais si le stock a été expédié le 3 août, il se sera écoulé environ 57 jours au 30 septembre). Seul le montant des ventes des composants dont Indo aura pris possession pourra être comptabilisé en produits au 30 septembre. a Le reste des composants devra être comptabilisé en stocks au coût, à moins que le délai de 60 jours en entrepôt ne soit écoulé. b

CONCEPT : séparation des périodes

REC
IMPACT ÉF

L'accord conclu avec Indo est inhabituel en cela qu'il transfère à Indo la propriété des stocks qui demeurent plus de 60 jours en entrepôt. Il semble peu probable qu'Indo accepte de payer pour des stocks qu'elle n'a pas encore sortis de l'entrepôt. Si les stocks demeurent en entrepôt et ne sont pas payés, il peut y avoir des problèmes de recouvrabilité (voir IAS 18, alinéa 14(d)).

ASPECT CRITIQUE : TRANSFERT DES RISQUES ET AVANTAGES

(De nombreux candidats ont traité de cette question et la plupart ont réussi à utiliser les données de la simulation pour étayer leur analyse. Toutefois, certains candidats n'ont pas compris l'importance du délai d'entreposage des stocks de 60 jours chez Stockage Sécu et ils ont seulement tenu compte du transfert des risques et avantages dans leur analyse. Ces candidats ont conclu que la vente ne devait pas être comptabilisée parce qu'Indo n'avait pas pris les stocks.)

particularité du cas : délai de 60 jours
Il faut se servir de cette information!

3- Subventions

IMP
800 > 434

« réception » → comptabilité de trésorerie (CASH) ≠ comptabilité d'exercice

La totalité des produits au titre des subventions publiques a été comptabilisée à tort au moment de leur réception. Le paragraphe 17 d'IAS 20 *Comptabilisation des subventions publiques et informations à fournir sur l'aide publique* précise ce qui suit :

ID

problème identifié
↓
analyse ciblée

*«Dans la plupart des cas, les périodes au cours desquelles une entité comptabilise les coûts ou charges liés à une subvention publique peuvent être déterminées aisément. Par conséquent, les subventions octroyées pour couvrir des charges spécifiques sont comptabilisées en résultat net sur la même période que les charges liées. **De même, les subventions relatives à des actifs amortissables sont généralement comptabilisées en résultat net sur les périodes où sont comptabilisés les amortissements de ces actifs et proportionnellement à ces amortissements.**»*

ASPECT CRITIQUE :
SUBVENTION COMPTABILISÉE AU MÊME MOMENT QUE L'ÉLÉMENT AUQUEL ELLE SE RAPPORTE

a 2 août		F/E 30 septembre
↓		↓
Indo prend 1,5M de stocks à l'entrepôt.	DFT expédie 1,85 M de stocks à l'entrepôt.	Les stocks de 1,85M sont encore à l'entrepôt.
↓		↓
DFT inscrit le produit de 1,5M.		DFT ne doit pas inscrire le produit de 1,85M.

b Fondamentalement, la question de comptabilité à analyser concerne la constatation des produits. Certes, les informations du cas relatent les mouvements des stocks jusqu'en Inde, puis jusque chez Indo. Toutefois, la véritable question est celle-ci : QUAND CONSTATER LES PRODUITS? EN 2012 OU EN 2013? Lorsque cette question sera réglée, il sera facile de déterminer le coût des ventes correspondant ainsi que les stocks en main, en vertu du principe du rattachement des charges aux produits.

REC

Par conséquent, les subventions publiques de 800 000 $ auraient trait à des actifs amortissables, et devraient <u>donc</u> être comptabilisées en résultat net sur les périodes où sont comptabilisés les amortissements de ces actifs et proportionnellement à ces amortissements (ou encore, elles pourraient être portées en diminution des charges). Comme 75 %, ou 600 000 $, des frais de développement correspondants sont encore inclus dans les frais de développement différés (information fournie par Anne), seulement 200 000 $ du montant des subventions devraient être comptabilisés en résultat. Les 600 000 $ restants devraient être différés et comptabilisés en résultat à mesure que les coûts connexes sont amortis. Actuellement, DFT a comptabilisé toutes les subventions en produits (à noter qu'il existe <u>donc</u> une erreur de classement).

800 :
– 600 bilan
– 200 rés

DFT :   800 en produits
À FAIRE : 200 en diminution des charges; 600 à capitaliser / à amortir sur 3 ans

REC
IMPACT ÉF

Par conséquent, il faut réduire les produits des activités ordinaires de la totalité des 800 000 $. Comme il faut différer 600 000 $, les 200 000 $ restants sont réaffectés à la recherche et au développement. La dotation aux amortissements sera également ajustée. Selon la politique de DFT, la période d'amortissement est de trois ans ou moins. L'ajustement consisterait <u>donc</u> à amortir les subventions sur la même période de trois ans, d'où un amortissement estimé à 200 000 $ par an (à noter que le montant annuel devra alors être calculé au prorata du nombre de mois applicable).   N.B. Cet ajustement de l'amortissement des frais de développement différés ne figure pas dans le résultat net ajusté (A18).

actif
↓
amortissement

Note : Une partie des subventions reçues est sans doute destinée à la recherche plutôt qu'au développement. Il y aurait comptabilisation immédiate du montant des subventions au moment de la comptabilisation des frais de recherche, et la dotation à l'amortissement serait ajustée <u>en conséquence</u>. a

hypothétique
↓
peu IMP

(La plupart des candidats ont traité de cette question de façon généralement satisfaisante. Les candidats ont appliqué leurs connaissances techniques aux données de la simulation et conclu à un traitement approprié étayé par leur analyse.)

IMP

Zeus – Stocks

ASPECT CRITIQUE : VNR DES STOCKS

Même
s'il serait
préférable
de détenir de
plus amples
informations
sur la valeur
de ces stocks,
il faut tout
de même
présenter une
conclusion.

Il était prévu que Zeus serait prêt à la mi-août. Le retard dans la mise au point et l'entrée sur le marché d'un produit concurrent avant Zeus pourraient soulever des doutes quant à la valeur des unités de Zeus en stock (la production commence à peine). Selon IAS 2 *Stocks*, une dépréciation serait requise si la valeur nette de réalisation est inférieure au coût inscrit. Comme DFT dégage en général une marge de 40 % sur ses composants, une diminution du prix de vente prévu n'aboutirait vraisemblablement pas à une valeur nette de réalisation inférieure au coût, même si la marge était réduite. Donc, il n'y aura sans doute pas lieu de déprécier ce stock au 30 septembre.   ↓ prix de vente jusqu'à 40 %   →   marge positive
DONC fort probable que VNR ≥ coût

Attention
aux
conclusions
drastiques!
Le stock
n'a pas une
valeur de
0 $.

Comme la production vient de commencer, il risque d'y avoir des problèmes de contrôle qualité, ce qui pourrait nécessiter une provision pour garanties en prévision de réclamations éventuelles. Ce risque augmente si on tient compte du parti pris de la direction l'incitant à augmenter le chiffre d'affaires afin d'obtenir des primes plus élevées.

peu d'indices
↓
hypothétique
↓
peu IMP

LIEN
PRIMES

a On ne sait effectivement pas quelle est la partie des subventions qui s'applique aux frais de recherche, puisque le cas mentionne seulement qu'il s'agit de financement public pour la R&D (A6). En l'absence d'informations, on ne peut que supposer...
J'attire votre attention sur le fait que les idées avancées dans ce paragraphe sont générales et hypothétiques, par manque d'appui concret provenant du cas. Le contenu de cette Note ne m'apparaît donc pas nécessaire à la réussite de ce sujet.

théorie + cas
  ↓ ↓
   ↓ *analyse*

(Certains candidats se sont demandé si la valeur des unités de Zeus en stock était toujours appropriée et ils ont utilisé les données de la simulation pour étayer leur questionnement (par exemple, le fait qu'un produit concurrent soit entré sur le marché avant Zeus). Ces candidats ont vu que la valeur de réalisation nette devait être comparée au coût, et souvent, ils ont établi le lien entre leur analyse et les travaux d'audit qu'il serait nécessaire de réaliser à cet égard pour déterminer s'il y avait lieu de déprécier ce stock.)

lien CTB – AUDIT

1- Zeus
2- Arès

Recherche et développement   Bien que l'aspect critique soit le même – déprécier ou non les frais de R&D différés – l'analyse du produit Zeus et l'analyse du produit Arès sont faites séparément. C'est que les informations du cas, ainsi que les concepts théoriques concernés, ne sont pas les mêmes.

de moindre importance

Zeus a

ASPECT CRITIQUE : CONDITIONS DU REPORT – DÉPRÉCIATION

Des difficultés techniques imprévues b ont retardé la mise au point de Zeus. DFT prévoit produire des unités et réaliser des ventes d'ici la fin de l'exercice, mais la production vient juste de commencer (il reste à peine deux semaines avant la clôture). Comme DFT exerce ses activités dans un secteur où il est important d'avoir une longueur d'avance sur la concurrence et de produire de nouvelles technologies, et compte tenu par ailleurs que DFT misait sur un marché en pleine croissance avec Zeus, la valeur de Zeus peut être remise en question maintenant qu'un concurrent lui a coupé l'herbe sous le pied et que DFT croit qu'il lui faudra vendre son produit moins cher. Nous devrons peut-être évaluer la probabilité que Zeus soit ID mis en marché (autrement dit, évaluer si les conditions du report sont toujours remplies). c

lien aux particularités du secteur de DFT (A3-A4)

sens pratique

   pas de chiffres dans le cas → pas d'ajustement au résultat net

(Peu de candidats ont abordé cette question, peut-être parce que la simulation ne les orientait pas clairement dans ce sens. Ils ont parfois mentionné la mise au point du nouveau produit (Zeus), mais ils n'ont fourni que très peu de renseignements supplémentaires à ce sujet. Parmi les candidats qui se sont demandé si les frais de développement continueraient de respecter les conditions du report, la plupart ont su étayer leur analyse des points techniques relatifs au report à l'aide des données pertinentes de la simulation.)

IMP
450 > 434

Arès

ASPECT CRITIQUE : CONDITIONS DU REPORT – DÉPRÉCIATION

L'abandon du développement d'Arès indiquerait normalement qu'une dépréciation s'impose. Selon IAS 38 *Immobilisations incorporelles,* les conditions pour la comptabilisation d'une immobilisation incorporelle comprennent notamment la faisabilité technique de l'achèvement de l'immobilisation incorporelle et l'intention d'achever celle-ci en vue de la mettre en service ou de la vendre, et la probabilité qu'elle génère des avantages économiques futurs. Ces conditions doivent être remplies à un moment précis, par exemple lors de l'appréciation du projet.

2 produits distincts : ARÈS + HADÈS

  1- considérer le produit Arès d'un point de vue individuel (paragraphe ci-dessus)
  2- considérer un transfert de frais au produit Hadès (1er paragraphe de la page A15)

---

a La discussion de la question de radier une partie ou la totalité des frais de développement différés du produit Zeus est une « question indirecte ». Elle fait tout de même partie de la « demande directe » de discuter des questions de comptabilité.

b À la lecture du cas (A6), le mot « techniques » peut faire penser au critère de « faisabilité technique » inhérent aux frais de développement (IAS 38 par. 57*(a)*). De plus, le fait qu'un « concurrent a mis en marché un produit similaire AVANT DFT » vient altérer la capacité de générer des « avantages économiques futurs probables » (IAS 38 par. 57 *(d)*). Ces indices nous amènent à voir au-delà de la question des stocks pour se questionner aussi sur les frais de développement différés.

c L'analyse de ce sujet pourrait être rédigée d'une autre manière. On pourrait commencer par dire qu'une dépréciation des frais de R&D de Zeus est probablement nécessaire en appuyant cette conclusion par les nombreux indices fournis dans le cas.

Même si le développement pourra servir au moins en partie pour un nouveau produit, Hadès, DFT n'a manifestement pas l'intention de poursuivre le projet Arès. À un moment donné, une appréciation d'Hadès devra être faite pour savoir si les conditions d'IAS 38 sont remplies, et il ne sera pas possible de lier les coûts du projet Arès à ceux du projet Hadès à moins que, dès le départ, certains coûts aient été identifiés comme s'appliquant aux deux produits. En conséquence, les frais de développement de 450 000 $ devraient être sortis du bilan.

REC claire et précise

*DONC?
IMPACT ÉF
↓
résultat net*

La sortie du bilan entraîne une augmentation des charges de 450 000 $.

(La plupart des candidats qui ont abordé cette question ne l'ont fait que brièvement, et ont conclu que les frais devaient être sortis du bilan parce que le développement d'Arès avait été abandonné. Ces candidats n'ont pas tenu compte du point de vue de la direction, à savoir que les coûts pouvaient servir pour le produit Hadès, et ils ont donc eu du mal à présenter une analyse approfondie.) Que l'on soit d'accord ou non avec celui-ci, le point de vue de la direction doit être analysé.

*PEU IMP
125 < 434*

Éventualité
ASPECT CRITIQUE : ACTIF ÉVENTUEL? DÉBIT?

*ce qui a été fait :
FPA 125
Caisse 125*

La nouvelle cotisation de 125 000 $ relative à la TPS/TVH est déjà payée, et rien ne garantit que les tribunaux permettront que la somme soit remboursée à DFT même si cette dernière croit qu'il y a eu erreur. Le montant constitue par conséquent un actif éventuel, qu'IAS 37 *Provisions, passifs éventuels et actifs éventuels* définit comme suit : « *un actif potentiel résultant d'événements passés et dont l'existence ne sera confirmée que par la survenance (ou non) d'un ou plusieurs événements futurs incertains qui ne sont pas totalement sous le contrôle de l'entité.* » Le paragraphe 33 d'IAS 37 précise ce qui suit : « *Les actifs éventuels ne sont pas comptabilisés dans les états financiers puisque cela peut conduire à la comptabilisation de produits qui peuvent n'être jamais réalisés. Toutefois, lorsque la réalisation des produits est quasiment certaine, l'actif correspondant n'est pas un actif éventuel et dans ce cas, il est approprié de le comptabiliser.* » Étant donné que DFT ne peut être certaine que les tribunaux permettront que la somme lui soit remboursée, la réalisation des produits n'est pas « quasiment certaine » et aucun actif ne devrait être comptabilisé.

*CONCEPT :
« quasiment certain »*

DONC

Selon IAS 37, les actifs éventuels ne sont pas comptabilisés, mais ils peuvent être mentionnés dans les notes annexes lorsqu'une entrée d'avantages économiques est probable. Il semble trop tôt pour déterminer si le montant sera réalisé. Par conséquent, le montant ne devrait pas être comptabilisé en charges payées d'avance, ni présenté dans les états financiers. DFT devrait plutôt examiner quelle est l'origine de la nouvelle cotisation : est-ce pour ne pas avoir perçu la TPS/TVH alors qu'elle aurait dû l'être ou pour avoir demandé un CTI sans y être admissible? Au lieu de comptabiliser une charge payée d'avance, DFT aurait dû inscrire le montant là où la nouvelle cotisation indiquait des erreurs. Il y aura donc nécessairement une augmentation des charges.

DONC

*peu d'indices
↓
arbitraire*

Pour le moment, les 125 000 $ sont portés en augmentation des frais généraux et administratifs. Le poste Frais G+A est le meilleur choix dans les circonstances.

*DONC?
IMPACT ÉF
↓
résultat net*

(Peu de candidats ont vu que le montant de 125 000 $ constituait un actif éventuel. Les candidats n'ont abordé cette question que très brièvement et la plupart ont conclu que la charge payée d'avance n'avait pas été comptabilisée correctement et que le montant aurait dû être passé en charges.) a

*peu important
↓
être bref
↓
justifier directement la conclusion*

_____

a Puisqu'il s'agit d'un sujet peu important, il est normal d'effectuer une analyse plus succincte. Il faut à tout le moins s'assurer de justifier la recommandation.

Perte de valeur

Il est clair que la perte de valeur doit figurer au résultat net. La question est plutôt de déterminer OÙ?

ID

La perte de valeur de 100 000 $ relative au matériel de production devenu obsolète ne doit pas être incluse dans l'amortissement des immobilisations (les frais généraux et administratifs ont été ajustés), mais dans le coût des ventes.

ASPECT CRITIQUE : CLASSEMENT DE LA PERTE AU RÉSULTAT NET

IAS 16 *Immobilisations corporelles* définit l'amortissement comme étant la répartition systématique du montant amortissable d'un actif sur sa durée d'utilité, alors qu'une perte de valeur est déterminée au moyen d'une évaluation qui ne fait pas partie du processus normal de répartition. La perte de valeur pourrait être comptabilisée comme une charge distincte.

Ce n'est toutefois pas un montant important.

CONCEPT : caractère significatif

En pratique, comme l'amortissement des actifs liés à la production est inclus dans le coût des ventes, on pourrait faire valoir que la perte de valeur devrait être elle aussi incluse dans le coût des ventes puisqu'elle est liée au matériel de production. De plus, pour présenter une information complète, DFT devrait sans doute présenter la perte de valeur séparément de l'amortissement dans les notes aux états financiers, plutôt que de les grouper en un seul montant, selon son caractère significatif (voir les paragraphes 85 et 86 d'IAS 1 concernant la présentation de postes supplémentaires). a

Du fait de cette réduction de valeur, il faudra peut-être que la direction s'interroge également sur les périodes d'amortissement.

« peut-être »
↓
hypothétique

LIEN PRIMES

IMPACT

Il faudra examiner les conséquences sur le calcul de la prime. Comme celle-ci est fondée sur le BAIIA, l'inclusion de la perte de valeur dans l'amortissement signifie qu'elle n'entre pas dans les charges aux fins du calcul. Si toutefois elle est mentionnée séparément, on pourrait faire valoir qu'elle fait partie du coût des ventes et qu'elle doit être prise en compte dans le calcul du BAIIA.

Question pertinente : perte de valeur INCLUSE ou EXCLUSE du BAIIA?

DONC?
IMPACT ÉF
↓
résultat net

L'ajustement de 100 000 $ au titre de la dépréciation doit être sorti des frais généraux et administratifs et inclus dans le coût des ventes, et il ne doit pas être considéré comme un amortissement.

CONC

Le montant de 100 000 $ n'est pas très important, mais il vous permet tout de même de montrer votre compréhension de l'impact sur le calcul de la prime.

(Environ le tiers des candidats seulement ont abordé la question de la dépréciation. La plupart d'entre eux ont su présenter une analyse appropriée, dans laquelle ils ont indiqué que la perte de valeur ne devait pas être incluse dans l'amortissement, mais qu'elle devait être présentée ailleurs dans les états financiers.)

a
_____

AMORTISSEMENT	PERTE DE VALEUR
matériel de production	matériel de production
↓	↓
répartition systématique du montant amortissable d'un actif sur sa durée d'utilité	excédent de la valeur comptable d'un actif sur sa valeur recouvrable
↓	↓
fait partie du processus normal de répartition	ne fait pas partie du processus normal de répartition
↓	↓
Coût des ventes	charge distincte OU Coût des ventes

Primes à la direction a

DFT a un nouveau programme de primes cette année. Les 300 000 $ qu'Anne s'apprête à comptabiliser ne peuvent pas l'être avant que certaines conditions soient remplies. Le paiement des primes dépend de l'atteinte du montant de BAIIA établi. b

condition à remplir : BAIIA > 14 M

ASPECT CRITIQUE : EXISTENCE D'UNE OBLIGATION

Dans le cas présent, la question est de savoir si l'entité a une obligation juridique ou implicite. D'après les dispositions des paragraphes 17 à 20 d'IAS 19 et celles d'IAS 37, il ne semble pas encore y avoir d'obligation juridique puisque les conditions d'octroi d'une prime ne sont pas encore réunies. La question est de savoir si la prime pourrait être perçue comme une obligation implicite. Étant donné que le programme de primes n'existait pas dans le passé, il ne semble pas non plus y avoir d'obligation implicite. La prime pourrait être considérée comme une provision. Toutefois, rien ne garantit que le seuil de BAIIA sera atteint, de sorte qu'aucun montant ne doit être comptabilisé au titre des primes pour l'instant. Si les conditions sont remplies au 30 septembre, une provision pourra alors être comptabilisée. c

obligation juridique

obligation implicite

CONC attendre la finalisation des É/F pour comptabiliser la provision

PRINCIPE COMPTABLE : rattachement des charges aux produits

(Très peu de candidats se sont demandé si les primes à la direction constituaient une obligation juridique ou une obligation implicite. Les candidats ont été plus nombreux à se demander si le seuil établi pour le programme de primes serait atteint, ce qu'ils ont habituellement déterminé en recalculant le résultat net ajusté et en calculant le BAIIA.)

Il faut faire référence au calcul en annexe.

questions comptables
↓
résultat net
↓
calcul de la prime
↓
provision

1- La dette (provision) existe-elle?
  – événement passé
  – obligation juridique ou implicite
2- Et, pour quel montant?
  – estimation de manière fiable

---

a Il est facile d'oublier l'analyse de la provision pour primes. D'une part, elle n'est pas encore inscrite aux livres et, d'autre part, il s'agit du dernier des « Autres points » de l'Annexe II du cas (A6). Ne perdez toutefois pas de vue que l'instauration d'un nouveau programme de primes au début de l'exercice 2012 figure parmi les particularités importantes du cas DFT (A8). De ce point de vue, il faut en évaluer l'impact sur l'une ET l'autre des demandes du cas : comptabilité ET audit. À mon avis, la détermination de l'importance de la question de la comptabilisation des primes doit tenir compte du résultat net révisé; résultat vraisemblablement en deçà de la cible de 14M. Puisque l'attribution des primes dépend de la précision de ce montant, il est normal que la question de la provision soit présentée en dernier lieu.

b Au moment de la résolution du cas, le montant estimé de 300 000 $ des primes à verser n'est pas encore inscrit aux livres. La façon d'exprimer les idées tient compte de ce fait.

c On pourra déterminer plus précisément, le 30 septembre, si des primes devront être versées à la direction de DFT. À ce moment-là, le poste Provision pour primes est une dette estimative. L'obligation existe, mais son montant demeure incertain. Il en sera ainsi tant que les états financiers ne sont pas « finalisés », puisque diverses écritures de régularisation peuvent affecter le BAIIA. En fait, il faut pratiquement attendre jusqu'à la date de l'autorisation de publication des états financiers (IAS 10) pour déterminer le montant exact des primes à verser. En d'autres termes, il faut être prêt à réévaluer le montant provisionné en fonction d'informations plus récentes.

Résultat net ajusté pour l'exercice se terminant le 30 septembre 2012
(en milliers de dollars)

baisse IMPORTANTE du résultat net → pas de primes → seuil de signification

	Projections de DFT ajustées	Ajustements comptables	Note	objectif du calcul ↓ Projections révisées
Produits des activités ordinaires	59 224 $	(2 779)	A1	56 445 $
Coût des ventes	33 872	(1 010)	A1, A4	32 862 $
Marge brute	25 352	(1 769)		23 583 $
Charges d'exploitation				
Recherche et développement	3 991	250	A2, A1	4 241 $
Ventes et marketing	2 622	–		2 622 $
Frais généraux et administratifs	7 924	25	A3, A4	7 949 $
Intérêts	314	–		314 $
Total des charges d'exploitation	14 851	275		15 126 $
Résultat avant impôts	10 501	(2 044)		8 457 $
Impôts sur le résultat	3 150	(613)	A5	2 537 $
Résultat net	7 351 $	(1 431)		**5 920 $**

Note A1 PRODUITS ↓ 129 ↓ 800 ↓ 1 850 ↓ 2 779

Notes A1, A2 R&D ↑ 450 ↓ 200 ↑ 250

ne pas seulement calculer ↓ interpréter!

La mention « 30 % » placée à côté des Impôts peut remplacer la note A5, puisqu'il s'agit d'une information fournie telle quelle dans le cas.

Notes :

Note A1 a
- Les produits ont été réduits de 129 000 $, soit 57 % de la remise de 225 000 $ liée au CIP.
- Les produits ont été réduits de 800 000 $ au titre des subventions publiques, car elles ne peuvent être comptabilisées en produits. Il faudrait différer un montant de 600 000 $ de pair avec les frais de développement différés. Le solde de 200 000 $ est porté aux frais de R&D. (Il faudrait également ajuster l'amortissement; s'il est pris sur trois ans, la charge d'amortissement augmentera de 200 000 $ (600 000 $ ÷ 3) et elle sera alors calculée au prorata du nombre de mois applicable.)
- Les produits ont été réduits de 1,85 million $ au titre d'un stock expédié à Indo pour lequel les produits ne sont pas encore gagnés. Le coût des ventes est ajusté de 1,11 million $ sur la base d'une marge de 40 % pour les ventes de composants (hypothèse : la marge est la même).

impact sur amortissement : 600/3 = 200 non considéré ici, mais considéré en A20

Puisque le cas ne contient aucun indice quant au nombre de mois applicable, il est raisonnable d'utiliser une année complète dans le calcul.

Note A2
- Les frais de recherche et de développement ont été augmentés de 450 000 $ au titre des frais de développement différés liés au produit Arès (sortie du bilan des frais de R&D différés). Ils ont également été réduits de 200 000 $ pour tenir compte des subventions sorties des produits.

Note A3   L'amortissement devra éventuellement augmenter de 450/3 ans = 150.
- Les frais généraux et administratifs ont été augmentés de 125 000 $ au titre de la nouvelle cotisation relative à la TPS/TVH (montant auparavant classé dans les charges payées d'avance).

Notes A1, A4 CMV ↓ 1 110 ↑ 100 ↓ 1 010

Note A4
- DFT a comptabilisé 100 000 $ pour la dépréciation d'actifs. Le montant peut être inclus dans le coût des ventes, et non pas dans les frais généraux et administratifs, et il ne doit pas être considéré comme un amortissement. Donc, il faut sortir le montant de 100 000 $ des frais généraux et administratifs et l'inclure dans le coût des ventes.

Note A5
- Si on utilise un taux d'imposition estimatif de 30 %, les ajustements comptables devraient être réduits de 613 000 $ (soit 2 044 000 $ × 30 %).

a Le contenu des notes explicatives peut être présenté, en partie ou en totalité, dans le corps même du texte de la réponse. Il ne serait alors pas nécessaire de tout répéter ici.

COMMENTAIRES :

– Lorsqu'il s'agit de présenter des notes explicatives, je préfère personnellement créer une note distincte pour chacun des ajustements. Cela permet de mieux préciser la référence, tout en minimisant les erreurs.

– IL N'EST ABSOLUMENT PAS NÉCESSAIRE DE FOURNIR LES ÉCRITURES DE JOURNAL DANS LA RÉPONSE AU CAS.
  Toutefois, dans le processus d'analyse de la solution proposée, cela aide à comprendre ce qui se passe, particulièrement lorsque les opérations en cause sont complexes.

Écritures de journal (ÉJ) a

ÉJ	Description du compte	Débit	Crédit
1	Produits	128 571 $	
1	Produits différés		128 571 $

250 000 $ x 57 % = 128 571 $
Pour reporter une partie de la remise sur produits CIP.

ÉJ	Description du compte	Débit	Crédit
2	Produits	1 850 000 $	
2	Clients		1 850 000 $
2	Stocks	1 110 000 $	
2	Coût des ventes		1 110 000 $

1 850 000 $ x 60 % = 1 110 000 $
Pour contrepasser la vente de stocks qu'Indo-Tech n'est pas venu chercher à l'entrepôt.

ÉJ	Description du compte	Débit	Crédit
3	Produits	800 000 $	
3	Frais de développement différés		600 000 $
3	R&D (résultat net)		200 000 $

Pour inscrire adéquatement les subventions reçues au cours de la période.

ÉJ	Description du compte	Débit	Crédit
4	R&D (résultat net)	450 000 $	
4	Frais de développement différés		450 000 $

Pour déprécier les frais de développement du produit Arès.

ÉJ	Description du compte	Débit	Crédit
5	Coût des ventes	100 000 $	
5	Frais généraux et administratifs		100 000 $

Pour reclasser la perte de valeur liée au matériel de production.

résultat net (annotation en marge, accolade regroupant les ÉJ 1 à 4)

Les trois premières ÉJ entraînent une diminution des produits. (annotation en marge)

– Les principaux ajustements concernent les postes Produits et Coût des ventes. Dans la présente situation, un simple calcul de la marge brute contient donc l'essentiel des ajustements requis.
  En conséquence, présenter la marge brute révisée, au lieu de l'état du résultat net, serait suffisant.

---

a PENSER DÉBIT– CRÉDIT LORSQU'IL S'AGIT DE REDRESSER DES ÉTATS FINANCIERS MINIMISE LES ERREURS ET LES OUBLIS.
C'EST UNE FAÇON EFFICACE DE PROCÉDER, MÊME S'IL N'Y A QUE QUELQUES POSTES À CORRIGER.

**Bénéfice avant intérêts, impôts et amortissement (BAIIA)
selon le résultat net projeté, après révision** a

Partie 6
page 74

	Projections de juillet de DFT	Projections de DFT ajustées	Après ajustements comptables	COMMENTAIRES
Résultat avant impôts	8 681 $	10 501 $	8 457 $	(ajusté – Voir feuille de calcul précédente)
Ajouter :				
Intérêts	314	314	314	
Amortissement des actifs liés à la production	430	430	430	
Amortissement des frais de développement différés	1 620	1 620	1 620	
Ajustement de l'amortissement des frais de dév. diff. (note 1)			(200)	Lié à subv. gouv. différée (600 k/3 ans estim.) b
Ajustement de l'amortissement des frais de dév. diff. (note 1)			150	Lié à l'abandon d'Arès (450 k/3 ans estim.) c
Amortissement des immobilisations	2 995	3 095	2 995	
BAIIA pour le calcul des primes	14 040 $	15 960 $	13 766 $ < 14M	Seuil pour l'obtention des primes : 14 millions $
Marge brute de 40 % sur composants de 1 850 $				
expédiés à Indo (si pris avant le 30 sept.) d			740	Si pris par Indo avant 30 sept., primes possibles
			14 506 $ > 14M	Les dirigeants toucheraient leur prime

Note : Il faut un BAIIA de 14 millions $ pour que les dirigeants touchent une prime.
*D'autres ajustements peuvent être nécessaires — des renseignements supplémentaires
seraient requis dans ce cas.*

Zeus : Prise en compte de la valeur du projet (a-t-il une valeur?)
Une dépréciation du stock est-elle requise?). e   Inconnu   Impossible à quantifier pour le moment

Note 1 – Les frais de développement sont amortis sur la durée de vie estimative
du composant, habituellement trois ans ou moins.
On suppose qu'il reste trois ans pour le projet visé par la subvention reçue et pour le projet Arès.

---

a Il faut réaliser que la préparation de ce calcul, en sus de celui présenté précédemment (A18), requiert davantage de temps que ce qui est réellement disponible pour la résolution de ce cas de 70 minutes. Dans un premier temps, je vous suggère de bien comprendre l'ensemble de la solution proposée. Dans un deuxième temps, je vous suggère de prendre du recul afin de déterminer ce qui peut être raisonnablement fait dans le temps alloué.

Personnellement, tel que discuté dans la Partie 6, j'aurais effectué un seul calcul, soit le BAIIA ajusté; calcul comprenant les principaux ajustements (p. 74 OU p. 81). En outre, il ne me paraît pas nécessaire de présenter les deux premières colonnes du tableau ci-dessus qui ne font que répéter l'information du cas. Seule la troisième colonne contient des idées pertinentes et nouvelles, puisque l'objectif de ce calcul est de comparer un résultat révisé à la cible de 14M.

b Cet ajustement de l'amortissement n'a pas été considéré dans le calcul du résultat net ajusté (A18). Il aurait pu et devrait – en théorie – y figurer. Il n'est toutefois pas nécessaire d'aller aussi loin dans la préparation du calcul pour réussir la présente partie de la solution.

Cet ajustement découle d'une écriture d'ajustement précédemment effectuée (ÉJ#3). En diminuant les frais de développement différés de 600 000 $ suite à la réception des subventions, il va de soi que cela diminue aussi la charge d'amortissement à partir de la date où les subventions sont comptabilisées. Son importance vient du fait que cela influence, *via* le calcul du BAIIA, le montant des primes à verser à la direction.

Afin de déterminer le montant de l'ajustement, il est nécessaire de faire une hypothèse. On suppose ici que les subventions ont été reçues – par défaut – le premier jour de l'exercice et que la durée de vie restante correspond à la durée de vie habituelle des produits, soit trois ans. Il s'agit d'une hypothèse raisonnable, qui s'appuie sur les informations du cas, et qui est facile à travailler.

c Les mêmes commentaires que ceux émis en « b » s'appliquent à cet ajustement qui découle d'une écriture d'ajustement précédemment effectuée. En radiant les frais de développement différés de 450 000 $ (ÉJ#4) suite à l'abandon du produit Arès, il va de soi que cela diminue aussi la charge d'amortissement à partir de la date de cette radiation.

d J'attire votre attention sur la façon de présenter ce dernier ajustement de 740 $. Puisqu'on ne sait tout simplement pas si Indo-Tech va prendre possession du stock AVANT ou APRÈS le 30 septembre, c'est une bonne idée de faire un sous-total du BAIIA sans considérer cet ajustement. On remarque d'ailleurs QUE CET AJUSTEMENT FAIT UNE DIFFÉRENCE, puisque le BAIIA corrigé frôle la cible de 14M.

e Pour le moment, on ne sait pas si une dépréciation du stock de Zeus est requise et, advenant la nécessité de le faire, le cas ne contient aucun indice permettant d'en déterminer le montant. Personnellement, dans la présentation d'un calcul, je ne mentionne pas ce qui ne peut être exprimé par des chiffres.

ENJEU
EXPLICITE

En ce qui concerne l'occasion d'évaluation/l'indicateur principal n° 1 (Information financière), le candidat doit être classé dans l'une des cinq catégories suivantes :	Résultat %
Non traité – Le candidat ne traite pas de cet indicateur principal.	0,0 %
Compétence minime – Le candidat ne satisfait pas à la norme En voie vers la compétence.	1,5 %
En voie vers la compétence – Le candidat mentionne certaines des questions de comptabilité importantes pour DFT liées à l'application des IFRS.	36,7 %
Compétent – Le candidat analyse certaines des questions de comptabilité importantes pour DFT liées à l'application des IFRS, et s'interroge sur l'incidence de ces questions sur les états financiers projetés ou sur le calcul des primes.	61,5 %
Compétent avec distinction – Le candidat analyse plusieurs des questions de comptabilité importantes pour DFT liées à l'application des IFRS, et s'interroge sur l'incidence de ces questions sur les états financiers projetés ou sur le calcul des primes.	0,3 %

Compétence
minime :
↓
manque de
profondeur
OU
incidence
non
mentionnée

MENTIONNE
↓
ANALYSE
↓
CERTAINES
↓
PLUSIEURS

←

IMPACT
↓
ÉTATS
FINANCIERS
ou
CALCUL
PRIMES

certaines
questions
↓
pas toutes
↓
parmi
les plus
importantes
↓
**au moins
un aspect**
de la
constatation
des produits

(On demandait aux candidats de présenter une analyse appropriée des questions de comptabilité. Pour atteindre le niveau Compétent, les candidats devaient traiter de certaines des questions de comptabilité importantes que l'application des IFRS entraînait pour DFT et s'interroger sur l'incidence de ces questions sur les états financiers projetés ou sur le calcul des primes. Les candidats étaient clairement orientés vers cet indicateur puisque l'associé demandait un mémo résumant les questions de comptabilité importantes.)

(Les candidats ont relativement bien réussi cet indicateur. La plupart ont su appliquer correctement leurs connaissances techniques aux données de la simulation. La majorité des candidats ont formulé des recommandations à l'égard des traitements comptables appropriés à l'appui de leur analyse. Quant aux questions traitées, la plupart des candidats ont abordé un aspect de la comptabilisation des produits, mentionnant le plus souvent la question de la comptabilisation anticipée des ventes à Indo, ainsi que les subventions et les unités de Zeus en stock. À la fin de leur analyse des questions comptables, de nombreux candidats ont aussi traité des incidences de ces questions sur les états financiers projetés, les primes ou les deux.)

théorie   cas
↓   ↓
analyse
↓
recommandation
↓
impact

CONNAISSANCES TECHNIQUES + DONNÉES DE LA SIMULATION → NIVEAU COMPÉTENT

analyse
solide
↓
technique
+
application

(Les candidats solides ont présenté des analyses bien structurées dans lesquelles ils traitaient de l'essentiel des questions. Leurs analyses étaient solides, tant du point de vue technique que de celui de l'application. Les candidats faibles n'ont pas fait preuve d'un niveau suffisant de connaissances des IFRS ou n'ont pas utilisé les données de la simulation pour étayer leur analyse. Souvent, leur analyse des questions était générale et n'était pas adaptée à la simulation.)

analyse
structurée

ESSENTIEL DES QUESTIONS → QUESTIONS IMPORTANTES

COMMENTAIRES :

– Le niveau « En voie vers la compétence » exige la considération de **certaines questions comptables**. Il est évident qu'il en faut plus d'une; je dirais environ trois, essentiellement parmi les plus importantes. Il faut également être conscient qu'il faut faire un peu plus que seulement « mentionner » la question qui doit être analysée. Dire, par exemple que « les subventions de 800 000 $ sont mal comptabilisées », ne suffit pas. Il faut à tout le moins « tenter » de résoudre la question en suspens.
À ce niveau d'évaluation, l'analyse d'un sujet n'est pas complète, mais <u>en voie</u> de l'être.

– On peut d'emblée remarquer qu'il n'est pas nécessaire d'effectuer un calcul du résultat net révisé ou du BAIIA révisé pour réussir cette compétence. Il faut toutefois s'interroger quant à l'INCIDENCE sur les états financiers OU sur le calcul de la prime. Cela se démontre par une analyse qualitative OU par une analyse quantitative.

L'ESSENTIEL EST DE DÉPASSER L'EXPLICATION QUANT AU TRAITEMENT COMPTABLE APPROPRIÉ ET D'EN ÉVALUER L'IMPACT.

Les informations du cas fournissent l'ampleur de la majorité des questions de comptabilité, présentent un résultat net ajusté, puis insistent sur la cible du BAIIA de 14M.

Personnellement, j'aurais effectué un calcul pour appuyer mes idées. Dans ce genre de situation, il est généralement plus rapide d'exprimer l'incidence par des chiffres que par des mots. Cela permet d'ailleurs de prendre du recul pour mieux évaluer la situation globale. Nous reviendrons sur ce point avec l'occasion d'évaluation n° 3 (A33) portant sur les primes de la direction.

– L'une des questions fondamentales est de déterminer ce qu'il faut faire pour obtenir le seuil de réussite – niveau Compétent – en Information financière. Disons qu'un certain nombre de sujets doivent être analysés avec suffisamment de profondeur. Je dirais trois ou quatre sujets figurant – du moins pour la majorité – dans la liste des sujets importants (Partie 2, p. 21). Il m'apparaît indispensable d'analyser la question des produits d'Indo-Tech.

L'analyse des sujets choisis doit être complète, c'est-à-dire qu'elle explique et justifie le traitement comptable retenu. L'intégration des concepts théoriques aux particularités du cas doit être démontrée. L'aspect critique à discuter doit être bien ciblé. Une analyse sur la comptabilisation des stocks expédiés en Inde, par exemple, ne remplace pas une analyse « pertinente » sur la constatation des produits.

En d'autres termes, l'analyse d'un sujet de moindre importance – même si elle est bien faite – ne compense pas l'absence ou le manque de profondeur dans l'analyse d'un sujet important.

– Pour fins d'apprentissage, je vous suggère de procéder à l'évaluation individuelle de chaque question comptable. En d'autres termes, faites comme si l'occasion d'évaluation Information financière se scindait en occasions d'évaluation multiples.
On détermine alors si le seuil de réussite est atteint **pour chacune des questions de comptabilité importantes** (A3), soit :

- Comptabilisation des produits – Indo-Tech
- Subventions
- Stocks – Zeus
- Recherche et développement – Arès

IL FAUT VISER L'ATTEINTE DU NIVEAU COMPÉTENT À CHACUNE DES QUESTIONS IMPORTANTES D'UN ENJEU.

OCCASION D'ÉVALUATION/INDICATEUR n⁰ 2
Audit et certification

Occasion d'évaluation/Indicateur principal n° 2   *(VI-2.3, VI-2.4, VI-2.5, VI-2.9)*

Le candidat mentionne l'incidence des questions de comptabilité sur la planification de l'audit et suggère des procédures à mettre en œuvre.

Le candidat montre sa compétence en Audit et certification.

Notre cabinet a été nouvellement nommé auditeur (juillet 2012), et nous nous préparons pour l'audit des états financiers de l'exercice. À la suite d'un examen des comptes, je note un certain nombre de questions liées à DFT qui devront être prises en compte pour la planification et la réalisation de notre audit.

Seuil de signification

Nous devons tout d'abord déterminer si notre calcul préliminaire du seuil de signification, établi à 434 000 $, demeure valable. D'après les prévisions révisées qui tiennent compte des ajustements comptables, je crois qu'une modification s'impose. Le seuil de signification a été estimé initialement en juillet, à 434 000 $, soit 5 % du résultat net avant impôts qui est de 8 681 000 $ (nous nous sommes fondés sur les paragraphes A4 et A7 de la NCA 320). Mon estimation révisée, calculée selon la même base, mais en tenant compte des ajustements comptables notés (5 % de 8 457 000 $), s'établit à 422 850 $. a Selon ces calculs, le seuil de signification pour les états financiers pris dans leur ensemble devrait être abaissé. CONC

Le calcul préliminaire du seuil de signification pour les états financiers pris dans leur ensemble a été effectué lors de la planification initiale de l'audit, mais il n'est pas clair si le seuil de signification pour les travaux a aussi été déterminé.

Le cas ne contient aucune information sur le seuil de signification pour les travaux.

En outre, il serait plus prudent de fixer un autre seuil de signification (moins élevé) pour les éléments ayant une incidence directe sur le BAIIA et d'envisager l'établissement d'un seuil de signification pour les travaux en ce qui concerne les éléments qui soulèvent certaines préoccupations, car la direction s'appuiera sur ces éléments davantage que par le passé pour calculer les primes.

ID : déterminer si le calcul préliminaire du seuil demeure valable
ANAL : évaluer la nécessité de réviser le seuil (ajustements comptables, nouveaux utilisateurs)
REC : fixer autre seuil / établir seuil pour travaux / revoir seuil après la date de clôture

a Dans une perspective d'intégration, il est important de faire le lien aux ajustements comptables effectués. C'est le fait de prendre 5 % du résultat net ajusté qui importe; pas l'obtention d'un montant exact, tel que 8 457 000 $. Dans l'analyse du seuil de signification, il faut donc utiliser le résultat obtenu, quel qu'il soit.
Tel que discuté dans la section précédente (A22), il n'était pas nécessaire de calculer un résultat net ajusté ou un BAIIA ajusté. L'absence d'un tel calcul ne doit toutefois pas vous empêcher d'évaluer l'incidence des ajustements comptables sur le seuil de signification préliminaire de 434 000 $. Puisque la résolution de la majorité des questions de comptabilité va dans le sens d'une DIMINUTION DU RÉSULTAT NET, il est à tout le moins possible de mentionner que le seuil devrait être révisé À LA BAISSE. Il est d'ailleurs facile d'effectuer un bref calcul comprenant un ou deux ajustements qui appuient votre argumentation.

Comme les résultats seront plus certains après la date de clôture, et au fil des ajustements découlant de l'audit, nous devrions revoir le seuil de signification pour nous assurer que nous aurons fait un travail d'audit suffisant et approprié pour étayer notre opinion. Lorsque nous découvrirons des erreurs non corrigées comme celles notées précédemment, nous devrons demander à la direction de les corriger. a   NCA 450 : *Évaluation des anomalies détectées au cours de l'audit*

REC

(Certains candidats ont réussi à lier leur analyse des questions comptables et l'incidence de celles-ci sur la planification initiale de l'audit déjà réalisée. Ils ont vu que le seuil de signification devait être modifié. Les candidats solides ont procédé à des calculs afin d'établir un nouveau seuil de signification qui tenait compte des modifications comptables recommandées. Certains d'entre eux ont aussi mentionné la nécessité de fixer un seuil de signification pour les travaux, un seuil de signification pour les éléments ayant une incidence directe sur le BAIIA, ou les deux. Les réponses faibles ne traitaient aucunement de cet aspect de la planification initiale de l'audit, même si les données de la simulation fournies dans les notes prises lors de la rencontre de juillet 2012 indiquaient que le seuil de signification était alors estimé à 434 000 $.)

LIEN
CTB – AUDIT

IMP de lier
au BAIIA
↓
paramètre
clé

ANALYSE
SOLIDE
↓
CALCUL
SEUIL
RÉVISÉ

nouvel utilisateur
↓
direction → BAIIA → primes

Évaluation des risques

concept
important
↓
revoir
évaluation
des risques
↓
mise à jour

En plus de revoir le seuil de signification, nous devrions revoir notre évaluation des risques. L'auditeur est tenu de consigner dans la documentation son évaluation des risques d'anomalies significatives au niveau des états financiers pris dans leur ensemble (réf. : NCA 315, paragraphes 25 et A105 à A108) et au niveau des assertions (réf. : NCA 315, paragraphe 32).

ID

Au niveau des états financiers, en ce qui concerne la nature des activités de DFT et son environnement opérationnel, nous savons que DFT est une société du secteur des technologies dont les ventes trimestrielles sont assez variables en raison des fluctuations de la demande. Nous savons aussi que l'entreprise s'appuie beaucoup sur la R&D pour que ses produits demeurent pertinents (la durée de vie des produits est en général de trois ans). Par suite de changements survenus au cours de l'exercice, DFT a de nouveaux types de contrats générateurs de produits (Indo et le CIP ponctuel), a conclu un accord avec un tiers exploitant un entrepôt outre-mer, a touché de nouvelles subventions pour la recherche et le développement, et a retardé la production de son nouveau produit, Zeus. Ces facteurs devront être pris en compte lorsque nous planifierons nos procédures.

particularités
du contexte
A4, A8

NOUVEAUX
événements
de la
période

programme de primes → parti pris de la direction ↑ risque d'erreurs

peu d'infos
↓
peu à dire
↓
théorique

Nous n'avons pas beaucoup d'information sur l'environnement de contrôle de DFT, et nous devrons consacrer un certain temps à la documentation des systèmes pour acquérir une compréhension approfondie.

ID :	revoir l'évaluation des risques
ANAL :	considérer les nouveaux événements de la période
CONC :	aborder l'impact des nouveaux risques

CONC

aspect
CONTRÔLE
↓
IMP en audit

Au niveau des états financiers, les risques suivants doivent être pris en considération. D'abord, l'existence d'un programme de primes fondé sur le BAIIA augmente le risque d'erreurs, la direction pouvant avoir un parti pris dans ses prises de décisions ou contourner les contrôles dans le but d'augmenter le BAIIA. Ce risque devra être pris en compte lorsque nous examinerons les opérations et les soldes de comptes. Ensuite, la nouvelle cotisation pour la TPS/TVH soulève une question sur la qualité de la comptabilité et de la tenue de livres.

Bien que le montant de cette cotisation ne soit pas très important, cela soulève tout de même un doute quant à la qualité de la tenue de livres.

N.B. L'Annexe II du cas DFT s'étend sur plus de 2 pages!

(En ce qui a trait aux risques, peu de candidats ont pris en considération l'incidence des nouvelles informations obtenues après la rencontre initiale avec Anne en juillet 2012.)

a Personnellement, afin de montrer ma capacité d'intégration, j'aurais fourni un exemple d'erreur provenant de l'analyse précédente des questions comptables. J'aurais présenté L'UNE DES PLUS ÉVIDENTES, entre parenthèses, afin de justifier mes propos.

examen de
l'environnement
de contrôle
↓
appui sur le
système
↓
stratégie
d'audit

Stratégie a

Ce n'est qu'après avoir examiné l'environnement de contrôle que nous pourrons déterminer si nous pourrons nous appuyer sur le système et adopter pour l'audit une stratégie fondée sur les contrôles. De plus, nous pourrions juger utile de mettre en œuvre d'autres procédures d'audit à l'égard des aspects présentant un risque qui ont été identifiés lors de notre précédent entretien sur les questions comptables (par exemple, la comptabilisation des produits afférents aux ventes à Indo et des produits sur CIP).

exemples concrets présentés entre parenthèses

Je présume que la planification initiale de l'audit a déjà pris en compte les travaux qui devront être effectués pour que nous obtenions une assurance sur les soldes d'ouverture (conformément à la NCA 510), puisque ce n'est pas nous qui avons audité les états financiers de l'exercice précédent. *C'est vrai, mais ce n'est pas très utile de le dire. Il faut plutôt axer sur les éléments À FAIRE.*

Procédures et planification pour les principaux aspects présentant un risque qui ont été identifiés b

Le « COMMENT » et le « POURQUOI » de chaque procédure est mentionné. ✓ : procédure

ASPECT CRITIQUE : déterminer si les deux opérations sont liées

Élément	Assertion	Risques spécifiques	Procédures
Produits sur CIP (ingénierie : 1 000 000 $; vente de composants : 750 000 $)	Réalité, exactitude, séparation des périodes et classement	Risque : que les conditions pour la comptabilisation des produits ne soient pas remplies.	✓Obtenir copie du plus récent (du seul) contrat et examiner les conditions en vertu desquelles les produits sont acquis, afin de comprendre quand et à hauteur de quel montant les produits peuvent être comptabilisés en 2012. Tenir compte des éléments probants à l'appui de la nécessité de différer des produits (c'est-à-dire, un lien avec la vente de composants).
de moindre importance		*LIEN avec analyse comptable*	✓Vérifier la date d'achèvement du travail d'ingénierie (15 septembre) et les marges obtenues par rapport au contrat, et vérifier que les états financiers reflètent la substance de l'opération (différer une portion de la remise de 225 000 $ sur le prix de vente normal de 750 000 $).

OBJECTIFS Quand? Quel montant?

répartition de la remise de 225 000 $

Le parti pris de la direction de surévaluer le BAIIA teinte l'audit.

ingénierie (A4) : à l'achèvement des travaux → OBJECTIF : Quelle est la date d'achèvement?

_____

a Lorsqu'il s'agit de discuter de la stratégie d'audit, il faut vraiment essayer de faire un lien avec l'une ou l'autre des informations du cas. Tel que mentionné précédemment, la cotisation du gouvernement de 125 000 $ amène l'auditeur à mettre en doute l'environnement de contrôle de DFT. C'est peu, mais cela suffit à démontrer votre capacité d'intégration.

b La plupart des procédures présentées dans la solution proposée commencent par un verbe à l'infinitif. Puisqu'il s'agit d'une action à entreprendre – concrète et précise –, c'est une façon adéquate d'exprimer ses idées.

La demande portant sur « les procédures à mettre en œuvre » se répond bien par l'entremise d'un tableau. Cela permet, entre autres de structurer l'analyse en précisant dès le départ quel est l'élément et le risque spécifique à vérifier. En outre, la référence aux assertions pertinentes permet de mieux cibler la procédure à effectuer.

Remarquons finalement que la série de procédures à mettre en œuvre (A25 à A30) est présentée dans le même ordre que les questions comptables de la section précédente.

✓ : procédure

SUITE

Élément	Assertion	Risques spécifiques	Procédures
Produits sur CIP (ingénierie : 1 000 000 $; vente de composants : 750 000 $)	Réalité, exactitude, séparation des périodes et classement	Risque : que les conditions pour la comptabilisation des produits ne soient pas remplies.	✓Revoir les calculs des produits afin de s'assurer que ceux-ci ont été enregistrés dans la bonne période et au bon montant, pour s'assurer que la séparation des périodes est appropriée.

OBJECTIF
Calcul adéquat?
Bonne période?

ASPECT CRITIQUE : déterminer s'il y a eu transfert de propriété

Élément	Assertion	Risques spécifiques	Procédures
Produits relatifs à Indo-Tech IMP	Réalité, exactitude, séparation des périodes et classement	Risque : que la vente de stocks soit enregistrée prématurément (car des produits sont expédiés à l'entrepôt d'un tiers) — envisager l'existence d'un parti pris de la direction l'incitant à gonfler les bénéfices; le contrat prévoit un délai de 60 jours, ce qui pourrait influer sur le moment de la comptabilisation (séparation des périodes); il faudra remonter aux dates d'expédition de DFT pour savoir à quel moment les produits doivent être comptabilisés.	✓S'assurer que les produits afférents aux ventes à Indo sont comptabilisés aux bons montants, en vérifiant la conformité aux conditions du contrat. ✓Vérifier si les expéditions de stocks de DFT à l'entrepôt concordent avec les documents d'expédition / la preuve qu'ils ont été expédiés à Indo depuis l'entrepôt.

OBJECTIF
Quel montant?

OBJECTIF
Est-ce expédié?

risque
précis
↓
procédure
précise

Le parti pris de la direction de surévaluer le BAIIA teinte l'audit.

L'examen de DOCUMENTS (contrat, documents d'expédition, etc.) permet l'obtention d'éléments probants.

Quelle date?
Quel montant?

On remarque que la majorité des procédures à mettre en œuvre peuvent être exprimées comme suit : « Pour s'assurer de..., il faut... ».

ASPECTS CRITIQUES :
transfert de propriété + existence des stocks

Élément	Assertion	Risques spécifiques	Procédures
Stock expédié à Indo-Tech (1 850 000 $ ou 0 $ selon les circonstances) IMP 1 850 000 $ = valeur de vente (A5) ≠ coût d'acquisition	Réalité, exhaustivité, exactitude, séparation des périodes et classement	Risques : comme mentionné, que les biens soient comptabilisés en stocks et non en produits; que les stocks hors site n'existent pas (falsification de l'inventaire). L'importance des montants en jeu justifie un tel déplacement en Inde.	Nous devrons essayer d'obtenir confirmation des stocks réels conservés à l'entrepôt du tiers à la fin de l'exercice. Nous devrons communiquer avec Stockage Sécu dès que possible pour obtenir confirmation du montant au 30 septembre. Nous devrons aussi obtenir confirmation d'Indo-Tech quant au montant de stock qu'elle estime conserver à l'entrepôt, si elle ne l'a pas encore tout pris. qualité des éléments probants : 1- tierce partie 2- direction Nous aurions peut-être avantage à nous rendre à l'entrepôt pour déterminer s'il y a des stocks là-bas (c'est-à-dire, si Indo n'a rien pris du stock de 1 850 000 $ expédié par DFT).

OBJECTIF Quel montant de stock?

Stockage ↓ tiers non lié (A5) ↓ exhaustivité

OBJECTIF Le stock existe-t-il?

ASPECT CRITIQUE : déterminer quand comptabiliser les subventions

Élément	Assertion	Risques spécifiques	Procédures
Financement public (subventions de 800 000 $ reçues pour l'incitation à la recherche et au développement techniques) IMP	Réalité, exhaustivité, exactitude, séparation des périodes et classement	Risques : que les termes et conditions des subventions ne soient pas respectés et que des fonds doivent être retournés au gouvernement; que les montants différés soient inappropriés; qu'un montant soit différé sur une période incorrecte.	Nous devrons vérifier la documentation et les accords relatifs au financement public pour nous assurer que les termes et conditions sont remplis et que les sommes ont été reçues avant la date de clôture (événement survenu après les projections de juillet). a S'assurer que les subventions ne sont pas comptabilisées avant que les conditions y afférentes soient remplies. Vérifier la fraction différée (et amortie) des frais de développement — la pertinence du maintien dans les frais de développement différés de 75 % des frais de développement correspondant aux subventions. Vérifier que les montants reçus pour la recherche dans le cadre des subventions n'ont pas été différés.

inscription dans la bonne période

OBJECTIF Peut-on comptabiliser les subventions?

2 conditions ↓ 2 aspects à examiner

OBJECTIF Est-ce inscrit à l'encontre des postes appropriés?

R ou D ↘ ↙ 2 procédures

a IAS 20 par. 7

Les subventions publiques, y compris les subventions non monétaires évaluées à la juste valeur, ne doivent pas être comptabilisées tant qu'il n'existe pas une assurance raisonnable que :
(a) l'entité se conformera aux conditions attachées aux subventions; et
(b) les subventions seront reçues.

✓ : procédure

SUITE

ACTIF?
↓
amortissement

Élément	Assertion	Risques spécifiques	Procédures
Financement public (subventions de 800 000 $ reçues pour l'incitation à la recherche et au développement techniques) IMP	Réalité, exhaustivité, exactitude, séparation des périodes et classement	Risques : que les termes et conditions des subventions ne soient pas respectés et que des fonds doivent être retournés au gouvernement; que les montants différés soient inappropriés; qu'un montant soit différé sur une période incorrecte.	En outre, acquérir une compréhension des produits auxquels le financement se rapporte, et remonter aux produits pour lesquels des frais de développement sont différés afin de s'assurer que le montant approprié est différé et que le classement dans les charges ou à l'actif est approprié. ✓ Vérifier les calculs de l'amortissement (la politique est de différer les frais de développement sur une période maximale de trois ans); s'assurer que les subventions sont amorties sur la même période et correctement ajustées au prorata du nombre de mois applicable.

OBJECTIFS
Quel est le produit concerné?
Comment a-t-on comptabilisé les frais afférents?

OBJECTIF
Quel est l'impact sur l'amortissement
↓
BAIIA

ASPECT CRITIQUE :
« valeur » des frais capitalisés
↓
CONCEPT :
« avantages économiques futurs probables »

sujet distinct
↓
procédure distincte

Élément	Assertion	Risques spécifiques	Procédures
R&D – Arès (abandon du projet de R&D; des frais de 450 000 $ continuent d'être différés pour le nouveau produit Hadès) IMP	Exactitude, et classement	Risques : que le solde différé ne puisse être utilisé pour Hadès et qu'il doive être sorti du bilan; que certains frais relatifs à Arès soient encore différés. *Phase de développement : respect des critères (IAS 38 par. 57)*	✓ Acquérir une compréhension des frais rattachés à Arès et à Hadès, probablement en s'entretenant avec les ingénieurs pour s'assurer que les frais qui ont été différés sont liés comme il se doit aux produits encore en cours de développement. ✓ S'assurer qu'une évaluation à un « moment précis » a été faite pour déterminer si les frais peuvent être différés ou non. à l'actif? S'assurer qu'aucun des frais directement liés à Arès n'est encore différé; nous devrions ✓ obtenir auprès de la direction des éléments probants au sujet des frais qui ont été sortis du bilan et calculer le montant à sortir du bilan / à passer en charges.

OBJECTIF
Peut-on justifier l'inscription à l'actif?

QUI?
ingénieurs
ou
tout autre expert interne
ex.: directeur de projet

OBJECTIF
Est-ce radié?

Lorsqu'on examine les procédures de la solution proposée, on remarque que :

- L'objectif est mentionné pour chaque assertion : « Que veut-on auditer? ». La mention de l'assertion ou du secteur de risque facilite l'élaboration des procédures.
- Les procédures sont PRÉCISES et CONCRÈTES en réponse à la question « QUOI faire? » et « POURQUOI? ». Lorsque la situation s'y prête, on doit mentionner QUAND le faire (ou pour quelle période) et à QUI s'adresser.
  visualisation de ce qui se passe → procédures appropriées
- La personne qui lit le rapport – un exécutant – doit comprendre ce qui est écrit ou pouvoir le mettre en application sans avoir besoin de clarifications supplémentaires.

SENS PRATIQUE

ASPECT CRITIQUE : « valeur » des frais capitalisés
↓
CONCEPT : « avantages économiques futurs probables »

OBJECTIF Est-ce que la VNR est en deçà du coût?

Élément	Assertion	Risques spécifiques	Procédures	OBJECTIF
R&D – Zeus (montant inconnu – retards dans la mise en marché, concurrent entré sur le marché) *de moindre importance*	Exactitude, et classement	Risque : que les difficultés techniques imprévues ne puissent être résolues et que Zeus ne puisse être mis en marché de sorte que les frais ne puissent plus être différés.	✓ S'entretenir avec la direction de la probabilité de mise en marché de Zeus. DFT prévoit vendre pour 200 000 $ du produit Zeus d'ici la fin de l'exercice, mais elle vient tout juste de commencer la production. Il est peu probable qu'elle en vende autant, et le solde des stocks pourrait <u>donc</u> être plus élevé. De plus, la marge pourrait être moins élevée puisqu'il faudra probablement réduire le prix de vente — voir l'analyse sur les stocks. marge habituelle : 40 % (A4)	Peut-on justifier l'inscription à l'actif? difficultés techniques imprévues + mise au point retardée = diminution prévue de la demande

ASPECT CRITIQUE « valeur » des stocks

Élément	Assertion	Risques spécifiques	Procédures a	
Zeus – stock (estimé à 400 000 $ à la date de clôture) IMP	Évaluation	Risque : que le stock soit surévalué et doive être déprécié.	✓ Nous devrons essayer d'obtenir de l'information sur le <u>nouveau prix prévu</u>. ✓ Nous devrons comparer le prix réduit que DFT pourrait demander au coût comptabilisé pour le stock de ce produit <u>afin de</u> nous assurer qu'il est comptabilisé au plus faible du coût et de la valeur nette de réalisation. Si le coût s'avère être plus élevé, nous devrons calculer le montant de la dépréciation requise. Envisager le fait que les ventes prévues ne se réaliseront peut-être pas et que le solde des stocks pourrait être plus élevé que les 400 000 $ prévus.	production vient juste de commencer + concurrent a déjà mis sur le marché un produit semblable = diminution du prix prévu
		Le cas ne contient pas d'indice direct sur cet aspect.	✓ S'entretenir avec la direction des réclamations possibles au titre des garanties et de la nécessité d'établir une provision vu le nombre élevé de retours liés à ce nouveau produit.	**OBJECTIF** A-t-on besoin d'une provision pour garanties?

COMMENTAIRE :

Tout au long de la solution proposée, on remarque qu'il existe un lien clair entre la « question de comptabilité à résoudre » et la(les) « procédure(s) à mettre en œuvre ». Lorsque l'aspect comptable à analyser est mal défini ou négligé, il est alors très difficile – voire impossible – de présenter des procédures d'audit appropriées. En outre, l'importance d'un sujet comptable influence de manière indéniable la section suivante sur l'audit.

Dans l'enjeu Comptabilité, il faut se demander, par exemple si la valeur nette de réalisation des stocks de Zeus est en deçà du coût. Dans l'enjeu Audit, les procédures à présenter portent alors sur la VALEUR (évaluation) des stocks (voir « a » ci-dessus). Axer sur d'autres assertions d'audit, telle l'exactitude, ne serait pas pertinent.

√ : procédure

OBJECTIF
Quel est
le débit?

examen
document
tierce partie
↓
élément
probant

Élément	Assertion	Risques spécifiques	Procédures
Vérification de la TPS/TVH (charge payée d'avance de 125 000 $ comptabilisée au motif que la nouvelle cotisation est erronée) PEU IMP	Réalité, exhaustivité, exactitude, et classement	Risque : que le montant ne soit pas une charge payée d'avance / que DFT perde son appel et que le montant constitue une charge; il faut savoir sur quoi porte la nouvelle cotisation pour vérifier si le classement est approprié.	√ Examiner toute la documentation disponible relative à la vérification de la TPS/TVH, y compris l'avis de nouvelle cotisation, et √ s'assurer que le montant comptabilisé est approprié et complet. Comme le montant ne peut être comptabilisé en charges payées d'avance, il faudra √ examiner quelle est la proportion que la direction rattache aux charges, ← et quelle est celle qu'elle rattache à des éléments tels que les immobilisations. ↙

charge
OU
immobilisation

motif
inconnu?
↓
s'entretenir
avec la
direction

Élément	Assertion	Risques spécifiques	Procédures
Dépréciation de 100 000 $ (matériel de production devenant obsolète) PEU IMP	Réalité, exhaustivité, exactitude, et classement	Risques : qu'il n'y ait pas de dépréciation, ou que le montant soit supérieur aux 100 000 $ comptabilisés; que d'autre matériel doive être déprécié. programme de primes ↓ BAIIA ↓ amortissement	√ S'entretenir avec la direction du motif de la perte de valeur du matériel de production, √ examiner le matériel, et √ s'entretenir de son utilisation avec le personnel de production afin de corroborer la nécessité de comptabiliser une perte de valeur. √ S'assurer qu'il n'y a pas d'autres ajustements requis relativement à d'autres matériels connexes; s'en entretenir avec la direction. Nous devrons √ nous assurer que le montant de la dépréciation est mentionné de façon adéquate, séparément de l'amortissement (s'il est significatif par rapport à l'ensemble des états financiers).

QUI?
personnel de
production

PROCÉDURE
JUSTIFIÉE
↓
DIRE
POURQUOI
↓
avec
concision

RISQUE
↓
PROCÉDURE

(En général, les candidats ont su proposer des procédures claires et valables pour répondre aux risques. Un plus petit nombre de candidats ont également réussi à expliquer en quoi les procédures étaient nécessaires. Bien que les candidats aient mentionné plus ou moins le même nombre de procédures, les candidats les plus solides ont fourni une analyse plus approfondie de ces procédures et ont expliqué avec concision les raisons de leur nécessité. Dans les réponses faibles, les procédures décrites étaient vagues ou incomplètes, ou ne répondaient pas aux problèmes identifiés (par exemple, vérification des écritures de journal ou demandes d'informations, sans précisions quant aux éléments à vérifier ou aux questions à poser).)

Lorsqu'une procédure peut s'appliquer telle quelle à bon nombre d'entités, la procédure est VAGUE.

Lorsque la personne qui lit la procédure ne sait pas comment l'exécuter, la procédure est INCOMPLÈTE.

ENJEU
EXPLICITE

En ce qui concerne l'occasion d'évaluation/l'indicateur principal n° 2 (Audit et certification), le candidat doit être classé dans l'une des cinq catégories suivantes :	Résultat %
Non traité – Le candidat ne traite pas de cet indicateur principal.	0,2 %
Compétence minime – Le candidat ne satisfait pas à la norme En voie vers la compétence.	8,4 %
En voie vers la compétence – Le candidat mentionne certaines questions relatives à la planification de l'audit (seuil de signification, risque, etc.) et essaie d'élaborer des procédures d'audit pertinentes, OU analyse les questions relatives à la planification de l'audit, OU analyse certaines des procédures d'audit.	43,0 %
Compétent – Le candidat analyse certaines des questions relatives à la planification de l'audit et certaines des procédures d'audit.	48,3 %
Compétent avec distinction – Le candidat analyse plusieurs des questions relatives à la planification de l'audit et plusieurs procédures d'audit.	0,1 %

3 façons différentes d'obtenir le niveau EVC

Les deux parties de la demande (A3) doivent être répondues.

*planification initiale de l'audit réalisée
↓
MISE À JOUR*

*2 rencontres
↓
2 annexes dans le cas
↓
événements survenus entre les 2 sont davantage pertinents*

← DEMANDE
↓
questions de comptabilité
↓
AUDIT
↓
planification
ET
procédures

planification « standard » d'un audit :
– risque
– seuil
– stratégie
– secteurs de risque
et
procédures

(On demandait aux candidats de mentionner l'incidence des questions de comptabilité sur la planification de l'audit et de suggérer des procédures à mettre en œuvre. Pour atteindre le niveau Compétent, les candidats devaient analyser certaines questions relatives à la planification de l'audit et certaines des procédures d'audit. Dans la simulation, il était indiqué que la planification initiale de l'audit avait été réalisée. Les candidats étaient orientés vers cet indicateur, car l'associé demandait un mémo comportant une analyse de l'incidence des questions de comptabilité importantes sur la planification de l'audit de fin d'exercice et des procédures d'audit à mettre en œuvre.)

(La performance des candidats concernant cet indicateur a été inférieure aux attentes, surtout en ce qui a trait à la planification de l'audit de fin d'exercice. Bon nombre de candidats n'ont pas tenu compte de certains aspects du plan d'audit et se sont plutôt arrêtés au calcul du seuil de signification puisqu'un seuil de signification préliminaire avait été fourni dans la simulation. La plupart du temps, les candidats ont omis d'analyser les incidences sur les risques d'audit des événements survenus depuis la planification initiale de l'audit. La majorité des candidats ont suggéré des procédures d'audit appropriées à mettre en œuvre relativement aux questions de comptabilité, mais bon nombre d'entre eux n'ont pas réussi à expliquer en quoi elles étaient nécessaires (autrement dit, à quels risques elles répondaient).) a   Il est indispensable de justifier la procédure à mettre en œuvre. Quel est le secteur de risque? Quelle est l'assertion?

(Dans leurs réponses, les meilleurs candidats ont présenté une analyse solide de la planification, dans laquelle ils traitaient de l'incidence des questions de comptabilité sur les différents aspects du plan d'audit, ainsi que des événements touchant la situation du client survenus depuis la rencontre de juillet 2012. Ces candidats ont également proposé des procédures d'audit plus détaillées relativement aux questions de comptabilité et présenté une analyse poussée des travaux à réaliser avec motifs à l'appui. Les candidats faibles ont mentionné des procédures vagues, générales ou incomplètes, sans expliquer pourquoi elles étaient nécessaires.)   INTÉGRATION!

traitement des événements survenus depuis la rencontre de juillet 2012

a Les commentaires des correcteurs expliquent pourquoi les candidats n'ont pas obtenu le seuil de réussite.

COMMENTAIRES :

– En ce qui concerne l'enjeu Certification, le cas demandait l'analyse de l'incidence sur 1- la planification de l'audit de fin d'exercice et 2- les procédures à mettre en œuvre. Il faut présenter une analyse raisonnable de CHACUNE de ces parties pour atteindre le seuil de réussite. Dans une certaine limite, une très bonne analyse de l'une pourrait compenser une « légère » faiblesse dans l'autre. En d'autres termes, IL FAUT RÉPONDRE, DE MANIÈRE RAISONNABLE, À CHACUN DES ASPECTS DEMANDÉS.

– Les exigences ne sont naturellement pas aussi élevées au niveau « En voie vers la compétence » qui peut être obtenu de trois façons différentes.

   • par une réponse « incomplète » aux deux parties de la demande.
     OU
   • par une analyse « raisonnable » des questions relatives à la planification de l'audit.
     OU
   • par une analyse « raisonnable » de certaines des procédures d'audit.

– La distribution des résultats entre les niveaux « En voie vers la compétence » et « Compétent » révèle clairement le fait que les candidats ont eu de la difficulté avec l'enjeu Certification. Par expérience, je peux vous dire que deux raisons peuvent expliquer cette difficulté.

   Premièrement, il faut essentiellement s'attarder sur les événements survenus depuis la planification initiale de l'audit. Il faut REVOIR cette planification et non la recommencer de zéro en utilisant, entre autres le contenu de l'Annexe II.

   Deuxièmement, lorsqu'il s'agit de « procédures à mettre en œuvre », il faut avoir bien ciblé le risque auquel chaque procédure doit répondre. Ce n'est pas toujours évident, particulièrement lorsque la question de comptabilité à résoudre est mal identifiée. La façon d'évaluer la compétence Audit et certification reflète le fait que les candidats ont eu de la difficulté avec l'un ou l'autre de ces aspects.

– Afin de déterminer ce qui est nécessaire pour satisfaire aux exigences demandées, on peut se servir de l'analyse détaillée de la solution proposée.
   Il est indispensable d'analyser l'incidence des NOUVEAUX ÉVÉNEMENTS survenus depuis juillet sur la planification de l'audit déjà effectuée.

   Dans cette optique, je considère qu'il faut à tout le moins analyser l'incidence sur le RISQUE et sur le SEUIL. Pour ce dernier point, une révision du seuil préliminaire doit être envisagée en lien avec les ajustements recommandés dans la section Comptabilité. Ici, l'omission d'un commentaire sur la stratégie peut s'accepter, tout simplement parce qu'on ne parle pas vraiment de l'environnement de contrôle dans le cas.

   Quant aux procédures à mettre en œuvre, elles doivent découler de risques spécifiques, puis décrites de manière appropriée. Il faut analyser CERTAINES des procédures d'audit. Combien? La réponse n'est pas fixe. Je dirais environ quatre dans trois secteurs de risque différents parmi les plus importants. La Partie 8 analyse plus en détail l'évaluation de cette compétence (p. 104 à 106).

– Pour fins d'apprentissage, je vous suggère de procéder à l'évaluation individuelle **de chacune des deux parties de la demande** (A3) concernant l'audit. En d'autres termes, faites comme si l'occasion d'évaluation Audit et certification se scindait en occasions d'évaluation multiples. On détermine alors si le seuil de réussite est atteint :

   • pour l'analyse de l'incidence sur la planification de l'audit
     ET
   • pour les procédures à mettre en œuvre.

IL FAUT VISER L'ATTEINTE DU NIVEAU COMPÉTENT
À CHACUNE DES QUESTIONS IMPORTANTES D'UN ENJEU.

OCCASION D'ÉVALUATION/INDICATEUR n⁰ 3
Compétences habilitantes

IFRS
↓
ajustements
+
erreurs
↓
BAIIA
↓
primes

Occasion d'évaluation/Indicateur principal n⁰ 3	*(III-1.1 à 1.3, III-2.1 à 2.6, III-3.1 à 3.3, III-4.1 à 4.3)*

Le candidat analyse l'incidence, sur les primes de la direction, des ajustements et des erreurs relatives au BAIIA.

Le candidat montre ses Compétences habilitantes.

J'avais déjà calculé le BAIIA en me fondant sur des projections à jour de la direction, ajustées pour tenir compte de changements comptables liés aux transactions survenues entre juillet et septembre. Une brève référence à l'annexe de calcul qui présente le résultat révisé remplace facilement ce paragraphe d'introduction.

La façon de calculer ce 300 000 $ n'a aucune influence sur la solution.

Selon les résultats projetés, le BAIIA est d'environ 16 millions $. La direction s'attend donc sans doute à ce qu'il excède nettement le seuil de 14 millions $ à atteindre pour toucher une prime, et cela semble expliquer pourquoi Anne a indiqué qu'elle comptabilisera un montant de 300 000 $ au titre des primes. a Il est important de faire le lien entre le BAIIA révisé et l'attribution de primes à la direction.

IMPACT

Cependant, si on se fonde sur les ajustements comptables recommandés, le BAIIA ajusté serait d'environ 13 766 000 $, donc en deçà du seuil de 14 millions $. En conséquence, la direction sera très sensible aux ajustements proposés, car le seuil établi pour les primes ne sera plus atteint. Nous devrons l'informer de ces ajustements dès que possible. b

POINT DE MIRE → BAIIA

façons de « manipuler » le BAIIA.

Comme la direction a la possibilité d'augmenter sa rémunération selon le BAIIA réalisé, elle pourrait avoir un parti pris l'incitant à prendre des décisions qui augmentent le BAIIA. En particulier, elle pourrait être tentée de comptabiliser les produits plus tôt, d'acheter plutôt que de louer le matériel, d'inscrire des éléments de charges à l'actif et de classer des charges dans des catégories où elles sont rajoutées au calcul, par exemple les intérêts, les impôts ou l'amortissement. c Un certain nombre des erreurs que j'ai relevées pour qu'elles soient corrigées ont cette incidence.

> ID : relever la présence d'un parti pris possible de la direction
> ANAL : examiner les ajustements dans leur ensemble (manipulation)
> CONC : conclure sur le comportement de la direction (impact)

---

a Dans la présente situation, Anne est la chef des finances de DFT. Elle est le lien entre DFT et les auditeurs externes. Elle est également celle qui supervise la comptabilisation des opérations, telle la prime de 300 000 $ (A6). Il serait erroné de croire qu'elle fait partie de la direction et qu'elle va, par le fait même, participer au programme de primes. Le chef des finances, ou le contrôleur, ne reçoit habituellement pas de prime fondée sur les résultats financiers! En outre, il serait inapproprié de parler de fraude, tout simplement parce qu'il n'y a aucun indice à cet effet dans le cas. Le fait qu'il y ait des erreurs dans la comptabilisation de certaines transactions ne suffit pas.

b Il faut naturellement que l'analyse soit faite en fonction du résultat obtenu par le candidat. Il est en fait peu probable qu'un candidat obtienne le chiffre exact de 13 766 000 $ (A20). Dans la présente discussion, ce n'est pas la précision du chiffre qui compte, mais l'interprétation qui en est faite.

c Il s'agit d'une « LISTE DE » façons de manipuler les résultats; liste qui peut être présentée plus succinctement sous une forme énumérative. Remarquez également que chacune des idées présentées débute par un verbe à l'infinitif.

façons de manipuler + exemples concrets du cas

En voici des exemples : a
↘   ↙
INTÉGRATION

Comptabilisation des produits plus tôt : Comptabilisation de la vente à Indo même si Indo A12
n'a pas encore pris le stock; comptabilisation de la marge sur CIP qui est partiellement liée A10
à la vente future de composants; comptabilisation des subventions publiques lorsque reçues
même si elles ont trait à des produits encore en cours de développement. A13

Ce serait bien de mentionner qu'il s'agit du produit Arès afin d'éviter toute confusion.

Inscription de charges à l'actif : Maintien du report des frais de développement afférents à un A14
produit spécifique dont le développement a été abandonné; comptabilisation de la nouvelle
cotisation relative à la TPS/TVH en charges payées d'avance. A15

PRENDRE POSITION LORSQUE LA CONCLUSION EST CLAIRE.

Classement de charges dans des catégories où elles sont rajoutées au calcul du BAIIA : A16
Inclusion de la perte de valeur subie sur le matériel de production dans l'amortissement des
immobilisations.

Être un comptable professionnel → Être honnête

IMPACT

Toutes les décisions comptables ci-dessus ont favorisé la direction, et il semble que celle-ci
ait tenté par tous les moyens possibles de manipuler les états financiers (autrement dit, elle
a fait preuve d'un parti pris à l'égard des méthodes comptables retenues lorsqu'elle devait
choisir entre plusieurs options ou prendre une décision). b Ces choix ont été faits pour
atteindre le seuil relatif au BAIIA et toucher les primes. Nous devons remettre en question
l'intégrité de la direction et informer le conseil d'administration de la situation. c

Puisque DFT est une société ouverte, la présence d'un conseil d'administration va de soi.

intégrité de la direction? → informer le conseil d'administration

niveau « Compétent avec distinction »

Ironie du sort, ce ne sont peut-être pas les décisions de la direction qui feront en sorte que des
primes seront versées ou non. Il se pourrait que ce soit la décision d'Indo de prendre le stock
avant ou après le 30 septembre qui déterminera si les dirigeants toucheront une prime. Si
Indo prend la totalité du stock, d'une valeur de 1,85 million $, avant la fin de l'exercice, DFT
pourra comptabiliser des ventes de 1,85 million $ et un coût des ventes de 1,11 million $ (en
se fondant sur une marge brute de 40 %), ce qui entraînera une augmentation de 740 000 $ A20
du BAIIA qui excédera ainsi le seuil de 14 millions $. La possibilité qu'un élément de ce
type puisse avoir une incidence sur le versement des primes n'avait peut-être pas été prévue
lorsque le programme de primes a été créé.

Étant donné le temps limité de 70 minutes du cas DFT, je comprends qu'il ne soit pas évident de faire ressortir cette
particularité. Toutefois, dans l'analyse de la solution proposée, il faut remarquer qu'un ajustement, pour l'instant
incertain quant à son dénouement, peut faire la différence sur le versement (ou non) de primes à la direction. (A20)

---

a Les exemples tirés du cas et qui justifient l'une ou l'autre des façons de « manipuler »
le BAIIA sont succinctement présentés par catégorie : Augmentation des produits,
Diminution des charges ou Classement inapproprié. Nul besoin de résumer l'analyse
précédente de la question de comptabilité relevée. Ce n'est d'ailleurs pas l'importance
du sujet qui compte, mais ce qu'il nous apprend sur le comportement de la direction.

b Dès la lecture du cas, il faut identifier le « parti pris » potentiel de la direction à
maximiser ses primes (A8). Par expérience, je peux vous dire qu'il est assez facile de
relever l'existence d'un tel biais dans le cas DFT. Il faut cependant s'assurer de garder
cette information en tête tout au long de la rédaction et d'y faire référence au besoin.

Notes de lecture A8

IDENTIFIER LE BIAIS AU DÉPART ET NE PLUS Y REVENIR EST PEU UTILE.
Il est malheureusement facile de résoudre chacune des questions de comptabilité, l'une
à la suite de l'autre, sans se poser de questions. Dans la présente situation, le cumul des
choix comptables de la direction allant dans le même sens doit attirer l'attention. À un
certain point de l'analyse, il faut prendre du recul et faire ressortir toute similitude dans
le comportement des différents éléments analysés.

c Le fait de remettre en question l'intégrité de la direction peut influencer la planification
de la mission d'audit. (ex.: NCA 300.A5 *Planification d'un audit d'états financiers*)

ENJEU
MOINS
EXPLICITE

En ce qui concerne l'occasion d'évaluation/l'indicateur principal n° 3 (Compétences habilitantes), le candidat doit être classé dans l'une des cinq catégories suivantes :	Résultat %
Non traité – Le candidat ne traite pas de cet indicateur principal.	10,1 %
Compétence minime – Le candidat ne satisfait pas à la norme En voie vers la compétence.	20,9 %
En voie vers la compétence – Le candidat voit le parti pris possible de la direction en faveur d'un BAIIA plus élevé en raison du programme de primes.	16,0 %
Compétent – Le candidat analyse le parti pris possible de la direction en faveur d'un BAIIA plus élevé en raison du programme de primes.	52,9 %
Compétent avec distinction – Le candidat analyse le parti pris possible de la direction en faveur d'un BAIIA plus élevé en raison du programme de primes et commente les éléments qui déterminent les primes (la transaction avec Indo-Tech).	0,1 %

manque de recul dans l'analyse du cas DFT

aptitude professionnelle à démontrer

Il faut admettre qu'il est facile de « VOIR » le parti pris possible de la direction.

commenter ce qui détermine les primes ↓ transaction avec Indo-Tech

(On demandait aux candidats d'analyser l'incidence sur les primes de la direction des ajustements et des erreurs relatives au BAIIA. Pour atteindre le niveau Compétent, les candidats devaient analyser la possibilité que la direction ait un parti pris en faveur d'un BAIIA plus élevé en raison du programme de primes. Les candidats n'étaient pas clairement orientés vers cet indicateur bien que l'associé ait indiqué qu'il s'intéressait aux questions affectant le résultat parce que la direction s'attendait à un exercice plus rentable que les précédents, et que celle-ci participait à un nouveau programme de primes fondé sur le BAIIA.) « La présence d'un parti pris

*signifie qu'*il faut en évaluer l'incidence. »

Le candidat qui prend le temps de relever les « particularités du contexte » au fil de la lecture augmente ses chances de remarquer ce genre de situation.

(Au regard de cet indicateur, la performance des candidats a été conforme aux attentes. Nombre d'entre eux ont vu que la direction avait un parti pris en raison du programme de primes et que les opérations avaient été comptabilisées de manière à favoriser la direction. Ils ont relevé certains traitements inappropriés, tels que la comptabilisation trop hâtive des produits, et ils ont réussi à donner une explication satisfaisante de leur incidence sur le calcul des primes (la comptabilisation hâtive des produits faussait le résultat et avantageait la direction, lui permettant d'atteindre le seuil et ainsi de toucher des primes importantes). Certains candidats ont toutefois limité leur analyse à l'incidence du parti pris de la direction sur l'étendue des travaux d'audit, et ils ont omis d'expliquer le lien entre le parti pris et le programme de primes.)

Il faut aller plus loin que « voir » le parti pris, il faut le justifier, puis en évaluer l'impact.

questions comptables individuelles → IMPACT GLOBAL

(Les candidats solides ont su expliquer pourquoi les décisions comptables prises par la direction soulevaient des préoccupations (souvent après avoir analysé la question de comptabilité en cause). Ils ont ensuite pris en compte de façon globale les conséquences possibles pour DFT. Leur analyse était claire, concise et souvent résumée dans une brève section de leur réponse. Les candidats faibles se sont contentés de répéter les données de la simulation sans formuler de commentaires ou ils n'ont vu ni le parti pris de la direction, ni l'incidence des décisions comptables prises par celle-ci sur le BAIIA ou les primes. La plupart d'entre eux n'ont même pas pris en compte la possibilité que la direction ait procédé à des manipulations.)

Il faut aller au-delà des questions de base.

intégration ↓ conséquences pour DFT

COMMENTAIRES :

– Les occasions d'évaluation précédentes (n⁰ 1 et n⁰ 2) ont principalement pour but d'évaluer les connaissances des candidats en comptabilité et en audit. La présente occasion d'évaluation se concentre plutôt sur les habiletés essentielles d'un professionnel comptable. Pour atteindre le seuil de réussite, il faut PRENDRE DU RECUL, puis FAIRE RESSORTIR LE PORTRAIT GLOBAL.
La présence d'une conclusion appréciant l'ensemble de la situation est d'ailleurs généralement requise au niveau « Compétent ».

– L'analyse de l'incidence du programme de primes est présentée dans une section distincte à la toute fin de la solution proposée (A33, A34). Il est indéniable que le regroupement des idées au même endroit facilite la présentation des arguments et l'élaboration de la conclusion. Il est alors plus facile d'évaluer si la discussion présentée est complète.

Il peut toutefois arriver qu'un candidat aborde un tel enjeu ici et là dans sa réponse. Ce candidat peut avoir mentionné, au fil de l'analyse des questions de comptabilité, que tel ou tel ajustement entraîne une diminution du BAIIA, sans plus d'explication. Un tel candidat doit, une fois l'enjeu Comptabilité terminé, faire référence à ses remarques précédentes, les compléter, pour finalement énoncer une conclusion qui englobe l'ensemble de la situation. Une telle façon de présenter l'analyse est naturellement acceptable, puisque l'essentiel des idées est tout de même présenté.

Compétences habilitantes – Aptitudes professionnelles

En voie vers la compétence	Compétent	Compétent avec distinction
VOIT le parti pris de la direction	ANALYSE le parti pris de la direction	ANALYSE le parti pris de la direction + COMMENTE les éléments qui déterminent la prime

– Personnellement, je crois que le fait de « voir » le parti pris de manière générale, par une simple mention au début de la réponse, par exemple, permet l'obtention du niveau « Compétence minime ». Au niveau suivant, soit « En voie vers la compétence », il m'apparaît nécessaire d'aborder la question du parti pris en intégrant ses propos à la situation particulière de DFT.

– Le rapport s'adresse à l'associé et non au client. Cela permet au candidat l'expression d'une conclusion plus ferme et plus directe (A34) sur le comportement de la direction.

simulation conventionnelle
↙   ↘
CTB   AUDIT

incidence effet
↓
IMPACT

(Il s'agissait d'une simulation plutôt conventionnelle en audit et en comptabilité, et les candidats ont semblé à l'aise de répondre à ce type de scénario. Les candidats ont bien réussi en ce qui concerne les indicateurs principaux nos 1 et 3. La plupart des candidats semblaient bien connaître les IFRS et, dans ce contexte, ils ont été en mesure d'analyser les traitements comptables appropriés pour les questions pertinentes. Dans l'ensemble, les candidats ont vu que le programme des primes à la direction avait une incidence sur la comptabilisation de certaines opérations (autrement dit, que le résultat le plus avantageux pour la direction était celui présenté) et ils ont été en mesure d'expliquer l'effet produit sur le calcul des primes. L'indicateur principal no 2 semble avoir donné plus de fil à retordre aux candidats, la principale difficulté étant de reconnaître la nécessité de revoir certains aspects du plan d'audit en raison des informations supplémentaires obtenues après la planification initiale, en juillet 2012.)

Il est important de bien se positionner dans le temps afin de pouvoir faire ressortir les aspects les plus importants.

OCCASION D'ÉVALUATION/INDICATEUR SECONDAIRE/MINEUR a
Stratégie et gouvernance

ENJEU PEU IMPORTANT

a moyen terme ↓ peu IMP

Occasion d'évaluation/Indicateur secondaire nº 1   *(IV-2.4, IV-4.1)*

Le candidat analyse la structure du nouveau programme de primes de DFT.

Le candidat montre sa compétence en Stratégie et gouvernance.

Il est normal de se questionner sur l'efficacité d'un NOUVEAU programme de primes instauré au début de l'exercice courant.

ASPECT GESTION

La direction participe à un nouveau programme de primes fondé sur le bénéfice avant intérêts, impôts et amortissement (BAIIA). La prime commence à s'accumuler lorsque le BAIIA excède 14 millions $. Le programme a été instauré au début de l'exercice 2012 pour «motiver la direction à contribuer à la rentabilité en innovant et en développant de nouveaux produits».

A4

Un court titre peut remplacer ce paragraphe d'introduction.

Le mode de rémunération choisi doit favoriser l'atteinte de l'objectif visé.

CONCEPT : motivation

Le conseil et la direction auraient peut-être intérêt à se demander si un programme de primes fondé sur le BAIIA motivera la direction de DFT comme souhaité. Actuellement, la direction est récompensée d'une façon qui dépend grandement des décisions d'un client (Indo) plutôt que des efforts directs de la direction pour développer de nouveaux produits. Autre considération, le calcul des primes est affecté par des facteurs incontrôlables, comme la dépréciation du matériel de production et les retraitements rétrospectifs. b (L'utilisation du BAII ou du rendement du capital investi éliminerait l'incidence de certains facteurs incontrôlables — les immobilisations corporelles seraient évaluées au coût, sans plus.)

CONCEPT : facteurs contrôlables

centre d'investissement ↓ RCI

BAII : La charge d'amortissement fait partie intégrante du résultat cible.

Il semble que la direction a essayé de gonfler les résultats pour récolter une prime plus substantielle. Fonder les primes sur le BAIIA pourrait mener à des résultats non souhaités.

Il faut essayer de trouver un mode de rémunération qui fait converger les objectifs du personnel en place avec ceux de l'entité.

Bien structurés, les programmes de primes peuvent être source de motivation. Ils peuvent permettre de centrer les efforts de la direction sur les objectifs de l'entreprise. DFT doit déterminer ce qu'elle doit récompenser en fonction de ce qui est le plus directement lié à son objectif — en l'occurrence, innover et développer de nouveaux composants qui contribuent à la rentabilité. Le lien entre le BAIIA et cet objectif n'est peut-être pas assez étroit pour produire les résultats espérés dans le cadre du programme de primes. c

sens pratique

---

a Il n'est pas nécessaire d'aborder cet enjeu secondaire pour réussir le cas. Toutefois, pour fins d'apprentissage, il est utile d'analyser la solution proposée. La question des primes est certainement importante du point de vue de DFT. Elle ne l'est toutefois pas sous la stricte considération du Travail à faire qui porte essentiellement sur la comptabilité et l'audit. De ce point de vue, on peut comprendre que le bien-fondé ou la détermination du mode de rémunération de la direction soit une question négligeable. Le rôle principal d'un auditeur n'est d'ailleurs habituellement pas de gérer l'entreprise.

b Les événements mentionnés dans le cas DFT servent d'exemples pour appuyer les idées avancées : dépréciation de 100 000 $ sur du matériel de production (A16) et cotisation de 125 000 $ à la suite de la vérification de la TPS/TVH (A15).

c Puisque la direction a tenté de manipuler les états financiers dans l'objectif d'obtenir des primes, on peut dire que le régime de rémunération actuel ne convient pas. En d'autres termes, les membres de la direction ont tenté d'obtenir des primes en manipulant les résultats plutôt qu'en récoltant le fruit de leurs efforts par le développement de nouveaux produits, par exemple. Le conseil d'administration pourrait d'ailleurs se questionner sur la capacité de la direction d'atteindre les objectifs fixés de manière intègre.

Vous auriez peut-être avantage à envisager une formule qui soit plus étroitement liée aux objectifs d'évaluation spécifiques, fondée sur l'approche générale décrite ci-dessous. a

conseil d'administration
↓
OBJECTIFS

attentes
↓
indicateurs
↗

1. Tableau de bord de l'entreprise. b Vous voulez que la direction soit partie à la réussite (ou à l'échec) de l'entreprise. Le tableau de bord est un bon outil pour motiver les dirigeants à demeurer loyaux et à travailler à la réussite de l'entreprise. Il doit combiner des indicateurs pour la planification de la réussite à long terme, des indicateurs pour la planification de la réussite à court terme et des sondages de satisfaction des employés. Chaque élément est pondéré (pour qu'on en arrive à un total de 100 %) et évalué au regard des attentes établies pour l'exercice. Par exemple, vous souhaitez peut-être récompenser le développement de nouveaux produits sur lesquels la marge dégagée était supérieure à un minimum établi.

2 aspects :
– entreprise
– individu

CT + LT

lien aux particularités du cas

exemples simples illustrant les idées avancées
↗

Ensuite, si vos attentes sont satisfaites (résultat de 100 %), une enveloppe correspondant à 10 % du bénéfice net est mise de côté pour les primes. Si vos attentes sont dépassées (à hauteur de 150 %, par exemple), l'enveloppe de primes correspondra à 15 % du bénéfice net, et ainsi de suite.

↘

2. Tableau de bord individuel. Vous voudrez que les dirigeants les plus performants touchent les primes les plus élevées. Vous pourriez coter la performance (par exemple, excellente, bonne, satisfaisante et en deçà des attentes) et y associer un pourcentage (par exemple 150 %, 110 %, 90 % et 60 % du potentiel de primes). De cette façon, vous avez l'assurance que deux personnes occupant le même poste ne toucheront pas la même prime si leur performance n'est pas la même. Dans ce cas également, la performance peut être évaluée au regard des facteurs qui contribuent le plus au succès de l'entreprise, tels que la créativité, l'innovation, les relations clients, l'identification des tendances sectorielles, le cours de l'action, etc.

↘

CONCEPT : rémunération selon la performance

De plus, il faudrait tester la structure du programme de primes avant d'instaurer celui-ci. Demandez-vous comment des gens pourraient en tirer indûment avantage et toucher une prime avec un minimum d'efforts. Vous comprenez sans doute déjà l'importance de cette mesure, car il semble que la direction a peut-être essayé de manipuler la comptabilité afin de gonfler le résultat de l'exercice, sachant que les primes augmenteront si le BAIIA est plus élevé.

tenir compte de l'expérience passée

autres suggestions pour récompenser les efforts

Vous pourriez aussi envisager un régime de rémunération plus large, qui ne se limiterait pas à l'octroi de primes. Comme DFT est une société ouverte, vous pourriez offrir des options sur actions ou des actions et lier leur émission ou l'acquisition de droits à des actions à l'atteinte d'objectifs établis, si vous pensez que cela contribuera à l'atteinte de l'objectif fixé. Comme l'innovation peut se traduire par des résultats financiers à long terme, cet incitatif pourrait convenir.

société ouverte
↓
actions

Dans un cas, la plupart des programmes de rémunération se basent sur des critères à court terme alors qu'il faut également considérer l'horizon à long terme. Cela est particulièrement important pour une entreprise qui doit « sans cesse réinvestir en recherche et développement... ». (A4)

─────────────

a Il faut chercher une solution à toute déficience ou problème relevé.
b Il serait également approprié de faire directement référence aux quatre axes d'un tableau de bord équilibré : Apprentissage et croissance, Processus opérationnels internes, Clients, Situation financière.

En ce qui concerne l'occasion d'évaluation/l'indicateur secondaire nº 1 (Stratégie et gouvernance), le candidat doit être classé dans l'une des trois catégories suivantes :

Non traité – Le candidat ne traite pas de cet indicateur secondaire.

Compétence minime – Le candidat ne satisfait pas à la norme Compétent.

Compétent – Le candidat analyse la structure du nouveau programme de primes de DFT.

1- justifier l'enjeu

2- proposer des solutions

(On demandait aux candidats d'analyser la structure du nouveau programme de primes de DFT. Pour atteindre le niveau Compétent, les candidats devaient analyser la structure du programme et voir qu'un programme de primes fondé sur le BAIIA n'était peut-être pas le moyen approprié pour motiver la direction à innover et à développer de nouveaux produits. On attendait aussi des candidats qu'ils suggèrent d'autres façons de calculer les primes à l'intention des membres de la direction. Les candidats n'étaient pas clairement orientés vers cet indicateur, même si l'analyse des questions de comptabilité et la constatation du parti pris de la direction causé par le programme de primes pouvaient les inciter à formuler des commentaires sur la structure du programme.) a

lien avec l'objectif particulier de DFT

Il faut justifier ses opinions

↓

POURQUOI?

(La plupart des candidats n'ont pas traité de cet indicateur secondaire. Ils ont soit complètement omis de mentionner la structure du programme, soit simplement indiqué que le BAIIA n'était pas une base appropriée pour le calcul des primes, sans expliquer pourquoi cette structure ne convenait pas à une entreprise comme DFT.)

aspect peu important eu égard à la demande

(Les candidats solides ont su expliquer pourquoi la structure actuelle du programme de primes n'était pas globalement avantageuse pour l'entreprise (par exemple, le développement de produits pouvait être sacrifié au profit de l'augmentation des produits). Ils ont ensuite proposé d'autres façons de calculer les primes ou d'autres formules, telles qu'un régime de rémunération de la direction, ou une combinaison des deux.) b

Lorsqu'on lit cette partie de la solution proposée, on se rend compte que les particularités du contexte du cas sont constamment considérées : (A8)
- société ouverte;
- nécessité d'investir en R&D pour que les produits demeurent pertinents et compatibles avec les technologies les plus récentes;
- contribution à la rentabilité en innovant et en développant de nouveaux produits.

———————

a La présente occasion d'évaluation concerne l'aspect GESTION du programme de primes. Est-ce un mode de rémunération approprié? et, si non, quelles sont les autres possibilités? Les concepts abordés comprennent la motivation, la nécessité d'évaluer en fonction de facteurs contrôlables, la convergence du mode d'évaluation vers les objectifs recherchés, l'évaluation de la performance de l'entité ET de celle de l'individu, la considération de l'horizon court terme ET de la dimension long terme.

b Pour atteindre le niveau « Compétent », il ne semble pas nécessaire d'émettre une conclusion ou une recommandation quant aux améliorations à apporter au programme de primes. Il faut dire que la remise en question du nouveau programme vient tout juste d'être soulevée et qu'il serait prématuré de fixer une nouvelle façon de faire. L'INCIDENCE du programme de primes sur l'analyse des questions comptables fait partie des occasions d'évaluation nº 1 et nº 3 et l'INCIDENCE du programme de primes sur l'audit de fin d'exercice fait partie de l'occasion d'évaluation nº 2. Il faut savoir distinguer chacun des aspects lorsqu'il s'agit d'évaluer la valeur des idées émises.
Le contexte dans lequel une idée est émise a son importance.

Je souhaite à tous une grande réussite,
et Merci d'apprécier mon travail.

CPSIA information can be obtained
at www.ICGtesting.com
Printed in the USA
LVOW05s2130070116

469543LV00005B/15/P

9 780991 885398